总 主 编／王建国
副总主编／孙茜芸　郭卫东

职 业 教 育 广 播 影 视 类 专 业 系 列 教 材
经 全 国 广 播 影 视 职 业 教 育 教 学 指 导 委 员 会 审 定 通 过

电视专题节目制作

Dianshi Zhuanti Jiemu Zhizuo

主　编／方东明
副主编／张晓嫣　冯思婧　禹雅慧

北京师范大学出版集团
BEIJING NORMAL UNIVERSITY PUBLISHING GROUP
北京师范大学出版社

图书在版编目(CIP)数据

电视专题节目制作 / 方东明主编. —北京：北京师范大学出版社，
2017.1(2025.1重印)
　(职业教育广播影视类专业系列教材)
　ISBN 978-7-303-20962-0

　Ⅰ.①电…　Ⅱ.①方…　Ⅲ.①电视节目制作－职业教育－教材
Ⅳ.①G222.3

中国版本图书馆 CIP 数据核字(2016)第 170633 号

出版发行：北京师范大学出版社 https://www.bnupg.com
　　　　　北京市西城区新街口外大街 12-3 号
　　　　　邮政编码：100088
印　　刷：北京虎彩文化传播有限公司
经　　销：全国新华书店
开　　本：787 mm×1092 mm　1/16
印　　张：17.25
字　　数：400 千字
版　　次：2017 年 1 月第 1 版
印　　次：2025 年 1 月第 8 次印刷
定　　价：35.00 元

策划编辑：林　子　　　　　责任编辑：林　子　王兆鹏
美术编辑：焦　丽　　　　　装帧设计：中通设计
责任校对：陈　民　　　　　责任印制：赵　龙

前　言

党的二十大报告指出，要"增强中华文明传播力影响力，坚守中华文化立场，讲好中国故事、传播好中国声音，展现可信、可爱、可敬的中国形象，推动中华文化更好走向世界。"电视专题节目是电视所特有的概念，也是极富中国特色的概念。在五彩缤纷的电视节目中，电视专题节目因其内容丰富、表现多样、寓意深刻等特点而独放异彩，发挥着电视新闻节目、电视文艺节目无法代替的功能，它不仅能给人们的精神带来美的享受，而且能使人们的思想感情在潜移默化中得到陶冶和升华。电视专题节目是综合性的艺术创作，不仅要依靠摄像、灯光、音响和剪辑等诸多技术手段，而且以艺术学、传播学、心理学、美学和文学等为制作的理论基础。

各种电视专题节目制作是职业学校广播影视节目制作专业的核心课程，本教材根据教育部最新颁布的专业教学标准编写而成。

本教材主要内容包括：电视专题节目分类与发展、功能与特征；电视专题节目创作理念和叙事；电视专题节目的选题与策划；电视专题节目的创作过程；电视新闻、科普类及纪实类专题节目特点及创作；电视专题节目解说词的写作等，使学习者初步具备各类电视专题节目拍摄与制作的能力。前两个单元为电视专题节目的理论探讨，既吸收了学界和业界长期积累已形成共识的知识点，也吸收了当前的新理念、新思想，保持了知识衔接的稳定性、成熟性，突出了理论上的前瞻性。后六个单元为电视专题节目创作过程和不同类型的专题节目创作实训，强调实战训练和操作能力培养。

本教材较好地结合了我国优秀的电视电视专题节目，每个单元之前有学习目标，每个单元学习之前有导入案例，课后有思考与练习及拓展训练，让学习者在做中学，有利于学习者理论学习和实践训练。

本教材既有理论阐述，又有实践经验介绍，既可供职业学校的广播影视节目制作及相关专业教学使用，也可作为相关爱好者的参考资料。本教材共分八个单元，第一单元电视专题节目概述，第二单元　电视专题节目创作理念及叙事风格，由山西传媒学院方东明编写；第三单元　电视专题节目的选题与策划，第八单元　电视专题节目解说词的写作，由山西传媒学院张晓嫣编写；第四单元　电视专题节目的创作过程，第七单元纪实性电视专题节目创作，由山西传媒学院禹雅慧编写；第五单元　电视新闻专题节目创作，第六单元　科普性电视专题节目的创作，由山西传媒学院冯思婧编写。

本教材课时建议表如下：

单元	内容	理论	实训	总学时
一	电视专题节目概述	6	2	8
二	电视专题节目创作理念及叙事风格	8	2	10
三	电视专题节目的选题与策划	6	8	14
四	电视专题节目的创作过程	6	10	16
五	电视新闻专题节目的创作	4	10	14
六	科普性电视专题节目创作	4	10	14
七	纪实性电视专题节目创作	6	10	16
八	电视专题节目解说词的写作	6	10	16
	合计	46	62	108

本教材在编写过程中，参考和借鉴了部分国内外专家、学者的学术观点和资料，所引用部分均在书末附了参考文献，在此谨向原作者致以由衷的感谢！同时，本书获得了全国广播影视职业教育教学指导委员会、山西传媒学院领导及制作系领导和同仁们的大力帮助，在此一并表示感谢。由于作者水平有限，加之编写时间仓促，难免有疏漏和不足之处，诚望各位专家、同行和同学们提出宝贵意见！

编者

目　录

第一单元

电视专题节目概述

学习目标

☐ 能够掌握电视专题节目概念和常见的分类，能够辨析出电视纪录片和电视专题节目的关系。

☐ 通过观摩相关专题节目和理论知识的学习，能够从主题、题材、结构、节奏四个方面来评析一部专题节目的优劣。

☐ 通过对电视专题节目的功能的学习，了解电视专题节目传播主体的功能和社会功能。

导入

2012年5月纪录片《舌尖上的中国1》在中央电视台播出后，收视率超出了以往同时段播出电视剧的30％，并引起网友的狂热追捧，获得近两千万的点击量。在互联网上"美食""饮食文化""舌尖上的中国"一时间成为最受网友热议的话题。人们开始重新关注并审视纪录片这一"小众文化"的传播形式、价值取向和社会作用。央视纪录片频道也因播出《舌尖上的中国》而增加了许多观众，使这一成立不久的专业化频道增加了国内外文化市场的热切关注度。这些现象让纪录片人看到了希望。中国本土纪录片终于开始打开国门大踏步进入世界文化市场。

图1-1 故宫

是什么使《舌尖上的中国》走红荧屏，掀起大众化的收视热潮呢？它和电视专题节目又有什么关系呢？

"专题"在《现代汉语词典》中解释为："专门研究或讨论的题目"，如专题报告、专题讨论、专题调查。电视专题片也称电视专题节目，是电视所特有的概念，是电视节目中的一大类别。专题节目与新闻节目、文艺节目是当前电视的三大支柱节目。

《广播电视简明词典》将电视专题节目解释为：是指主题相对统一，能对主题作全面、详尽、深入的反映，与综合节目相对应的一种电视节目。专题节目能够对某一领域或某一方面的情况和问题做连续地、深入地反映。

图1-2 舌尖上的中国

电视专题节目被认为是最具有电视特点的一类节目。从内容上看，专题节目可以涵盖政治、经济、历史、地理、音乐、科技、卫生、体育等各个方面；从形式上看，集电视各种艺术表现手法于大成。从20世纪80年代的《丝绸之路》《话说长江》，到21世纪的《故宫》《舌尖上的中国》等一大批电视专题片都产生了重要的社会影响。

第一课　电视专题节目的界定与分类

电视专题片是随着我国电视业的发展逐渐壮大并完善的节目形式。中央电视台在建台早期，把专题节目与新闻节目、文艺节目并立，之后设立社教部，并把大多数节目归入社教部，纪录片主要是新闻部制作的，两者都是用胶片拍摄的。但随着电视设备的发展，1976年在上海召开的全国电视工作会议上，一些代表强调要突出电视的特点，摆脱电影的影响。此次会议最显著的结果，是中央电视台把社教部的名称改称专题部，电视专题片的名称也由此流传开来。

如今在各个电视台，电视专题片已经成为反映现实的重要窗口。由于电视专题片具有很高的文化品格，创作时间长，过程复杂，往往应用最先进的手段，因而成为电视台总体制作水平的标志。

一、　电视专题节目的界定

从字面意义理解，电视专题片是一个非常简单明了的名词。但事实上，电视专题片作为中国电视中一个约定俗成并广泛运用的概念，为电视理论界和创作界带来了长达数年的争论。在国外，没有电视专题片这一名称，甚至没有严格对应的英文翻译，而将所有画面加解说词的创作方式都称为纪录片（Documentary）。

（一）关于电视纪录片

"纪录片"一词来源于电影。1926年英国人约翰·格里尔逊看到电影大师罗伯特·弗拉哈迪的《莫亚纳》一片后，在美国《太阳报》发表影评，认为这部片子有"纪录"的价值。此后，类似《莫亚纳》以及同类的《北方纳努克》这样一些影片慢慢地被冠以"纪录片"的名称。在电影中，纪录片是与情节虚构的故事片相对应的一种电影形态。不论是"格里尔逊模式"、让·鲁什的"真实电影"，还是罗伯特的"旁观者"理论，都告诉我们，纪录片是利用胶片、磁带或硬盘等纪录技术，真实地还原世界（人或事物）的一种媒介而已。电影于1896年进入中国，1905年，中国最早的纪录片《定军山》诞生。1931年，"纪录影片（Documentary）"作为一个专有名词收入梁实秋主编的《实用英汉词典》。"电影纪录片"这一概念被引入电视界之后，"电视纪录片"就出现了，构成了电视屏幕上以真实地记录现实生活为己任的电视节目形态。

真实是纪录片的本质属性，是纪录片存在的基础。与故事片、电视剧中假定性的艺术真实不同，纪录片面对的客体对象必须是现实生活真实存在的人物和事物。1993年出版的《中国应用电视学》一书中对纪录片是这样定义的：纪录片是直接从现实生活中选取图像和声音素材，通过非虚构的艺术表现手法，真实地表现客观事物以及作者对这一事物认识的纪实性节目。纪录片直接拍摄真人真事，不允许虚构事件，它的基本手法是采访摄影，即在事件发生、发展的过程中，用挑、等、抢的拍摄手法，记录真实环境、真实时间里发生的真人真事。长期以来，真实环境、真实时间、真人、真事，这四"真"在我国的纪录片创作中，一直被视为生命之所在。

电视纪录片记录现实生活中真人真事的功能，是通过摄像机这种特殊的电子工具来实现的。现实世界中，客观事物的存在与运动都以形声一体化的完整形态进行，摄像机以一种特殊的记录形态再现了客观事物的形声结构和运动过程。这种记录形态强调记录行为空间的原始面貌，强调记录形声一体化的行为活动，使得电视纪录片中人和事物的活动具有一种符合人们日常生活经验的逼真感。正是这种纪录片的纪实本性：客观物质现实的复原，才使得纪录片有着其他节目形态所无法替代的独特价值和永恒的魅力。

(二)关于电视专题片与电视纪录片的几种认识

电视专题片与电视纪录片本来是两种不同的电视节目形态,但长期以来很多研究者、创作者和学习者对二者认识模糊,对于两者的异同众说纷纭、莫衷一是。在很多情况下,有些人甚至将两个概念不加区分地混淆使用。关于二者的关系,学界主要有以下几种观点:

1. 混同说

有的学者认为纪录片和专题片本质相同,都真实地记录真人、真事、真情、真景,题材来源于真实的现实生活,以"真实性"作为创作的生命。因此很多学者、专家都认为,不管是电视纪录片还是电视专题片,它们本身的非虚构性,决定了其与现实的关系都是一致的,于是便将两者混同起来,统称作"电视纪录片"或者"电视专题片"。

2. 包含说

这种理论包括"纪录片包含专题片"及"专题片包含纪录片"两种观点。前一种观点认为,电视专题片等同于电视专题报道或电视专题新闻,把它归为纪录片形式中的一类,使专题片与新闻纪录片、文献纪录片、风光纪录片或人文纪录片处于同等地位。后一种观点则认为,电视专题片包含"纪录片、政论片一类的电视品类,接近于新闻文体的通讯、报告文学"。

3. 畸变说

持此观点的人,把专题片说成是中国电视界推出的"怪胎",是某些人为了隔断电视与电影的联系硬造出来的名词,认为在"专题片"这个名目的庇护下,纪录片得以借用电视媒介发表政论、滥用包括故事片片段在内的影像资料、让大量解说驾驭画面等,这些做法违反了电视以屏幕画面为基础的特性,把原有的纪录片"非虚构""用事实说话"的优良传统破坏殆尽。在一定程度上,这种说法对少数专题片直露地宣传说教的创作倾向起到了揭露和批评的作用,但是这种批评未免太过极端和绝对。

4. 分立说

持此观点的人认为专题片和纪录片是两种完全不同的电视节目,在承认二者都取材于真实的现实生活,并以真实性为共性的同时,提出专题片"是作者对生活的艺术加工""有较强的主观意念的渗透""允许表现"等,这些特性与纪录片"排斥主观""排斥造型"不同。

此外,分立说中还存在另外一种观点:因为无法直接在电视纪录片与电视专题片之间划出科学、清晰的界限,便将电视纪录片纳入新闻领域,将电视专题片纳入艺术领域,从而以新闻和艺术的界限取代电视纪录片与电视专题片的界限。概念的偷换,范畴的混淆,对问题的解决有害无益。

(三)电视专题节目的界定

针对这些混乱情况,为了理论研究的方便,为了更好地指导创作实践,由中央电视台研究室主持,邀请全国电视界部分专题节目编导和学术界专家(100多人次),于1992年11月、1993年4月和11月分别在北京、浙江舟山和湖北宜昌,举行了三次中国电视专题节目分类和界定的研讨活动。

第一次研讨会，理论与实际相结合，对专题节目已有的分类条目，分组进行了讨论与分析。讨论的结果认为，若以单一标准分类，难以"涵盖周全"，所以，暂时以三种标准分类：以创作形式分，有专题类、综合类；以功能形式分，有服务类、教学类；以播出形式分，有栏目类、非栏目类。为了便于讨论，初拟出分类条目 49 条，并初步对条目下了定义。

第二次研讨会，对一些带有争议的问题进行了充分的讨论。讨论的主要议题是围绕对界定标准的认识、对专题节目和纪录片的看法等。大家认为，中国的专题电视节目界定与分类，首先应该尊重创作实践和已经取得的经验，本着繁荣和发展电视专题节目的原则，本着"以我为主"的原则来界定，电视专题节目的界定一定要遵循电视规律，要有中国特色。要力求做到准确、科学，每个条目都应该列举实例，切忌模棱两可。

有了前两次讨论的基础，第三次研讨会虽然还有一些分歧，但主要的问题基本上得到了统一。

通过三次研讨会，关于纪录片和专题节目的关系，大家认为，专题节目是 20 世纪 70 年代末出现的一种节目形式，它涵盖纪录片。对于专题节目的称谓，尽管有人认为不科学，但它已经是约定俗成的概念了，要把它淘汰还有些困难。本着"涵盖周全，分类准确，界定周密，表述精当"原则，三次会议对纷繁复杂的电视专题节目形态作了归纳和整理，并对其所有的内涵和外延进行了概念表述，成为我国电视理论建设中的一项重要的理论成果。

《中国电视专题节目分类条目》不再使用专题片的名称，而是明确提出：纪录片是电视专题节目的一部分，被涵盖于其中的报道类，是报道类节目中的主要形式。报道类（含纪录片）根据其叙述表述方式的差异，可分为：纪实型、创意型、政论型、访谈型和讲话型五种。这五种类型基本包括了以前被认为是专题片和纪录片的电视片。至此，关于纪录片和专题片的名称的争论便暂告结束。此后，电视专题片的说法逐渐淡出，而含电视纪录片的电视专题节目逐渐成为大家都接受并普遍使用的一种名称。具体内容见下表（转引自《中国电视专题节目界定——研究论文集锦》）。

中国电视专题节目界定分类条目简表

一、报道类（含纪录片）

（一）纪实型	（二）创意型
1. 新闻性	1. 抒情性
2. 文献性	2. 表现性
3. 文化性	3. 哲理性
4. 综合性	4. 愉悦性
（三）政论型	（四）访谈型
1. 评述性	1. 对话性
2. 思辨性	2. 专访性
3. 论证性	3. 座谈性

（五）讲话型

1.报告性　2.发布性　3.礼仪性

二、栏目类

（一）对象型

1.军人节目

2.青少年节目

3.老年节目

4.妇女节目

5.残疾人节目

6.少数民族节目

7.港澳台胞节目

8.对外节目

（三）服务型

1.公益性

（1）天气预报

（2）股市行情

（3）寻人启事

（4）广而告之

（5）节目预告

三、非栏目类

（一）特别节目型

（二）系列节目型

（三）连续节目型

（四）竞赛型

1.益智性　2.娱乐性　3.技能性

四、其他类

（一）主持人节目

（二）公共型

1.社会节目

2.经济节目

3.文化节目

4.体育节目

5.科技节目

6.卫生节目

2.指导性

（1）示范节目

（2）时令节目

（二）节目主持人

　　电视专题节目是个"庞然大物"，界定和分类属于复杂的系统工程，任何单一标准都无法将它概括。在对专题节目的界定、分类上，走进电视的"场性"思维，全方位、多标准地考察事物：从类、型、性三级作金字塔形的立体分类。

　　比如在"类别"这一层面上，把电视专题节目分成报道类（含纪录片）、栏目类、非栏目类和其他类四大类，这里用了三种标准：报道类（含纪录片）主要依据专题节目的构成——是以报道的形式；栏目类与非栏目类是依据节目播出方式；其他类列举了"主持人节目"与"节目主持人"，却是依据节目的传播方式。

　　根据这种分类方式，中国目前绝大多数电视专题节目都可以找到自己的位置。三种标准既各自独立又相互包容。报道需在栏目中播出，需要主持人主持；栏目需要报道节目形式，需要主持人传播；主持人是报道常见形式，是栏目的主人。三者交叉融汇，从三个标准去分类，就比较全面。当用三个标准来同时对专题节目界定分类时，我们会看到，报道类(含纪录片)着重强调节目的真实性、深入性特征，栏目类与非栏目类着重体现专题节目的编排、播出的规范性特征，主持人节目和节目主持人则着重突出专题节目人格化传播的特征。这样，对专题节目的认识就全面立体了。

多标准、多角度交叉，互相涵盖的分类标准，较好地适应了专题节目内容、形式、风格、手法的千变万化。

(四)电视纪录片属于报道类专题节目

界定当中把电视纪录片归类到报道类：

报道类专题节目是以报道的方式对社会政治、经济、军事、文化等方面的某一主题进行较为系统全面而又深入的探究与表现的电视节目。这类节目是电视专题节目的主体。

报道类节目是深度报道最常用的节目形态，内容涵盖面广，历史、现实、文化、科学、社会、人生的各个领域均可成为报道对象，在选题时往往偏重那些能反映事物实质意义和发展规律的典型意义的人和事，具有以下明显的特征：

1. 报道类节目通常具有新闻性和艺术性双重属性。新闻性：为观众提供准确、完整的有用信息和明确的思想内涵，具有较高的认识价值。艺术性：通过主题挖掘、素材裁剪、摄影、摄像、编辑、音乐、音响等艺术手法的运用，为观众提供视听愉悦和审美享受，具有较高的审美价值。

2. 报道类节目报道的对象是现实生活真实存在的人或事以及他们的存在方式和活动状况。在尊重报道对象真实性的前提下，创作者对素材作有创意的处理。"抓住现实的片段将其有意义地结合起来"(维尔托夫)，"创造性地处理现实"(格里尔逊)，从中体现出思想、文化和艺术意蕴。

3. 报道类节目深入地对某一主题进行报道和阐述，具有内容上的丰富性和主题上的深刻性。一般来说，它要求：报道对象的发展脉络，背景材料的清晰判定，明确的主题，同时创作者通过直接或间接的方式对报道对象进行分析、议论和评价。

4. 报道类节目通常采用直接取材的方法获取报道对象的图像声音素材，具有明显的现场气氛和真实效果。

二、 电视专题节目的类型

随着现代社会经济、科技、文化的发展，电视专题节目的题材日渐广泛，类型日益增多，手法也越来越多样。为了更好地把握电视专题节目的构成特征和创作规律，便于研究者的学习、研究与实际操作，从不同角度出发，对电视专题节目进行了分类。

(一)从文体上进行分类

文体是指独立成篇的文本体裁，传统的广播电视节目按照文体来划分有四分法和六分法，其中四分法是把电视节目分成四种大的类型，即新闻类、社教类、文艺类、服务类节目，六分法还有科普类和广告类节目。由于四分法更简洁实用，因此国际上多采用此类分类方法。本书借用国际上通行的四分法把电视专题节目划分为：电视新闻专题节目、电视文艺（文化）专题节目、电视社教专题节目和电视服务专题节目（较少见，本书也不以此作为重点来讨论）。

1. 电视新闻专题节目

电视新闻专题节目是对当前社会生活中具有新闻价值的人物、事件和社会热点、焦点问题进行及时、迅速报道的电视专题节目，通常来讲，节目时间较长，通过对新闻事实的来龙去脉、前因后果的分析、解释，来满足观众对重大新闻欲"深知"的心理。

电视新闻专题节目属于新闻，它区别于其他电视专题节目的特征在于：它必须遵循新闻节目的客观真实原则，并尽可能及时制作并播出。从新闻的根本属性来说，它所反映和表现的新闻事实必须具有新闻价值，它可以比短新闻容纳更多的描写、背景分析或评点、评论，作出更详尽的剖析和预测。

随着社会的发展，电视新闻专题节目的报道形式也在不断创新和发展，表现结构、表现形式也日趋丰富。既有传统的现场报道，也有主持人在演播室的述评，既有记者在现场对当事人的采访，也有约请专家学者、评论员、观察员在演播室的点评，充分利用声画手段使观众在第一时间清晰、完整地了解并获知当前社会生活中的重要新闻。比如：中央电视台的《新闻调查》《焦点访谈》《新闻1＋1》等在观众中都有很强的影响力。新闻专题节目通常又包含人物类新闻专题节目和事件类新闻专题节目。

图1-3 新闻调查

图1-4 焦点访谈

2. 电视文艺（文化）专题节目

作为电视文艺节目形态中的一种类型，电视文艺（文化）专题节目是指运用电视技术与艺术手段，以艺术主体为表现对象，为电视观众带来特殊的文艺审美愉悦的电视节目形态。

首先，电视文艺（文化）专题节目的选材范围应该是文艺类题材或文化类题材。其次，电视文艺（文化）专题片的制作手段具有较高的艺术要求，写意性较强，往往抒情性强于叙事性，感性强于理性。最后，电视文艺（文化）专题节目具有较强的时空跳跃自由性，将纪实性、思想性、艺术性、文化性、娱乐性等多重审美特征融为一体。

其中，值得重点提到的是电视文化专题节目。我国具有悠久的文化传统，形成了具有东方神韵的华夏民族文化，因此文化类专题节目创作具有广阔的空间。从《话说长江》《望长城》《江南》《苏园六记》《昆曲六百年》《考古中国》再到近年播出的《舌尖上的中国》《故宫》《园林》，我国文化类电视专题节目呈现出良好的发展势头。文化类电视专题节目主要将画面语言、文学语言与音乐语言融为一体，从风物、人物、文物入手，充分地展现文化之厚重、历史之悠久、风光之秀美，既有意境，又有知识，更有哲理，蕴含着审美价值和文化品格。

图 1-5　昆曲 600 年

3. 电视社教专题节目

电视社教专题节目以社会生活和自然界能提供启迪、教益，或满足人们好奇心的内容为题材，综合运用多种电视技术手段，是一种以传播知识为主，同时提供审美享受的节目形态。在题材上，电视社教类专题节目不强调选题的新闻性，历史事件、科学知识等都可以成为社教专题节目的题材。同时，社教类专题节目不强调题材的新鲜性、时效性。在功能上，社教类专题节目着力传播知识以及提供一定程度的审美享受；或者说，在伴随审美享受的同时，让观众接受知识。

电视社教专题节目题材众多，既有一般法制类的专题节目，如《今日说法》，也有致力于开阔眼界、传授知识的《动物世界》；既有反映人类生存状况和社会发展进程的电视专题，如《龙脊》《中华之剑》，也有传播科学知识以及关注新的社会科学问题的《走进科学》《百家讲坛》等。

（二）从内容上进行分类

电视专题节目所表现的具体内容，有的以描写人物为主，有的以记述事件为主，有的以反映社会问题为主，有的以展现自然风貌、人文景观为主，有的以回溯历史事实为主，我们据此将电视专题节目分为五类：

1. 人物类电视专题节目

人物类电视专题节目是指具体而形象地记叙和表现社会生活中的各种人物，展现人物的事迹、经历、思想、品格的电视专题节目。人物类电视专题节目既可以关注社会精英和先进人物，如中央电视台的《东方之子》《看见》，也可以关注普通人物，如中央电视台的《生活空间》，讲述老百姓自己的故事。只要具有一定的普遍意义，具有典型性和代表性，都可以作为人物类电视专题节目的创作题材。

2. 事件类电视专题节目

事件类电视节目是指详尽、具体而形象地记叙社会生活中的各类事件，展现事件发生、发展过程及情状的电视专题节目。事件类电视专题节目既可以关注重大事件，如《震撼——汶川大地震纪实》，重大事件关心的人多，易于引起人们的共同兴趣，而且内涵丰富，意义深刻。也可以关注一般性事件，如《大官村里选村官》记录了一个村庄选举村官的过程，这种平常事，也往往包含着一种新的变化，新事物的萌芽，或是反映、代表着某一种倾向与主张，或是解读、印证着一种政策或生活。只要有典型性，都是事件类电视专题节目创作的题材。

图 1-6　大官村里选村官

3. 社会问题类专题电视节目

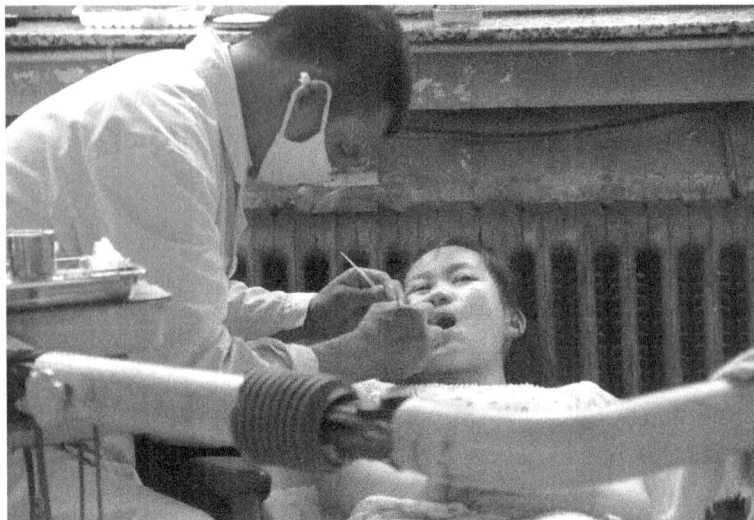

图 1-7　天价住院费

社会问题类电视专题节目是指关注重要社会现象、重大社会问题，追踪其来龙去脉，力求全面客观地反映和揭示相关社会问题，从而反映社会本质、动态和趋向的电视专题节目。通常商品价格、公共交通、环境、民生、教育、住房医疗等公众议论和关注的焦点、热点是社会问题类专题节目关注的题材。此类节目往往对大量素材进行深度加工，有分析、有思辨、有揭示，敢于触及社会矛盾，勇于揭露隐患，具有强烈的社会责任感。如《天价住院费》以患者翁文辉在住院过程中的高额住院费为线索，深刻揭示了在市场经济的今天，看病贵背后的体制根源。

4. 概貌类专题电视节目

概貌类专题节目是指概括地表现自然风光、人文地理、风土人情、建筑景观的电视专题节目。说是概貌，实际上还是还是要突出表现对象的特点，如风光、自然、美景、美食的特点，要有新意，表现出它的与众不同。同时善于纵横对比，着力写变，在做概貌类专题节目时，如果只是说你拍摄的风光有多美，是不够的，应与同类的景物做对比，有比较才有意义。在节目中揉进编导的见闻感受，以小事、小物、小细节构成大的轮廓。如，概貌类专题节目《江南》是对江南文化进行整体观照的一次有益尝试。

5. 状物类专题节目

状物类专题节目是指通过电视手段把动物、植物、静物（工艺品、美食、建筑物等）如实地、细致地、准确地表现出来的电视专题节目。它和概貌类专题节目最大的不同就是，概貌类以大取胜，小中见大。状物类强调整体的同时，更注重细节的表现。如《故宫》通过12集的拍摄给观众展示了一个完整、立体的故宫，但每集单独成章，从建筑、功能、文物、人物等方方面面，触摸历史的脉搏。通过每一件器物、人物、故事来表现栩栩如生的故宫。

（三）实际应用中的典型类别

电视专题节目种类繁多，有很多电视专题节目按照以上的分类方式，很难把它们都囊括其中，这类专题节目通常是针对特定的观看对象，表达特定的内容，传播特定的工作信息。因此在实际应用中，我们有必要按照其内在逻辑来划分：

1. 形象宣传片

形象宣传片是企业、媒介等社会机构为塑造并宣传自身形象而制作的专题节目。早期功利主义和实用主义浓厚，过度依赖市场的短期效应，文化意蕴不足，艺术品位不高。然而，随着"北京申奥""上海申博""上海 APEC 会议"等一系列优秀电视形象片的推出，汇集了影视创作的各路精英创作的形象宣传片占据了这个时代的醒目位置，企业形象、媒介形象到城市形象、地区形象，乃至于国家形象、民族形象都得到了很好的展示。所以从某种意义上说，电视形象宣传片是电视媒介创作活力的象征及其创作实力、创作水准的体现。

2. 成就片

成就片是企业、地方政府等被摄主体展示在某一方面或某一阶段所达到的成就功绩。形象宣传片侧重于写意，而成就片侧重于写实。地方政府、企业每逢重大纪念日或者周年庆，都希望当地电视台拍摄制作一部集中展现其成就的宣传片，这种成就片目标明确，受到各方面因素的制约，创作者发挥的空间比较小，很多成就片多采用"大而全"的表现方式，说教成分较浓。拍得好的宣传片往往以生动的故事作为切入点，层层递进，以点带面，夹叙夹议，以理服人，平民视角，通过个体展示全局。王海兵的《飞跃四川》便是一部典型表现较好的成就片。

3. 政论宣传片

政论宣传片是从政治角度阐述评论社会重大事件或现实问题，思辨性强，理论性强，主观色彩十分鲜明，包含一定的政治文化品位。政论片往往选择重要的社会性题材，以主题为中心，叙事说理融为一体，从最初构思到最后完成，解说相对独立并始终起着主导作用，大量使用评论语言，剖析论辩自由驰骋。画面一般按照解说提供的线索去收集需要的影像资料，并根据解说的结构布局去编排画面，并通过音乐来烘托气氛。这种片子导向过于明确，有损其艺术感染力。从20世纪80年代的《河殇》到21世纪的《复兴之路》都是其中的代表作。

4. 理论文献宣传片

理论文献宣传片，是最具中国特色的专题片片种。理论电视宣传片是指宣传、阐释马克思列宁主义、毛泽东思想、邓小平理论的电视专题片；文献专题片是指宣传反映党和国家重大历史事件以及党和国家领导人生平业绩的电视专题片。理论文献专题片中大量的文献资料是其构成要素中最核心的部分，它能形象化地讲述和存储历史，是人们了解和认识历史的一条很重要的途径。从20世纪90年代以来，《毛泽东》《邓小平》《周恩来》《宋庆龄》等专题片相继播出，形成伟人系列，成为中国电视专题片中一道不寻常的景观。

第二课　电视专题节目的功能和特征

几十年来，电视专题节目随着我国电视事业的发展而蓬勃发展。电视专题节目之所以具有旺盛的生命力，一方面与社会、政治、经济有着紧密的联系，另一方面，它对传播主体、媒介以及受众具有重要的传播价值和意义。

一、 电视专题节目的功能

电视专题节目的功能，可以从以下两个方面来认识。

（一）电视专题节目对传播主体的功能

电视专题节目的传播主体主要包括政府、企业、电视台、创作者，电视专题节目的功能主要体现在政治诉求、经济诉求和文化诉求三个方面。

1. 政治诉求

作为电视专题节目投资方之一的政府的政治诉求，大到凝聚全国人民的人心，树立良好的国家、民族形象，反映和谐稳定的政治局面，小到宣传其政绩功业，促进政策的宣传和社会的治理，都可以通过专题节目来体现。

如中国申办 2008 年奥运会时，按规定制作了大约五分钟的申奥宣传片，该专题片在最短时间内成功展现了北京的都市风貌、北京的辉煌成就以及中国人民对奥林匹克精神的深刻理解和对奥林匹克运动的热切渴望。申奥是一件事关全体中国人的大事，是一个国家的梦想，也是一次国家形象的立体展示。之后无论是 60 秒的《中国国家形象——人物篇》，还是 18 分钟的《中国国家形象——角度篇》，都较好地展示了一个直观、立体的中国国家新形象。

邓小平曾指出，我们的宣传形式不够大众化，往往不为观众所熟悉、所喜闻乐见，也不善于多方面地、多样地表现政府内容。一个制作精良的专题节目往往以翔实的资料，全方位地反映政府取得的各方面成就。

作为电视专题节目另一投资方的企业，虽然其政治诉求稍显隐晦，但是企业投资方通过专题节目的制作搭建人脉资源，为其政治诉求的实现提供了平台。在当今社会，企业的运作更大程度上是"人脉"资源的运作，这也是投资方政治诉求的目的所在。

2. 经济诉求

电视专题节目是当今各行各业进行交流、汇报、招商、宣传的媒介手段，比如在招商引资中，制作一部反映本地交通、环境、电信、金融等与城市发展相关的形象宣传片是最常见、最直接的方法。

企业投资方对电视专题节目的商业诉求则大多体现在资金回报和品牌影响力上，比如《邓小平》这部理论文献专题片，由于其良好的口碑，重播率极高，该片广泛的传播效应，给《邓小平》投资方带来了强势的广告效益和优厚的资金回报，同时也达到了非常好的宣传效果。

优秀的电视专题节目也能给作为拍摄、制作方的电视媒体、影视公司带来丰厚的经济效益。《舌尖上的中国1》当年创下单集 4 万美元(约合人民币 25 万元)的销售纪录，目前已经销往 30 多个国家和地区，播出覆盖领域达 100 多个国家和地区。2013 年年初，《舌尖上的中国2》在一次国际影视节目展上启动了首轮海外版权销售，单片销售额就达到了 35 万美元，创造了近些年中国专题节目在海外发行的最好成绩。截至目前，3000 多万元的投资已经带来了一个多亿的收入。

3. 文化诉求

电视是一种大众文化媒介，更是一种文化载体，它影响着人们的思维方式和生活方式，给公众以文化的教育与影响，这也是电视的责任。人们通常会把电视文化理解为消遣文化、快餐文化，而在诸多的节目样式里面，电视专题节目是最具有文化品格的，因为它本身就是讲文化的：历史的、自然的、社会的、人生的、民族的、世界的文化。电视专题节目通常也被看作是一家电视台电视节目总体制作水平的标志。

优秀的电视专题节目必然包含着创作成员的情思和理念，展现了创作成员对生活、人生、社会、世界的认识，体现了创作主体的文化创造力。《舌尖上的中国》热播的一个很重要的原因就是片中对于美食及其背后的文化内涵的精致讲解让人印象尤为深刻，它完美地将美食融入中国传统文化。它还跨越了不同文化的障碍，让世界各国的观众认识了中国的美食，认识了中国的文化。"以美食作为窗口，让海内外观众领略中华饮食之美，进而感知中国的文化传统和社会变迁，对其产生亲近感，形成一种文化认同，这是《舌尖上的中国》努力追求的目标。"该片导演陈晓卿在创作之初就为自己定下了这样的高目标。

(二)电视专题节目的社会功能

优秀的电视节目兼具社会、人文、文化和审美价值，是电视艺术中的精品，为观众提供最有益的精神食粮。

1. 认知世界

电视专题节目其本身所具有的纪实性、逼真性以及和现实的密切关系通过对社会的真实呈现来拓展和深化人的经验世界和认知世界。电视专题节目可以为观众打开一个未知的或知之甚少的世界，以扩展观众的视野。它通过电视语言的视觉信息与听觉信息的综合运用，向观众传播了自然、社会、政治、经济、科教、历史、法律等方面的知识，再现了人类社会的各个方面。

电视专题节目关注社会现实、真实记录当下的社会生活，并为人们认知社会提供思考，具有高度的社会责任感是电视专题节目的一个重要功能。例如，中央电视台的《焦点访谈》《新闻调查》《今日说法》《讲述》等栏目既可以让观众开阔视野，了解社会，同时也会引起观众的思考。

通过电视专题节目，人们不仅可以认知自身，也可以认知广阔的世界(动物、植物、微生物、地球和宇宙)，如《动物世界》《人与自然》《神奇的地球》《微观世界》等专题节目，用真实、生动的影像资料为观众提供了认识自我、认识世界的有效途径。

2. 体验人生

电视专题节目是记录声像、传播信息与情感的一种电视艺术样式，在这种电视艺术样式中，形式与内容具有情感与生命的"意味"，它能够借助真实生活的记录，引领观众去体验人生。电视专题节目的主创们在创作时投入了饱满的创作热情，注入了他们的感情、才思，以及对生命的体悟和认识。无论是审视历史还是观照现实，作品中也融入了他们对人生的理解，并把这种理解用电视语言传达给观众，使观众体味到生活的真、善、美。观众在欣赏这些优秀的电视专题节目时，常常会伴随着一系列情感上的共鸣，感受人物的喜怒哀乐、生活的酸甜苦辣、生命的兴衰浮沉。比如专题片《好死不如赖活着》记录了中国河南上蔡县文楼村村民马深义一家的日常生活。他的家庭是艾滋病的受害者，一家五口人，有四人感染了艾滋病，只有9岁的大女儿是健康的。《好死不如赖活着》没有故事，没有情节，没有背景音乐，没有字正腔圆的叙述，没有宏大的场面，整部影片就是在纪录这个家庭的日常生活。影片的镜头从2001年的春末夏初开始，历经盛夏、深秋、严冬，一直到春节，近距离地拍摄了马深义一家面对艾滋病和死亡的人生经历。导演陈为军貌似非常平静地记录了一个艾滋病人家庭一年中的生活，但平静的镜头下，每一个场景都蕴含直指人心的力量，让观众感同身受。

图 1-8 专题片《好死不如赖活着》

3. 审美享受

电视专题节目作为一种通过电视的技术和艺术手段制作的艺术作品，充分调动构成其艺术的各种因素：画面、声音、造型、蒙太奇语言等，创作出考究、精致的艺术作品，给观众以精神享受和审美愉悦。电视专题节目蕴含着丰富的艺术美、自然美和生活美，它把中国的山川地貌、风土人情、民居建筑、市井百态、文化传统以及民间音乐、美术都表现得淋漓尽致，美轮美奂。《黄山》《江南》《园林》《故宫》和《舌尖上的中国》等所展现的优美自然风光、历史文化、建筑之美、民俗民情和美食文化，《邓小平》《半个世纪的爱》等专题节目所表现的人情之美、人性之美等，都能给人以视觉和听觉的审美享受，从中感受到深刻的思想内涵和高尚的道德情操。

4. 文化传承

电视专题节目承载着大量的文化信息，承载着民族与民族、种族与种族、地域与地域之间的文化交流、沟通和传承功能，通过专题节目让观众了解不同的文化，促进不同的文化之间的交流，增加了解，互相包容。《最后的山神》所记录的鄂伦春族的信仰和生活习俗，《北方的纳努克》中因纽特人古老的生活方式，《故宫》中的一个个历史故事，历史细节，外部建筑，内部宝藏，让全世界的人看到了中国建筑的神奇，同时从故宫的历史命运中了解到中华文化瑰宝的价值和影响。《舌尖上的中国》里中华美食以及背后博大精深的中华文化，《京都古戏楼》《川剧与变脸》《古乐南音》关于戏楼、川剧、古乐方面的信息的传递，使观众对相关的知识获得了感性的认识，同时从理性的高度于潜移默化中培养了观众对中国文化、世界文化的探究和热爱之情。创作电视专题节目，应该具有一种文化传播的意识，彰显专题节目的文化传承功能。

直到现在还在生产汉白玉石头

图1-9　故宫

二、　电视专题节目的特征

　　电视专题节目属于电视节目的一种，它和电视新闻、电视文艺、电视社教类节目既有交叉，同时也具有鲜明的特征，这些特征主要体现在节目的题材、主题、结构和节奏上。

(一)题材

　　任何一部电视专题节目，都是由人物和事件构成的。所谓电视专题节目的题材，就是创作者从现实生活或历史资料中选择出来并经过集中、提炼、加工的具体生活材料，具体展示到荧屏上的主要事件或生活现象。题材是作品的最基本构成因素。

　　1. 熟悉生活

　　艺术来源于生活，以真人真事真景为基础的电视专题节目，更是直接取材于生活。要想获得丰富有典型意义的题材，编导必须发挥主动性，投入到生活中去，去体验生活、观察生活、感受生活，为创作提供第一手素材，这是电视专题节目编导们获取题材的重要途径，获取的材料也最真实。《最后的山神》创作者孙曾田花了大量时间去熟悉鄂伦春族人的生活，去观察，去体验，他不仅熟悉萨满孟金福的狩猎过程和生活细节，还了解他们的内心世界、宗教信仰，这对他把握作品内容、提炼作品主题起着至关重要的作用。《龙脊》拍摄时间半年以上，以陈晓卿为编导的创作团队并非是天天拍摄，更多是在熟悉、观察和了解村民的生活，与他们融为一体。

　　只有熟悉、深入生活，创作者才能感同身受，在心中碰撞出创作的灵感火花。生活不仅仅是材料矿藏，还是灵感的刺激物。陈晓卿谈到在创作《龙脊》时，接到的是拍摄一个希望工程的命题创作，刚开始只是想反映当地孩子们的失学情况，然而在龙脊待的时间长了，和当地的百姓接触多了，感触和体验才一天比一天丰富，认识才一天比一天深刻，感情才一天比一天深沉。

2. 选择题材

面对眼花缭乱的生活，电视专题节目的创作者们要严格选择合适的题材。题材不但决定了电视专题节目的内容，也大致规定了它的思想意义和审美价值。

首先，应该选择那些自己体会最深、了解最透彻的题材，才能做到有感而发，而不只是完成任务或者无病呻吟。正是创作者有感于沙漠牧民和海边渔民生活的艰辛和精神的坚韧，有感于半个世纪时光的相濡以沫，有感于孩子们幼儿园的生活，有感于高三艰苦但充满希望的求学历程，也才有了《沙与海》《半个世纪的乡恋》《幼儿园》《高三》等令人动心的作品。选择是一种发现，它是创作者感悟能力、敏感性、智慧、审美趣味的综合体现。

其次，题材选择提倡大题材，不排斥小题材。题材有大小之分，却没有高低之分，题材不分大小，都有一定的价值。所谓大题材指那些直接反映时代精神和国计民生、具有重大社会意义的事件，如食品安全、医疗卫生、人道主义、反腐倡廉等。小题材却善于从日常生活、凡人琐事、闲情逸致中去表现人的精神生活的各个方面，满足人的丰富的精神追求。所以无论是大题材作品，如呼吁重视环保的《难圆绿色梦》、关注上海世博会的《百年世博梦》、反映食品安全的《"毒奶粉"流出的背后》，还是小题材作品，如关注牧民和渔民生活的《沙与海》、关注小学生选举的《请投我一票》、反映智障儿童生活的《舟舟的世界》，都有较重大的思想意义，取得了不错的收视效果。

图 1-10　请投我一票

最后，对电视专题节目而言，我们提倡重大题材"大题小做"和小题材"小题大做"。所谓"大题小做"就是大题材要从小处着手，有小的着眼点，以点带面。如中央电视台为纪念改革开放 30 周年制作的大型专题节目《破冰》就是一部典型的重大题材电视专题节目，节目以历史的关键转折点和改革者的思想突破为主线，关注改革中人的命运，通过寻访当事人和知情者，运用珍贵历史影像资料等展现历史细节。所谓"小题大做"就是从微不足道的小人物、小事件上提炼出有高度、揭示社会本质规律的深刻主题。例如：《大官村里选村官》报道的虽然是一个村庄选村官的故事，但反映的却是中国社会尤其是基层民主化进程这样一个宏大主题。

3. 挖掘题材

熟悉并选择好题材并不意味着万事大吉，选择好的题材，不能仅仅停留在表面，还必须深入挖掘，透过现象看本质，使之提高和升华。电视专题节目要摆脱表面上常见的自然风貌之美、民俗民风之独特和猎奇的心态，以更高的立意揭示人物性格、精神风貌。

对题材的挖掘的最终目的是发现本质，揭示具有永恒性的东西。《沙与海》并非只是牧民和渔民生活的呈现，它告诉人们的是，无论是沙里还是海里，要想活下来，活得好，就必须和生存环境作顽强的抗争。《高三》也不只是仅仅记录福建某座小城里普通高三封闭、乏味的生活，而是面对人生中最重要的改变命运的坎（高考）采取什么样态度面对它，以及在成长过程中不可明说的阵痛。《龙脊》展示了龙脊村的贫穷、落后、闭塞、美丽的风光，同时也展示了村民的淳朴和孩子们的聪明、可爱和强烈的求知欲望，但更重要的是通过这样的对比来唤起人们对失学儿童的关心和对希望工程的积极参与。

（二）主题

主题，就是一个作品的中心思想，它是编导对生活、对历史和现实的认识、评价和理想的表现，是一部作品的灵魂。这种思想一旦形成，作品就围绕它而展开情节、塑造形象、表达情感。主题是贯穿艺术作品的主要线索，一部作品的素材、题材、人物、情节、结构和语言等构成要素，都要围绕着主题而进行，或者说主题是一切构成因素的取舍标准。

1. 提炼主题

主题作为中心思想，它不能凭空而来，它必须取自并且依赖题材而存在。题材从生活中来，主题则从题材中提炼，题材是主题提炼的基础和依据，一定的题材只能提炼一定的主题。题材的发现、选择、取舍过程就是主题提炼的过程。

《歌魂》的编导采访了很多歌手，听了很多歌，特别是了解老大娘李改籽和老大爷乔乃荣的故事与他们唱的歌，在这些题材基础上，提炼出这样的主题：真正的歌来自人民，他们不是为唱歌而唱歌，而是在歌唱自己的爱情、不幸与向往，歌是生命与情感的体现。

主题一旦确定以后，又对题材选择起着制约作用。创作时要删去一切枝蔓，紧紧围绕主题。《谢希德》通过女科学家、院士、复旦大学校长谢希德忘我工作，直到生命终止那一刻的事迹，揭示了人要有理想，理想高于生命这样一个主题。《男模今年八十七》记述了87岁高龄的河南老汉一边在广州美院从事模特行业，一边还要通过捡拾废品来养活自己的故事，突出地表现了他勤俭、质朴、乐观的性格以及生命不息、奋斗不止的主题。

2. 主题要深刻、新颖、集中

主题深刻就是不能停留在事实的表象，要透过表象挖掘本质，揭示事物运动、发展的规律与内在联系，揭示社会的本质特征。《叔叔》是2008年抗震救灾系列节目《向生命致敬》中的一集，该片记录了消防官兵和社会各界营救3岁女孩小馨懿的整个过程。该片主题深刻，不仅展示了消防官兵冒着生命危险营救生命的大爱无疆，同时还通过小馨懿揭示了大灾中人们乐观向上的人生态度，这对身处灾难阴霾之下的四川人们有强烈的现实意义。

主题新颖就是别具一格，与众不同，富有新意。换言之，就是在司空见惯的事件、人物、现象上，发现不一样的主题。陈为军拍摄的专题片《请投我一票》记录了湖北武汉一个小学班级竞选班长的过程。3 个候选人表演、辩论、拉票，由学生投票。竞选中，有互相挑毛病的辩论，有舆论造势，也有诋毁，还有"贿选"。《华盛顿邮报》称其为"关于一群 8 岁大孩子的……令人如坐针毡的政治戏剧"。

主题集中是一部电视专题节目所有内容要素和形式要素都必须以主题为核心，为主题服务，与主题无关的情节，语言、镜头都要尽可能地删去。当然有时候作品主题也存在着多元性，即多主题现象。如电视专题节目《美在广西》再现了广西丰富美丽的自然资源，也关注了当地老百姓的生存状态，同时还表现了广西特有的历史文化气息，既有传统文化与现代文明的碰撞，也有东方和西方文化的交融，给受众留下了充分的想象空间。我们欣赏这样的作品就不宜把主题单一化。丰富多彩的生活可以使一部作品有多种主题，但是在创作时，作为创作者心中仍然要有一个明确的主题和思想。

关于主题还需要注意的是，主题思想作为作品的灵魂，并无实体，它是通过屏幕形象、事件、社会形态等形式来实现的。比如：事件中包含着起因、发展、高潮、结束等过程，人物性格随着事件的发展而淋漓尽致地显现出来。主题思想也蕴含于事件中，让事实说话，主题思想成了事件发展到水到渠成的结果。《回家》记述了人们收养大熊猫、训练大熊猫、放归大熊猫等一系列事件，表现了人与动物和睦相处的主题。当然，主题除了用画面形式体现外，解说词依然是重要的方式。对政论专题节目而言，甚至是必不可少的方式。

（三）结构

所谓结构就是布局，是对具体材料的组织和安排。电视专题节目的结构，是指作品内容的整体布局和段落层次安排的方式，包含有两层意思：一是整体布局，对整体形式的把握，目的是作品层次分明，结构完整；二是内部构造，对作品中各局部的构成和转换的把握，目的是使作品上下贯通，过渡自然。电视专题节目的结构要根据题材和主题来确定，然后再根据结构形式的要求组织安排材料。一部专题节目的结构优劣，对其成败常常起很大作用。

1. 电视专题节目结构的基本要求

电视专题节目结构的最基本要求是：完整统一、新颖独特、严谨合理、自然流畅。

完整统一就是指电视专题节目结构的完整，要头尾圆合，各部分要饱满，之间要均衡和对称。一部电视专题节目的整体结构一般要有开头、主要内容和结尾，主要内容部分又根据内容的逻辑关系分成若干层次。电视专题节目一般没有一个完整的故事情节作为结构框架，经常要把一些不完整的、片段的材料组织在一起。这就更需要一个清晰、完整的结构形态，使人们对这些片段材料间的关系有一个总体的把握。统一就是要求电视专题节目结构形式要和谐统一、浑然一体、全篇贯通。例如，《天山恩情》开始是维吾尔族大妈带着收养的汉族孤儿到广州寻找他的亲生父母，中间是寻找的过程，结尾是没有找到，首尾呼应，结构完整统一。

新颖独特就是电视专题节目结构有鲜明的个性，体现创作者的风格特点。一部好的电视专题节目从内容到形式都应该有自己的特点，有自己的个性。例如，2012年伦敦奥运会宣传片利用一个运动员跑步作为线索，把篮球、举重、竞走、体操、划船、游泳、花剑等奥运项目的场景联系在一起，既突出了全民奥运的主题，又使作品的结构新颖独特。

严谨合理就是要求电视专题节目在谋篇布局时要遵循自然发展规律、社会发展规律，艺术创作规律，条理清晰，层次分明。纪录片《舌尖上的中国》第一季整个分七集完成，各集首先概括了每集各自要点明的主题，随后举例说明介绍各种美食，并在最后该集结束时用主题概括全集。第一集《自然的馈赠》选取生活在中国境内截然不同的地理环境（如海洋、草原、山林、盆地、湖泊）中的具有代表性的个人、家庭和群落为故事主角以及由于自然环境的巨大差异（如干旱、潮湿、酷热、严寒）所带来截然不同的饮食习惯和生活方式为故事背景，展现大自然是以怎样不同的方式赋予中国人食物，我们又是如何与自然和谐相处，从而了解在世代相传的传统生活方式中，通过各种不同的途径获取食物的故事。这种思路具有条理性、逻辑性和周密性。

自然流畅是结构顺理成章，过渡自然，不牵强附会拼凑。电视专题节目结构的方式主观性强，它依靠蒙太奇手法，不受时空的制约，自由地组接，同样的材料可以有不同的组织安排方法。但是，无论怎样组织安排，都不应该为形式而形式，而要考虑材料所提供的逻辑基础，使结构形态的运行如行云流水，自然不做作，朴实不雕琢。《江南》在结构上就非常流畅，段落之间有转场，镜头之间有过渡，这些都使作品流畅自然。

图 1-11 舌尖上的中国

2. 结构形态

电视专题节目结构无固定模式，但在具体的内容表现上，仍有内在规律可循。一部专题节目都有开篇部分、中间部分、结尾部分，一部作品基本上得由这三部分构成。而一部好的专题节目，如同文章，其结构要做到"凤头、猪肚、豹尾"。

开头的方法最常见的是两种：一种是开门见山，平实自然，多用于纪实类专题节目当中；另一种是先声夺人，以形象、生动的艺术手段，一下抓住观众的心，多用于写意性专题节目当中。不管哪种方法，开篇犹如作品的脸面，应该尽可能漂亮。新闻报道的"倒金字塔"报道结构，就是把最重要、最精彩的事实先报道，按事实的重要性安排结构，力求先声夺人。专题节目虽不同于新闻，但观众的心理是一致的，作品开头必须精彩，吸引人。中日合拍的《丝绸之路》很讲究开篇，不少集开篇就引人入胜。在《发现楼兰王国》这一集里，开篇就是：飞沙走石，狂风像黄河怒涛，一泻千里，戈壁行车，汽车像一艘艘潜艇，穿行在大海里，而解说词配合着画面介绍了楼兰王国之谜，看着这样的开头，相信每个观众都想到楼兰王国寻古探秘。开篇好似预先的广告，风格可以不同，但都应该注意受众心理，力求新颖独特，以强有力的视听效果，抓住观众的眼睛和耳朵，从而感动其心灵。

结尾作为专题节目的结束，概括起来，主要有以下三种：第一种，总结全篇，深化主题。这类片子在叙述事实之后，对片子的内容作出总结和分析，或以鲜明的观点和议论，深化主题，加深观众印象，如《炎黄，你在哪里》的结尾，片中是这样说的：茫茫人海，华夏大地，炎黄究竟是谁？是他，是他，还是他？虽然我们最终没有找到炎黄，但是，人们却在自己的心中找到了真正的炎黄——朴实、善良、乐于助人，这绵延千年的中华民族的传统美德，不正是我们要寻找的吗？第二种，营造意境，委婉含蓄，余味无穷。如《背个媳妇回家》的结尾：在漫天的雪花飞舞中，一个缓缓拉开的长镜头，伴随着悠扬的口琴声，透射出一抹灯光的水塔在雪花中渐渐远去。《最后的山神》的结尾：孟金福一个人骑着马，背着老式猎枪，朝着茫茫的深山而去，象征着在他以后再也没有人会走向山林。他确实是最后一个猎人，一个传统少数民族生活方式的象征。第三种，自然收尾，不作评判。在纪实类专题节目里比较常见。如《远在北京的家》交代了五位农村少女的现状后自然结束。《潜伏行动》以抓到刘进荣及其他同伙结束。《阿婆王时香》以王时香平静地对生活的理解结束。这样的结尾朴实而平常，和片子的内容和主题一致。

专题节目的中间部分也是最重要的部分，它是开头的延伸与深入，是结尾的依据，需要浓墨重彩，作品风格不同，这一部分结构会千差万别。以叙事为主的专题节目，可能沿着事件发生、发展、高潮、结束的顺序来结构；政论性专题节目，可能围绕着一个主题，一个论点，层层论述，步步推进。但不管怎么展开，应将人物性格、事件脉络或某种观点，充分地展现出来。只注意开篇与结尾的雕琢，忽视了中间部分，形成"水蛇腰"，整个作品塌陷下去，立不起来，再好的开头与结尾就失去了意义。

3. 结构类型

电视专题节目的结构，主要是时空关系的不同组合，主要分为时间式、空间式、时空交叉式三种。

(1)时间式结构(线性结构、顺序式结构)

时间式结构是电视专题节目最常见的结构，它按照事件进程的自然次序组织情节的叙事结构，它是以时间为轴线的。这种方式有明显的事件线索贯穿始终，段落层次分明，强调事件的发展有明显的因果关系，内容安排按时间的过程步步推进，环环相扣，直至结束。

以纪实为主的专题节目几乎都采用这种结构方法，比如《龙脊》《高三》《请投我一票》等都是采用这种结构。它又分为：

单线结构：一个事件或一个人物贯穿到底，用一根情节线或发展线串起不同的空间来进行叙事的结构方式。比如《小鸭子的故事》描写的是飞到东京的一只野生斑嘴母鸭如何带领它的孩子们勇敢步行穿越东京最繁华的商业街重返大自然的故事。全篇按照时间的顺序，步步递进，使得小鸭子的故事被编导表现得如此生动。

双线结构：片子有两条明显的线索，依据两条线的相互关系，可分为平行式、交叉式、对比式三种。平行式：两条线各自独立平行发展。《两个孤儿的故事》这部片子讲述了两个战争孤儿，中国孤儿夏维荣和日本孤儿陈雅娟的故事，两个人的命运也是两条平行线，没有直接或间接的关系。交叉式：两条线交叉在一起。《岁月》片子中采用两条线一动一静，平行交叉的结构方式。静态介绍靳月英是一条线，动态介绍杨贵是另一条线，最后两条线合二为一。对比式：两条线独立发展，不构成交叉关系，但又不像平行式那样毫无关系，可以构成一种对比关系。《我的父亲，我的祖国》以澳大利亚研究者梅格和她的父亲在相距五十年后对新几内亚地区考察为线索，过去和现在两种状态的对比，成为此片的结构。

多线结构：片子中有三条或以上的情节或人物线，这些线索或连或不连，但基本上每条情节或人物线是贯穿到底的，如《远在北京的家》几个女孩子，一开始是在一起的，逐渐分开，有各自的命运，各自发展。也可以一开始几个头绪，几条线，最后合到一起。多线结构中，如果线与线之间有交叉的关系，就形成了新的结构，即网状结构。

(2)空间式结构(横向式结构、板块结构)

空间式结构，是依照空间变化来排列、搭配各个部分的内容，没有直接联系的人或物，或互不贯穿的事件，或空间上隔离的地区，可以考虑用空间式结构，一个个空间是并列的，犹如一个个"板块"。电视专题节目《丝绸之路》《半个世界的爱》《舌尖上的中国》《敦煌》均用此结构。

人物作为板块：《半个世纪的爱》共介绍了14对金婚夫妇的具体生活场景，并无时间上的先后顺序，而是按照空间来结构的。时间作为板块：《我们这样的女孩》记录了美国费城南部四个少女的少年时光，在结构上采用以时间为板块的方式，以每一年作为一个板块，在每一个板块里讲述不同女孩的故事。地域作为板块：《黄河一日》就是在中央电视台组织下，在同一天从源头到入海，黄河沿岸30个地方台同时开机拍摄，记录下这一天黄河两岸人民的生活状态。主题作为板块：常见于政论性专题节目，通常一个个主题为板块，以若干个小主题或主题的若干方面构成一个大主题。如《河殇》《复兴之路》都是采用这样的方式。

空间与时间一样，是事物存在和运动的方式，两者相比，时间结构注重事物的发展与流向，空间结构则注重事物的多侧面、多层次，结构较为松散，但组合灵活，所以板块结构比较适合大型系列片作为总体结构，如《丝绸之路》《话说长江》《舌尖上的中国》等。

(3)时空交错结构(复合结构、散点式结构)

这种结构完全打破了生活正常时间、空间的连续性、顺序性，而是时空纵横交错将

图 1-12　复兴之路

古今中外同时纳入片中。在复合结构纷繁复杂、头绪众多的材料中，往往以一种内在联系来贯通，或者是某种思想、论点，如政论片，或者是情感、心理，将散落在历史和现实中的片段和碎片有机组织在一起，形成一个新的完整体。文献纪录片《邓小平》从邓小平 20 世纪 20 年代赴法国勤工俭学投身革命起，到革命开放的 90 年代，他的一生与中国革命和发展紧密结合。如何构建这样一部巨片？编辑人员创造性地运用了复合式结构：前 6 集按年代顺序，先后介绍《早年岁月》《苏区风云》《戎马生涯》《十七年间》《十年危艰》《历史转折》；第 7—11 集是通过板块式结构在历史的沿革中形成"建设有中国特色的社会主义理论"。在写人与人的历史的同时，绘就出邓小平理论的框架和体系。

如果说时间结构纪录一段时间内事物发展的完整性，空间结构纪录一个个空间事物存在的完整性，二者更具有长镜头思维，那么，时空复合结构显然是属于蒙太奇思维的。但无论哪种结构方法，都可以借助某些表现手段作为贯穿因素，最常用的就是音乐，如《龙脊》用红瑶的民歌，从耕种唱到收获来贯穿。《马背上的民族》也是运用一首蒙古民歌来贯穿以表现蒙古族的历史。当然，除了音乐之外，一个物件、一个细节等都可以成为结构全片的贯穿因素。

（四）节奏

节奏在《辞海》的解释为：乐音的高下缓急。《现代汉语词典》的解释为：音乐中交替出现的有规律的强弱、长短的现象。对于电视专题节目中的节奏是指镜头运动的快慢、画面衔接的长短、声音的强弱缓急，以及情节推进的起伏所呈现的有规律现象。电视专题节目中各元素的运动变化通过视听语言给受众心理造成不同程度的冲击：时轻时重、时远时近、时明时暗、时缓时急，带来的是受众情绪上的起伏，节奏便应运而生。

专题片的节奏，就是专题片的活力，也是专题片的灵魂体现。有了节奏，电视专题片的这一"实体存在"才从静止的人变为活动的人，变为有生命力的物质，电视专题片才能真正活起来。

(一)内外节奏的统一

1. 协调、统一整部电视专题片

一部电视专题片的情节发展之中，事件与事件、段落与段落之间的地位、连接、主要场面和交代性过渡场面安排在什么位置和位置多少是依赖节奏的；人物的出场、下场、动作、对话、主要人物和次要人物、主要事件和次要事件的协调是依赖节奏的；事件在电视专题片中发展的转折点安放在什么位置，同样也是依赖节奏和全片调和，使它不突兀不独立。这些都需要精巧、严密的节奏处理。

2. 表现情调

观众在观看一部电视专题片时，看到、听到或者感觉到的节奏，会引起肌肉的伸缩及情感体验。虽然节奏并不是引起情感体验的唯一因素，但节奏的确是引起情感体验的重要因素。不同的节奏可以引起不同的情感发应，表达不同的情调。影视艺术受节奏与情感反映规律的制约，它是影响整个专题片情调的最重要的因素。轻快的节奏一般表现为比较活跃的，缓慢的节奏一般表现为比较沉重的，交代性段落的节奏应该是中速的，追逐性段落应该是紧张、急促的节奏。

3. 表现环境气氛和人物个性

节奏的这一功能最容易被人理解。鸟语花香的环境必然需要舒缓、轻盈的节奏；紧张、激烈、恐怖的场面，必然是需要急促、强烈、不合拍的节奏；充满青春活力，洋溢着蓬勃生气的人物必然是需要跳跃、欢快的节奏。

电视专题节目的节奏可分为内在节奏和外在节奏，两者是和谐统一的，内在节奏通过外在节奏来显现，外在节奏必须以内在节奏为依据。

(二)内部节奏

专题节目的内在节奏，主要是指由情节发展的内部联系或人物内心情绪起伏以及创作者的思绪波澜而产生的节奏。比如事件发展或缓慢或疾速，人发怒或震惊时呼吸加快而短促、心跳加速，突然震惊时甚至出现呼吸中断。

内部节奏决定了一部作品的基本节奏，是整个作品发展的重要力量。《山洞里的村庄》片子中的主人公是完全封闭落后的，远离快节奏的现代人，思维、行为都是凝滞的，村庄的经济带有浓厚的自给自足经济色彩。在是否拉电线这件事上，村民们反反复复争执，或犹豫，或观望，或反对，或期求，其内在的生活节奏的迟缓就决定了整个片子的节奏必然是舒缓的。《潜伏行动》内容是一次紧张而危险的歼匪行动，战士们必须在高温、蚊虫叮咬的环境下潜伏、守候，如果有丝毫差错，不仅围歼计划失败，面对凶残、狡猾的匪徒，武警战士还有牺牲的危险，整个行动必然是紧张的。这样，事件内在紧张节奏决定了《潜伏行动》节奏的快与紧张，观众会以强烈期待心理等待扣人心弦的过程。

图 1-13　荒野求生秘技

美国探索频道制作的纪录片《荒野求生秘技》中，作为探险家和主持人的贝尔，在每一集中选择一处受欢迎的探险目的地，同时也是游客经常迷路和遇险的地方，自己则化身为一个遇险游客，通过各种亲身冒险和尝试，利用其专业的求生技术，设法逃离困境，设法寻找出路，教会人们怎样在最恶劣的环境下生存。这部纪录片之所以好看，正在于它的内部节奏明快、紧张，事件发展和人物、命运充满着悬念，充满着不确定因素。纪录片《山里的日子》体现的是另一种风格，它将视线投射于四川东北部的大巴山区，一个小山村里的一个普通人家。山里的每日生活节奏，就成了纪录片叙事的天然内部节奏，通过每天都会上演的真实又丰富的场景，真实反映了普通农民在今天这个时代的一种生存状态，体现了纪录片创作者对山村生活的感情，以及对人的本质关怀。

内部节奏是由事物发展的内在关系或人物情感决定的，必须通过外部节奏表现出来，即以具体可感的节奏固定，呈现在电视屏幕上。

（三）外部节奏

外部节奏是指画面上一切主体的运动、摄像机的运动、画面剪辑而产生的节奏，以及声音元素，包括各种对话、音乐音响及解说词节奏。

1. 画面主体物的运动节奏

在镜头画面里，主体物运动是最基本的节奏。一般地说，主体物的运动快，节奏就快；主体物的运动慢，节奏就慢。但是，有些画面内容尽管运动缓慢，但也包含一种强烈的节奏。这是由电视专题片的内容情节节奏和表现形式节奏的整体节奏形成的。

2. 摄像机镜头的运动节奏

摄像机镜头的运动节奏，是摄像机运用推、拉、摇、移、跟等技巧时所产生的节奏。节奏的快慢、松紧是由镜头相应的运动造成的，同样是一个推镜头，用 2 秒和 6 秒完成所产生的效果会截然不同，前者急促、紧张，后者舒展、流畅。可见，镜头的运动恰当，有利于专题片内容的表现，使节奏鲜明，增强感染力。

3. 景别变化的节奏

镜头景别的大小，对电视专题片的节奏也有影响。因为观众看清楚不同景别的主体物时，所需的时间也是不同的。一般来说，全景在8秒以上，中景在5秒，近景在3秒，特写在2秒。可见，景别大，节奏慢，景别小，节奏快，这也是专题片的基本节奏。当组接时，几个大景别（如远景）组接在一起节奏就慢；若几个小景别（如特写），组接在一起节奏就快；若几个组接镜头的景别从大到小变化节奏趋向松弛；若从大到小变化，节奏趋向急促。

4. 镜头长度的节奏

按镜头长度有长镜头与短镜头。一般地说，长镜头多的专题片，节奏缓慢；短镜头多的电视专题片，节奏较快；镜头的长度应与所表现的画面内容相适应。要认真掌握、分析和灵活应用镜头长度的节奏的规律，根据专题片的内容要求、恰当地取舍镜头长度增强镜头画面内容的表现力。

5. 蒙太奇组接节奏

蒙太奇组接通常采用连续、平行、交叉、比喻、重复等手法将若干镜头组接在一起组成一段影视语言，起构成作用，创造时空作用和声画结合作用，去说明一个问题，造成一种意境，或表达一定的思想感情。不同的组接方式会形成不同的节奏感受。

6. 声音节奏

电视专题片的声音由解说、音乐和音响效果声三个方面组成。画面密切配合解说，又是声音的主体。电视专题片的声音节奏以解说词为主，伴以音乐、音响效果声所形成节奏。声音节奏应与电视专题片的画面的空间节奏密切配合，和谐统一形成电视专题片的整体节奏。例如美国国家地理频道拍摄的纪录片《冷酷宿敌》中，拍摄狮子捕食野牛这个段落时，采用了逐步加快节奏再减慢节奏的叙述方式，极具现场感和感染力。镜头的速度差异形成不同的节奏，不同的叙事节奏分别影响各个片段，即确定捕捉对象——开始行动——发起进攻——停止追捕，镜头运用的全过程展示了这个段落的开始、发展、高潮和结束的态势。此时片子的节奏变化是从平和、逐渐加速、推向高潮、展现结果，仿佛亲临了一场弱肉强食的野外生存之战。可见，在纪录片中，镜头运用形成的节奏快慢，与每一个叙事段落相辅相成，使片子的观赏性更强。

（四）节奏的作用

电视纪录片的内部节奏和外部节奏是一个和谐的统一体。内部节奏为外部节奏的变化提供依据，外部节奏有助于修饰、表现内部节奏。电视纪录片在叙事过程中不应把两种节奏完全割裂开来，而应该使两种节奏和谐共振，以此保证电视纪录片整体叙事的自然流畅。值得注意的是，内外节奏的和谐统一，并不意味着电视纪录片在每一个叙事片段都只能保持一个节奏，一平到底，反而应该有所变化。我们可以根据表现内容的需要，适时变化节奏，以此增强表现效果。

图 1-14　方荣翔

　　专题节目《方荣翔》在节奏的处理上，充分调动多种手段，很好地表现了主题。比如，表现手术室中医生们紧张地抢救方荣翔，室外戏迷们紧张地等候手术结果，"戏迷在等待"这组画面使用的是定格处理，而且是无声，但是电视观众的感受反而更加紧张而焦虑，因为所采用的艺术手段适应了片中此时的内在情绪节奏，并使内在情绪节奏与观众的欣赏节奏相吻合。再如，方荣翔第一次手术后的首场演出，台上紧锣密鼓，方荣翔正在唱一段节奏急促的快板；台下的医生们紧张地盯着显示方荣翔心脏跳动的监视器上的曲线；观众的反应，如雷的掌声，造成了规定情景中的特殊氛围。这种画面上主体的运动及镜头的转换速度的统一，以它较强烈的外部节奏，使观众在紧张情绪释放出之后产生了满足感和愉悦感。此外，在听觉节奏的选择和处理上，此片也作了较成功的努力。比如，"包龙图打坐在开封府"这句唱腔，片中用了三次，第一次用在片头，在造成先声夺人的气势的同时，又起到了唤起人们对方荣翔思念的作用；第二次用在"香港演出"的高潮部分；第三次仅用半句，是在"方荣翔去世"这一部分，一个"开⋯⋯"字的延时处理，意在揭示出方荣翔与艺术、与观众的生死之恋。可以看出，在《方荣翔》中，内部节奏与外部节奏、听觉节奏与视觉节奏都非常有机地融合在一起，形成了完整、和谐的整体，最终较好地表现了主题。

第三课　我国电视专题节目发展概况

　　电视专题节目是随着我国电视事业的发展，顺应观众的电视文化需求而产生的。随着我国经济、社会、文化的发展，摄影、摄像等传播技术的发展，观众审美意识的提高和社会多方面的需求，电视专题节目也在不断获得新的发展，在电视荧屏上占据重要地位，不断展现出旺盛的生命力。

一、 雏形期：1958—1978 年

我国电视专题节目的诞生几乎与我国电视同时诞生。1958 年 5 月 1 日中国第一座电视台，北京电视台首播的节目中就包含了科教片《电视》和新闻纪录片《到农村去》等。电视专题节目从电视诞生伊始就成为电视节目中极为重要的一个种类。

1959 年 10 月，作为中央电视台前身的北京电视台拍摄了国庆 10 周年庆典的纪录片，之后，陆续拍摄了《珠江三角洲》《长江行》《收租院》《周总理访问十四国》等纪录片。1975 年，北京电视台拍摄的专题节目《下课以后》，在第十届"日本奖"教育节目国际竞赛会期间参加会外放映，受到好评。同年北京电视台社教部推出几个专栏，将专栏里播出的片子称为专题片。1976 年，在上海召开的全国电视工作会议上，"专题片"一名得到了与会人员的认同，将名称正式确定下来。

这一时期电视专题节目主要是报道型的，以介绍先进典型、宣传党的方针政策、报道领导人出访等重要活动和重要节目为主要任务，在选题内容和风格形式上不够丰富。"文革"期间，专题片的拍摄受到极"左"的限制，以报道工农业生产成就和工业战线新闻人物事迹为主要内容，以颂扬自力更生、艰苦奋斗精神为基本主题，显示出电视专题片的鲜明特点，即拍摄内容和人物形象具有强烈的时代特征。

二、 发展期：1978—1989 年

1978 年 5 月 1 日，北京电视台更名为中央电视台。1978 年十一届三中全会召开前《祖国各地》开播，到 1989 年大型电视纪录片《望长城》确定跟踪纪实拍摄基调，是我国电视专题节目发展的第二阶段，即发展阶段。这是我国改革开放、思想观念发生巨变的时期，我国的电视节目创作不论在题材、数量、种类、表现形式上，直至设备材料、人员队伍都有空前发展。

(一)主要创作手法

编导们基本上使用文学的方式跟生活达成关系，是先有完整的文学本子，然后用比较唯美和接近古典主义的方式去完整记录一个对象。这是典型的电视专题片的创作手法。

(二)主要创作内容

1. 对风光的歌颂

在这个时期，从 1978 年到 1983 年，电视专题节目主要是在进行一种释放，在思想上受到压抑后的一种空前的释放。这种释放也是"醉翁之意不在酒，在乎山水之间也"。以 1983 年为例，几乎平均 20 天就有一集《中国名山》在中央电视台播出。在《话说长江》以后，《黄河》的制作，《唐蕃古道》的开机，一直到《话说运河》，中央电视台专题节目的制

作都给人充满活力的印象。其中，1979 年，《丝绸之路》是我国电视台首次与国外电视台合拍大型纪录片。1988 年，《西藏的诱惑》获得星光一等奖，成为这类风光艺术片的经典之作。

2. 政论片的热播

知识界"文化热"使一大批文化界的人参与到电视节目制作中来。20 世纪 80 年代后期，创作了很多大型的高屋建瓴、气度恢宏、洒脱自如的政论片，如《长征·生命的歌》《让历史告诉未来》等。这些政论片最明显的特征是主题先行，就是先有主题，甚至是先写好解说词脚本，再按照主题需要去拍摄。这种拍摄方式也使得专题片显得缺乏真实和生动，缺乏打动人心的力量。

3. 纪实专题片也有发展

1982 年之后，随着中国新闻改革的推进，新闻的文体表现出了极大的开放性和拓展性，这一时期的纪实专题片也有很大的发展。1984 年，中央电视台和英国羚羊公司合拍纪录片《中国龙》，这是我国最早的纯纪实风格的专题片。1986 年，中央电视台一个编导采用三台摄像机偷拍了一个南京市的调解人员为人说和事件的全过程，名为《调解》，这是我国电视工作者最早单独拍摄的纪实专题片。

4. 电视栏目逐渐成熟。

(1)1978 年 9 月 30 日《祖国各地》开播，播出的内容主要是介绍我国的山川风光、名胜古迹、民族风情，以此传播地理、历史和文化知识。

(2)1979 年，开办了第一个有主持人的节目《为您服务》，加强了电视的服务性。

(3)随后，一系列为满足群众需求，以服务于受众的名牌栏目如《兄弟民族》《神州风采》《地方台 50 分钟》等相继问世。栏目的开办，培养了一批有追求的电视编导，一大批优秀作品在这里崭露头角。

三、 黄金期：1989—1999 年

从《望长城》开始进入中国电视专题节目的黄金期。1989 年开拍、1991 年播出的《望长城》是中国电视史上里程碑式的作品。影片以摄制组的活动为线索，动态地表现了长城两侧人民的生存状态。

(一)《望长城》的重要意义

1.《望长城》的创作人员用类似于集体兵谏的方式，以一种不计后果的精神确立了全新的拍摄理念，就是纪实美学原则的确立。

2. 自《望长城》开始，一种新的影像纪存形式逐渐兴起。影片的创新之处主要表现在自始至终的同期声、主持人的积极参与、长镜头的广泛运用、追踪拍摄事件的进程，所有这些手法都在当时的中国电视界引起了广泛的关注和争鸣。这部作品带动了一大批同类风格的电视纪录片的出现，如《远在北京的家》《大三峡》等，此后电视纪录片迅速成为电视节目的新时尚，电视专题片的发展进入了纪实发展阶段。

(二)纪实美学的黄金期

1. 1992 年，中国的纪录片《沙与海》第一次在国际上获奖——亚广联大奖。

2. 1993 年，纪录片学会成立；《最后的山神》再获亚广联大奖。

图 1-15　最后的山神

3. 上海电视台第一个纪录片栏目《纪录片编辑室》建立，以纪录片工作室为口号，它的收视率曾经创造了整个上海电视台收视率第一名；该栏目播出的《摩梭人》《德兴坊》《毛毛告状》等，因反映了普通百姓的命运与情感而受到广泛欢迎。

4. 中央电视台《东方时空·生活空间》开播，该板块以"讲述老百姓自己的故事"为中国电视纪录片带来了一阵清风，其成功的主要原因是：

(1)视点下移：真正把原来高高在上的视角彻底地平移下来，关注平民百姓的生活，它给观众传递的是百姓故事背后的思想、哲理以及发现的思考空间。通过讲小的人物，小的故事，来体现社会大的背景。

(2)它的纪实语言、拍摄手法和创作风格也堪称一派，一时成了各电视台效仿的对象。

5. 许多大型文献纪录片纷纷亮相荧屏，《毛泽东》《邓小平》《孙子兵法》《百年中国》等无不以打破历史教科书冷冰冰的面孔，以人物性格为浓墨重彩所在，以纪实风格赢得观众的喜爱。

(1)这些纪录片与《生活空间》的视角大有不同，它们更多的是关注大的社会时代背景下的人和事，关注流逝了的历史热点、冰点以及历史人物和事件，关注时代变迁中的文化现象和文化处境。这些纪录片勇敢地触摸过去，大胆地聚焦现实，大主题、大制作，从记录百姓生活流中脱离出来，转向对历史与现实的放大和张扬。

(2)文献纪录片的意义：这些纪录片所要传达的是一种社会责任感和使命感，所要唤起的是人们的社会良知、历史感知和文化良心。在中国社会的转型时期，这种充满历史激情和现实热情的纪录片更值得关注和肯定。

6. 作者纪录片大量出现。许多优秀的纪录片令人记忆犹新，回味无穷，如四川电视台王海滨的《藏北人家》、彭辉的《空山》《平衡》，中央电视台孙曾田的《最后的山神》、陈晓卿的《龙脊》，宁夏电视台康健宁的《阴阳》，湖北电视台张以庆的《英和白》《舟舟的世界》，等等，这些纪录片充满着个人化创作的色彩，具有较高的艺术美感，而且有些大胆地加入了创作者的主观意味和个性化思考，有些还蕴含画面、音乐以及构思的唯美主义倾向。

7. DV纪录片的兴起。

（1）从纪录片品质结构来看，DV纪录片兼具《生活空间》的平民意识和个性化创作的主观色彩。DV纪录片的取材大多是创作者身边熟悉的百姓故事，1990年吴文光的《流浪北京》的出现标志着民间纪录片的开端，其后如杨天乙的《老头》、王芬的《不快乐的不止一个》以及香港凤凰卫视DV新时代推出的《我的父亲母亲》大赛等，都是记录创作者身边熟悉的人物。

图 1-16　流浪北京

（2）DV纪录片属于私人化的创作形式，由于每个人都有创作的自由，有自己不同的表达方式以及尽情地倾诉自己的所见所闻和思想感受，从而使DV纪录片风格迥异，丰富多彩，令人百看不厌。

（3）DV的出现与其说是纪录片运动的开始，还不如说是拍摄技术的革新和普及的结果。因此，在短时间内，DV纪录片还不能形成自己别具一格的个性品质，仍然需要一个较长的时间发展和培育。

四、　新机遇与挑战：2000 年至今

到了20世纪90年代末期，纪实风格的专题片开始引起观众的"审美疲劳"。21世纪，我国电视专题片进入多种风格并存的时期。

（一）多样化风格与题材

21世纪的电视专题片创作呈现出多样化的题材与风格，一大批优秀的电视专题片给观众带来心灵上的震撼，并给观众留下了深刻的印象。如政论片《大国崛起》《复兴之路》、历史文化类电视专题片《故宫》《考古中国》《徽州》等，电视形象宣传片在这个阶段也到达了一个高点，张艺谋的《新北京，新奥运》，2011年《国家形象宣传片——人物篇》《国家形

象宣传片——角度篇》、上海形象宣传片《上海》对城市形象、国家形象、民族形象的塑造，都起到了较好的作用。中央电视台和地方电视台多个频道的多个栏目，也为观众推出了题材、风格多样的电视新闻专题片和各类电视专题片，如2001年开播的中央电视台科教频道，为观众带来一大批科普性电视专题片。一些故事片导演也加入了拍纪录片的行列，如陈凯歌的《德拉姆》、张元的《疯狂英语》、贾樟柯的《二十四城记》，多样化的题材与风格仍然是当代电视观众的期望，高品位的审美作品同样有着较大的市场。

(二)技术和艺术的融合

技术上：随着摄像技术的发展，拍摄设备不断更新，制作技术不断创新，专题片创作已步入电脑特效、高清摄影阶段。《故宫》在历时两年拍摄中，全程使用高清摄像机，在制作中，该片大量使用2D、3D动画，大量延时镜头的使用，拍摄时使用了移动光源，画面的运动感效果非常好。《故宫》几乎动用了当时所有的影视创作手法，是一部制作非常精良的专题片。艺术上：在创作理念上电视专题片更加关注人文、历史和未来，姿态更加诚恳，谈话方式更加客观，电视专题片的创作开始走向复原生活，走向平民意识，留给观众思考余地，由展现表象走向心灵，对社会生活的反映也更加深刻。

(三)创作人员的发展与组合

电视专题片早期的创作人员，最早就是电视台的工作人员。改革开放以后，一些以文学性见长的电视专题片纷纷请作家撰写解说词。20世纪90年代初，思想、理论界人士开始参与电视专题片的编导工作，旨在借助电视这一大众传播媒介，介绍、弘扬思想理论界的最新成果，使作品更具思想性，具有内容上、认识上的凝重感；各领域的专家、学者和专业人士开始参与策划和制作电视专题片，电影导演、摄像师、剧组以及影视文化公司的策划、编导、制作团队也可以制作电视专题片。创作人员队伍的发展与丰富带来的结果就是：电视专题片走向全社会，更具开放性，并努力与文学、思想、理论、政治、经济和历史诸方面结合，拥有更加广阔的创作天地。

思考与练习

1. 电视专题节目与电视纪录片是什么关系？
2. 电视专题节目如何表现主题，如何挖掘题材？
3. 电视专题节目结构的基本要求和常见形式有哪些？
4. 如何把握一部电视专题节目的节奏？

拓展训练

1. 观摩纪录片《高三》，分析它的主题、题材、结构和节奏的把握。
2. 以小组为单位，拍摄一部专题片，写出它的编导阐述，尤其在选题的题材、主题、结构、节奏的把握上有所体现。

第二单元 电视专题节目创作理念及叙事风格

学习目标

☐ 通过对电视专题节目创作理念中人文意识的学习，能够明确树立在专题片创作中一定要关注人的意识。

☐ 通过对电视专题节目创作中平视眼光的内涵的了解，能够在纪录片创作中真正地把平视眼光落到实处。

☐ 通过观摩相关的专题片和理论学习，理解很多优秀的纪录片之所以优秀就是在讲故事。

☐ 通过对专题片叙事手段的学习，知道一个专题片要讲好故事，需要通过四种手段来表现。

图 2-1　美丽中国

在众多吃货翘首期盼下，《舌尖上的中国 2》于 2014 年 4 月 18 日晚 9 时如期开播。首集《脚步》中，蜂蜜、乐山嫩豆花、山东杂粮饼、跳跳鱼等民间食材和美食一一登场亮相，但更让人眼前一亮的是食物背后人与美食之间的人生百态。和上一季不同的是，首集《舌尖上的中国 2》更偏重于讲故事的叙述方式，让不少观众觉得耳目一新。不过，也有观众对故事的表达方式发表不同意见，认为这种煽情手法有讨好观众之嫌，虽然拍摄水准依然高大上，但美食的篇幅却因此大为削弱，让吃货们看得不是很"解馋"。那么专题片能不能讲故事？如何去讲故事呢？

第一课　电视专题节目的创作理念

一、人文意识

人是艺术作品永恒的主题，是电视节目的灵魂，自然也是电视专题节目的灵魂。新闻性、纪实性专题节目把人作为主角自不必说，即便是在科普性、广告性电视专题节目中，人也是关注的焦点。人人都是一本书，电视专题节目担当着翻阅、发掘一本本书的责任。

（一）人文意识的内涵

人文意识的前提是人文精神。人文精神就是尊重人的情感需要，立足于人是知、情、意、行并重的生命个体。人文精神弘扬人的价值，捍卫人的尊严，开发人的潜能，培养完善的人格，造就健康的身心。它提倡个人在自由生活的同时承担着不可推卸的对他人和社会的责任，当人文精神被整合到意识主体之中，成为意识的一部分时，即人文意识。

人文意识从感性的层次来讲，是对人的理解，对人的容忍，对人的接纳，对人的尊重，对人的爱护和关怀；从理性的层次来讲，是对人终极价值的追寻，对人类命运的忧患。这种意识可以通过感性的形式体现出来，也可以通过理性的方式体现出来。它一旦形成，就会渗透于人的各种行为之中，活跃在我们的生活之中，活跃在我们的一举一动之中。

概言之，人文意识强调人的主体性，主要表现为尊重人、关怀人，重视人的个性、尊严、独立人格，关注人的才华、生存状态、人生的意义与价值。人文意识是对人的生存状况的观照，对人的尊严和符合人性的生活条件的肯定。

(二)人文意识在电视专题节目中的体现

直接关注人、关注人的生存状态、人的性格以及命运，人与自然的关系，这是一种人文关怀，它代表的是一种把人放在首位、极力维护个人尊严的思想。自然固然伟大，但诞生、生存、抗争于其间的人更伟大。人文精神内涵日趋厚重，创作一部电视专题节目无疑要求创作者投入积极、独特的思考。

1. 关注人

电视作为一种人类的精神体验应该具有永恒的生命力。这种永恒的生命力，其源泉来自社会生活之中，在于它真实地反映社会生活的情状。电视专题节目应该直接关注人，不着重事，它着重反映人的生存状态，人的性格与命运，人与自然的关系，人对宇宙和世界的思考。电视专题节目以人为核心，题材必具的人文特征是其特点，其主题往往指向更为深层和更为永恒的某些方面和层次。应该蕴含了人类普遍的生存价值和道德意义，应该引起人类普遍的情感体验和审美感受。在表现爱与恨、生与死、善与恶、忧与乐、喜与怒，对生活的追求与抗争，随人生的感慨与探索等内容时，尽管受到价值观念、生活经历和意识形态的影响，电视专题节目作为一种人类的精神体验却具有永恒的生命力。

为什么 20 世纪 80 年代末 90 年代初《沙与海》《望长城》一面世，就引起观者的心灵震动？因为它一改直奔主题的老旧套路，转而以平和的心态去接近拍摄对象，着力反映他们的日常生活、生存方式以及庸常生活状态下的种种愿望。这样的电视节目给观众提供的是一个人文的空间、一个全新的可资体验的流程，让观众自己去思考、去品味。

《望长城》对于中国电视专题节目的创作和发展是一声呐喊。尽管它的 12 集并不全都精彩，尽管在某些方面还带有旧日的痕迹，但总体上它完成了电视纪实语言从量变到质变的飞跃。《望长城》在中国纪录片的发展上具有里程碑的意义。由浅往深说，有三个原因。首先它本身规模大，投入多，播出时间长，所以它有机会集中地体现先前的散见于一些纪录片中的动态变革。比如，它在拍摄技术上完全电子化了：多机拍摄、无线话筒、多方位的拾音系统、现场调音台、直升机和热气球上的航拍、潜水摄像，等等，片子的技术含量大大提高。手段的进步是电视纪实语言发展的重要基础。其次，创作者的观念突破了以往的主题先行目标明确的专题节目模式。《望长城》的创作者正是当时观念较新的一批人。他们深入生活，深入到平民百姓中间，以一种非常平等的态度、平和的心态去反映生活，没有过去那样重在教育人的居高临下的态度。最后，创作者已经非常明确地知道电视这种传播手段的潜力就在于它能够全方位地反映生活，能够以生活自身的形态来反映生活，即它能够最大限度地展示信息源本身的全方位的状态。因此他们运用了在生活进程中同步的动态采访，在时空的延续和流动中展示情节的发展。《望长城》的许多精彩段落，都是沉稳地记录生活自身，记录了日常生活的行为过程。如访问歌王王向荣的母亲；在甘肃农民杨万里家过中秋，做大月饼，打腰鼓；在东北漠河过春节，做冰灯；古老的秦长城上，两个孩子打架；内蒙古、陕西、山西三省交界处的一个六户人家的小村里，一个老师一个学生传来的琅琅读书声等富有表现力的完整段落。

这样的电视片追求的已经不再是浅显的主题和直接的宣传效果了。它追求的是人与人之间的沟通，它关注的是人的生存方式和文化积淀，关注人本质方面的东西。

2. 关注普通人

选题的背后，是观念，是一个时代、一个民族价值和观念的变化甚至是一个文化体系的观照。普通人题材电视节目得奖的原因，从深层分析，是世界性文化思潮在电视领域里的表现。20世纪是一个普通人的世纪，人的生存状态、特别是普通人的生存状态引起了哲学家、历史学家、艺术家的普遍关注。作为对象，普通人在文学、艺术、历史、哲学等领域获得了从未有过的意义。20世纪之前，尽管在各个人文科学领域也有以普通人为对象的，但像20世纪这样大量、广泛而又深入地以普通人作为历史研究的对象、哲学命题的内容以及文学创作的素材还从未有过。这是20世纪世界人文科学和艺术的一个总的思潮，这种思潮也必然反映到电视专题节目的创作中来。

图 2-2　高三

从电视专题节目这一表现领域来说，对于普通人的关注则表现在对于普通人生活状态、生存状态的纪录上。普通人是一个国家一个民族最基层、最根本的成分，普通人的状态是一个国家老百姓的基本生存状态，普通人往往能更真实、更深刻地表现一个民族、一种文化的本质。比如一部《十字街头》就能反映出中国城市中许多老年人的生存状态。普通人的变化更能反映出一个国家、一种生活方式的根本变化。比如《沙与海》《茅岩河船夫》就可以看出当代中国的改革开放的深入和城市化的必然性，连沙漠、海岛、山区里这样地方的青年都看到了改革带来的变化，连这里的青年都向往城市的生活，更不用说其他地方了。英国 BCC 的专家来中央电视台为中国的电视编导们短期讲课时指出，"最有影响的电视纪录片，就是反映普通人的经历的片子"。"因为社会地位越高的人，他的谈话就越失去普遍意义，其故事也就变得没有意义了。"因此，对于电视专题节目来说，重要人物的题材不一定就是重要题材，这点和新闻报道不一样，新闻报道可能更多关注政要和名人，而电视专题节目则更关注普通人。在中国电视的对外宣传中，最受国外观众欢迎的，就是表现普通中国人如何生活、如何恋爱、如何处理生活中遇到的问题、人与人之间如何相处等内容的纪录片。2001 年度中国广播电视新闻奖电视长纪录片参评的作品中，以涉及平常人家、讲述老百姓故事的题材居多。这些题材体现了独特性、边缘性、接近性的特征。独特性可以满足受众的好奇心理，边缘性可以更好地体现一种人文关怀，接近性可以增强作品的亲和力。《拉着老母走天涯》讲述的是大兴安岭 75 岁老人王一民为了报答母亲的养育之恩，让年迈的母亲开眼界，用自制的三轮车拉着 98 岁高龄的老母南下游览祖国大好山河的故事。《中国惠安女》以惠安女为主线，融自然风光、人文景观、传奇故事为一体，全方位、多角度地展示了善良的惠安女的楚楚风韵和优良传统美德。

当然，关注普通人，不是说没有选择。表现普通人有一个很重要的着眼点，就是普通人身上反映出来的人类的精神价值。比如生存的勇气，像在冰天雪地中与海豹搏斗，在无人烟的沙漠中居住，在与世隔绝的海岛上值勤，都需要有一种生存的勇气，哪怕这些人是非常普通的人，可是他们代表的却是一种非常伟大的人类精神。获 2001 年度中国广播电视新闻二等奖的作品《张进贤寻女记》是现实生活的平民化的题材。本片记录了一个感人的故事。一个老实巴交的乡村汉子，走失了一个女儿。他怀揣女儿的照片，天南海北地寻找了 6 年。纪录片刻画了主人公淳朴善良、执着近乎固执、宽厚而富于同情心的性格。他虽然是一个极其普通的"小人物"，但在他身上所表现出的中华民族传统美德，使我们深受感动。这是一部故事性很强的作品，在艺术表现上也是很成功的。只要是体现了这种精神的，就是有意义的，同样像遭到大灾难后在废墟上重建家园的努力，面对突如其来的打击勇敢地承受，用自己的努力改变不公平的命运或贫穷的环境等，都需要非同一般的勇气和坚强。《父亲》讲述的是一个叫淑妮的重度聋儿的父亲办聋儿复习班的故事。此外，如对人类理想的追求、正义的行为、在其岗位上为社会和他人做出默默奉献，都是体现了某种人类精神价值。《辽道背上读书声》讲述一个民办教师默默无闻为山区教育奉献的故事。因为这个民办教师的存在，这里没有出现过一个文盲。《人民医学家林巧稚》以"灵巧的手"和"稚子之心"为线索记录了林巧稚的伟大而又平凡的一生。这些，也正是表现普通人工作和生活的意义所在。一般人过日子，电视专题节目的主人公也过日子，是什么东西使得他们比其他人更有意义而值得纪录片给予他们特别的关注，正是这种精神价值。

3. 关注边缘题材

所谓边缘题材指的是远离都市，甚至远离现代文明的地区，那里的人和他们的生活方式。从内容上说，边缘题材属于人类学影片的范畴。人类学影片自有电影片以来长久不衰，是国外许多纪录片制作者、评论家和研究者熟悉的一种类型，它一直是世界纪录片历史中一个重要的传统。从弗拉哈迪开始，在纪录片中不断有经典性的作品问世，如让·鲁什的片子，如日本的 NHK 拍摄的大量电视纪录片，都是以关注边缘地区、少数民族、相对落后的生活方式为主要内容。

为什么有那么多电视编导、制作者热衷于拍摄这类片子？偏爱边缘题材？这与 20 世纪世界范围内文化人类学的发展有关。而人类学的兴起，又和西方工业文明的发展到一定程度、人类文明遇到前所未有的挑战有关。从 20 世纪初起，西方的许多有识之士就发现，西方工业文明在带给人类快捷、方便、高效率的生产的同时，也带来了污染和贫穷、内心的孤独和精神的焦虑、自杀率的上升。人与自然的关系被人为割裂，城市病的产生，都引起了一些人对工业文明进步作用的怀疑。20 世纪以来，许多西方知识分子和有识之士就对西方文化的两个根基产生了怀疑。一是工业文明，体现为以进化论为基础的历史观。二是西方中心论，体现为西方为中心的世界文化格局。于是他们要到其他的文明形态中去寻找答案，或至少是寻找一种与现代西方文明截然不同的参照系。于是他们就把目光投向了具有两种特征的地区，一是还未达到工业文明的、或远离现代工业文明的、非城市的地区；二是非西方的地区，如亚洲、非洲、美洲等地。这也就是许多文化人类学影片所关注的地区。

在内容上，表现的重点集中在两个方面：一个方面是这些所谓未开化人原先的基本生活方式和文化结构；另一个方面是原先的生活方式和文化如今是怎样变化，向什么方向变化。如果说在 20 世纪的前期，文化人类学还只是一些西方有识之士破除西方文化优越感的个人行为，他们把目光投向原先许多西方人以为是落后和愚昧的地区和人群，重新考察他们的生活方式，理解他们与自然的关系，把现代西方文明和人类史曾有过的其他文明并列进行研究，从而为人类自身的发展找到更好的途径，那么，到了 70 年代以后，这一点已经成为世界上许多人的共识。日本纪录片大师牛山纯一认为，从 20 世纪 70 年代开始，人们逐渐地把纪录片的焦点对准了民族问题及人类全体所面临的问题，在纪录片的内容中更多地渗透了人类学、民族学的思维方式，发达或不发达国家的电视纪录片更多地关注所谓文明社会以外的其他文化、社会形式。因此，这种纪录片被称为映像民族志或"映像人类学"，也就是站在人类学或民族学的高度来记录世界和反映世界。

因此拍摄边缘题材的意义绝不是猎奇。当然应当承认猎奇是观众的一种观赏需求，少数民族有其特异的生活方式和风俗，对其他民族来说，有一种新鲜感和不同的人文景观，从画面上说，比较容易出彩。但是，单纯的猎奇不会带来更多的东西。有些电视节目编导有一种误解，以为越是纪录相对落后的地区的题材，越能得国际奖。事实上，我国有 56 个少数民族，可以说这些民族都被拍过纪录片，但这些片子并没有都得奖。过去我们国家也拍了不少的少数民族片，但既没有什么影响，也未在国际上得奖。由此看来，在边缘题材上单纯宣传与猎奇二者皆不可取。看一看国际评委对两部获"亚广联"大奖的中国纪录片的评语，就可以知道他们是从什么角度来看待这两部片子的价值。对《沙与海》是："出色地反映了人类的特性以及全人类基本相似的概念"，"有助于本国的发展"。对《最后的山神》是："自始至终形象地表现了一个游猎民族的内心世界。这个民族传统的生活方式伴随着一代又一代的更迭而改变着，本节目选取这个常见的主题描绘了新的生活。"边缘题材要表现人类的共性，如许多不同国家和民族所共同珍视的人类价值观；要探讨全人类共同关心的问题，如传统生活方式在现代社会中如何保存的问题，人与自然的和谐关系等，这才会有较高的思想价值。

4. 规避个人隐私

所谓个人隐私指的是个人的私事，和他人、公共事务无关的话题。长期以来，在社会生活中，中国人在往往分不清个人和公共事务的界限，即公私不分，体现在电视节目中，就会出现这样一些问题，如披露个人不愿公开的个人信息（如年龄、学历、住址、电话等）和人际纠葛（如婚姻史、个人矛盾等），拍摄一些不雅或不宜公开的画面，等等。

电视专题节目中的隐私问题，既是一个法律问题，也是媒介伦理问题。以下几种电视专题节目更容易出现侵犯隐私的情况：从节目的内容或题材上，主要是电视新闻节目、生活情感类节目、电视娱乐节目等。从节目形式上看，主要是新闻节目的隐性采访、情感类节目的跟踪拍摄和涉及个人隐私的电视访谈、电视真人秀等。

图 2-3　新闻调查

电视新闻节目中所谓民生新闻的兴起，电视新闻把镜头对准了普通人生活的方方面面，但随之出现了这种情况：有时电视媒体以贴近百姓、关注民生之名，粗暴地把镜头伸进普通百姓的个人空间，讲百姓生活的新闻演绎为对百姓个体隐私的"爆料"，将电视媒体这一社会公共资源变成都市逸闻趣事的集散地和批发地，将百姓新闻变成了市井的电视围观，将媒体这一社会公共资源变成了仅仅满足部分电视观众"窥视"他人隐私的公共场所，从而影响了媒体的品牌与信任。电视情感类节目可能是导致隐私受损最常见、最严重的一种类型了。这类节目以平民化的视角、生活化的形式来展现普通人的情感，总是较深入地介入个人空间，以满足不同观众倾诉和窥探的欲望，电视情感类节目以情感访谈和生活实拍两种类型最为人诟病，甚至引发了当事人和电视媒体之间的多起官司。

这类电视专题节目为了"好看"，往往采用以下方式"侵犯"隐私权：

第一，刻意挖掘和渲染节目对象的个人隐私。在节目制作过程中，记者或主持人步步紧逼、穷追不舍把当事人不愿公开的隐私"挖"出来，更有甚者，激化矛盾，制造冲突，以产生更能抓住眼球的"看点"。有些节目为了吸引观众，往往将一些具有冲击力的内容保留下来，故意突出，在节目中反复播放。

第二，不经当事人同意，擅自公开他人隐私。电视专题节目对他人隐私的披露必须经过隐私主体本人的同意，即使是夫妻关系，也需经过对方同意。当一方随意在媒体上公开谈论另一方时，都有可能构成对他人隐私的侵犯，但许多情感类节目经常出现的问题是：企图以委托人的授权将其侵害他人隐私的行为合法化。

第三，对待特定群体的隐私保护不力，分为两种情况：一是对未成年人的隐私保护不到位。未成年人属于社会弱势群体，电视专题节目在涉及孩子的形象时，应格外注意对其隐私的保护，在对受灾难、有疾病、遭遗弃或有某种不当行为习惯的孩子进行报道的时候，应避免对孩子造成伤害。对青少年的权利和人格尊严往往缺少足够的尊重。二是对行为不当者的隐私保护不到位。有些电视专题节目在涉及违法犯罪现象的时候，往往过于强调其社会功能，而忽视报道对象的个人权利保护，以致陷入道德主义批判的快感之中，过多挖掘节目对象生活中的负面信息，甚至采取主观性较强的"污名化"报道方式，这样的专题节目可能涉及报道对象的家人、朋友，也会给他们的生活带来困扰，是有悖人文精神的。

专题节目制作当中的人文精神还体现在以下几点：

关注弱势群体

弱势群体分为两类：生理性弱势群体，沦为弱势群体的主要原因是生理上，如年龄、疾病。社会性弱势群体，主要是社会原因导致的，如下岗、失业、受排斥等，尤其是对于由于社会原因导致其弱势的，是在社会分化加剧的情况下出现的，更要关注。在电视专题节目创作当中，面对社会弱势群体，不妨借鉴做弱势群体工作的原则，即关心、支持、自助和增权。把这一原则贯穿于整个专题节目的创作当中，尊重他们的人格，尊重他们的情感，给他们以理解和关爱。

隐性采访注意"度"

隐性采访是指在采访对象不知情的情况下，通过偷拍、偷录等记录方式，或者隐瞒记者的身份，以体验的方式或其他方式，不公开猎取已发生或正在发生又未被披露的新闻素材的采访方式。隐性采访在减少采访障碍和干扰，防止新闻侵权行为及违法犯罪的报道中起到非常重要的作用，但一旦过度，出现泛滥的趋势，会引起一些法律和伦理层面的问题，如过度介入、错误诱导，为了形式而形式，给社会和媒体本身造成无可挽回的损失。所以在隐性采访当中，记者的身份必须严格限制，记者应该是事件的观察者、记录者而非事件的制造者和当事人，隐性采访是万不得已采用的方法，在采访中要兼顾社会伦理道德：真实、善意而适度。

最后，在对不幸事件或灾难事件报道中，新闻报道中的人文关怀不仅表现在满足受

图 2-4　故宫

众的信息需求，更加强调的是人的精神层面、心理层面。电视专题节目要深入挖掘人物的思想、情感和个性，向受众传递一种积极向上的文化价值观；不作煽情刺激的"完全曝光式"摄影报道；不让受害者亲人受到二次伤害；不要详细描述犯罪行为和细节；不要忽视违法犯罪分子的人格权；不要伤害未成年人。

电视专题节目的人文意识要体现在电视专题创作的方方面面，从主题、表现方式，表现手段等都要得到很好的贯彻和体现。

二、　平视眼光

电视专题节目创作的"平视眼光"，是指电视专题节目从创作理念、采访、摄制到播出都是以普通百姓的角度，以便达到使最多受众接受、认同并引起共鸣的目的，使电视专题节目从单纯的说教变为客观地讲叙，从"高、大、全"转向"鲜、活、真"，也称为电视专题节目的"平民化"。这是电视专题节目发展的趋势。镜头对准普通人、普通事，那种原汁原味、未经雕琢的生活更能引起受众的共鸣。

（一）创作意识要"平民化"

创作者也好，记者也好，只是时代的记录者，因此要做到"平民化"，首先要在意识上实现平民化，摆正自己的位置，在心态上更多地贴近普通老百姓，有更多的人文关怀和爱心，多拍些身边的人和事，展示普通人的情感世界，记录下他们或她们的欢乐、喜悦、痛苦和悲伤。

电视专题节目应将普通人作为记录的主角，将镜头聚焦在平凡人的故事和平凡人的喜怒哀乐上，并以此折射出沧桑巨变的社会和时代，以平民意识和人文关怀的视点来寻

图 2-5　幼儿园

找散布在社会各个层面的文化景观，发掘生活中被湮没的尊严和价值，开掘潜藏在平凡生活里的生命活力，激发人们对自身生存处境的回眸、反顾和深思。从早期的《藏北人家》《流浪北京》《老头》《舟舟的世界》到近期的《高三》《幼儿园》《请投我一票》，无一例外把镜头对准生活在这个世界普通平凡的人。例如，《藏北人家》透过藏北牧民那恬静淡远、和谐安宁的人与大自然的关系，记录了藏北牧民始终与大自然环境保持和谐的劳动与生活。这部片子之所以受到好评，就是采用平民化的叙事方式，又带有浓厚的人文情怀。首先，它的记录对象是平凡的牧民，体现的是人的本质力量和生存状态、人的生存方式和文化积淀、人的性格和命运、人和自然的关系、人对宇宙和世界的思维，主题更趋于深层、永恒的内容；其次，作为一部有较大反响的电视专题节目，《藏北人家》从看似平常处取材，以原始的素材来结构片子，表现一些个人化的生活内容，体现一种蕴含着具有人类通感的生存意识和生命感悟：生与死、爱与恨、善与恶、同情与反感、生存与抗争、真善美的追求等，强调人文内涵和文化品质。

(二)选材要"平民化"

"平民化"在具体操作上，最重要的当属选材的"平民化"，镜头要多朝下，少朝上。电视专题节目作为人们介绍社会、了解社会的主要窗口，它的表现主题要在深层上启发人们如何去看待、认识生活，实现生活的真谛。例如：

图 2-6　故宫

　　陈晓卿早期的作品《龙脊》原本是一部为希望工程拍摄的"主题先行"的作品。但这一次，他把镜头聚焦于广西桂林龙胜山区龙脊的孩子们，在表现大自然风光秀美的同时，更是反映出造成在义务教育阶段孩子求学上遇到的困难，和当地的自然环境、家庭经济困难有着密不可分的关系，镜头的主角是龙脊的几个孩子。

　　《德兴坊》把镜头伸向城市的普通街巷，真实地记录了上海一条老式弄堂中人的生活，把他们的窘迫、他们的愿望、他们相互间的争吵和关爱完整地记录下来，带给人们不同的生活感受。这些都不同程度穿插了被摄对象的观察过程，针对拍摄中遇到的突发情况以及漫无目的的拍摄，拍摄者和被摄者始终处于一种平等的关系中，保持着人物活动的自然状态和真情实感。

　　《修修补补又一年》是广东卫视拍摄的专题节目，他们把镜头对准了普通的农民工：湖北农民陈宝国、霍红玉夫妻到广州修鞋、缝补衣服，用自己的双手寻找梦想的故事。他们是千千万万离乡进城农民的缩影，尽管艰辛，但乐观向上，未来充满希望。

　　《男模今年八十七》向我们讲述了一位地地道道的 87 岁农民，为了不给儿女增加负担，独自一人南下广州闯荡的故事。他在一个偶然的机会到广州美院做了人体模特。他一边做模特，一边捡废品，自食其力，生活过得有滋有味。这位可亲可敬、乐观向上、勤劳敬业、幽默风趣的老人让大家肃然起敬。

　　这些电视专题节目的主人公大多是名不见经传的普通人，但他们同样有自己的喜怒哀乐、悲欢离合，同样值得被这个大时代所记录。关注他们的生活和情感世界，其实就是在关注和他们一样普普通通的人，关注我们自己，这种题材的作品容易使人产生亲切感、认同感和温馨感。在这里电视专题节目成了一面镜子，我们每个人都可能在镜头里看到真实的自己。

(三)角度要"平民化"

"平民化"并非指只拍平民,"平民化"指的是一种电视创作方法、一种创作心态。专家、学者、英雄、模范、名人名家也有普通人的一面。只要选择好角度,也可以用"平民化"的手法去表现他们。角度"平民化"就是指创作者对拍摄对象有一种平等、平视的态度,站在亲人的角度去接近他、以平视的眼光去采访拍摄,把电视专题节目的人物作为一个普通人去看待。他们既有自己的事业,也有自己的家庭、情感,甚至自私、沮丧,他们在社会上要扮演不同的角色,要展示他们为人父母、为人夫、为人妻、为人子女的不同方面。拍人物切忌不食人间烟火、十全十美,只有工作和事业,只讲奉献,不讲报酬,六亲不认,一心为公。

电视专题节目《谢希德》介绍了原复旦大学校长、物理学家、教育家谢希德的传奇经历和家庭生活。谢希德是一位杰出的科学家,一位伟大的女性。她是我国半导体学的开拓者之一,是我国表面物理学的先驱者和奠基人之一,在国际半导体物理学和表面物理学领域担任多项职务,美、英、日等国的十多所大学授予她名誉博士称号。她1980年当选为中国科学院数学物理学部委员,1981年成为主席团成员,1988年当选为第三世界科学院院士,1990年被选为美国文理科学院外国院士,1983年任复旦大学校长,成绩斐然、荣誉等身。片子一方面表现了她作为科学家的刻苦、严谨、理性,同时另一方面也表现了她作为母亲、作为妻子的普通人的一面。当丈夫病危,抱着学生痛哭,表现了作为女人脆弱的一面;当丈夫病重,看望丈夫时,化妆、穿上漂亮的衣服,手捧鲜花,到医院后,为丈夫削水果、按摩、松骨,展示了妻子对丈夫的关心,表现了女性温柔体贴的一面;当自己的学生有困难需要帮助时,她热情相助,表现出了老师对学生的关爱。这样的表现手法,有血有肉,完整真实,既是名人,更是一名普通的女性、妻子、老师。

(四)表现手法要"平民化"

电视专题节目一定要日常化、生活化,尽可能表现原汁原味、未经雕琢的生活。平平常常、普普通通的生活往往带给人最深的感动,美也好,丑也罢,只有真实,这样的记录才有意义。

《天山恩情》记录了维吾尔族夫妻司地克、比力克孜收养一名汉族弃婴的故事。该片并没有把他们表现为超凡脱俗的人,而是把他们作为平常人应有的情感真实地表现出来。他们为了弃婴,遭到亲人的埋怨,背井离乡,为了用母乳喂养襁褓中的弃婴(拜合提亚),比力克孜给自己的女儿断奶,最后造成亲生女儿夭折。比力克孜说"讨厌拜合提亚,差一点把他掐死",这是她作为母亲发自内心的想法。因为拜合提亚是汉族人,受到周围人的歧视,他们不得不背井离乡,到荒无人烟的地方居住,生活极其艰难。司地克也曾进行过内心的斗争:"如果不是这个娃娃,我们的日子可能会好的。"这些都是他们真实的内心想法,正是这些心理活动、才使人物真实,充满生活气息,但同样不妨碍他们的伟大!

《腊梅花开》记录的是拥军妈妈周宏英的故事。她拥军的方式很特别,就是关心大龄军人的婚事,经常为一对新人的百年之好,磨破嘴皮跑断腿,挨数落,受埋怨。面对这样的境遇时，她也会满腹委屈：我不吃你们的，不喝你们的，还对我这样，我图啥呢？这是她内心的真实想法。她的老伴"比较小气"，周宏英开的长城旅馆，军人吃、住、打电话全免费，老伴有意见，经常发小脾气，给人脸色看，周宏英要时常提醒他。电视专题节目创作者采用纪实的手法，把这些细节原汁原味端给观众，让观众看到并了解一个真实、质朴的拥军大妈。她热情、大方、有爱心，但也有牢骚，有怨言，有不满。在军人面前，她是一位了不起的拥军模范，在老伴面前，她是一位唠唠叨叨的老太太。

记录过程、长镜头、同期声、细节无疑都是体现"平民化"的表现手法。大量长镜头和同期声的运用，把原汁原味的过程呈现给大家，片中大量的生活细节记录，让人觉得可亲、可信。解说词要尽量写的朴实、通俗易懂；在拍摄上，尽量少用摆拍、导拍等组织拍摄手法；在制作上，少用或不用特技。这些手法都将增加"平民化"的分量。

三、　思辨意识

思辨性、哲理性是任何一部作品的灵魂，电视专题节目也不例外。回想一下曾产生重大影响的电视专题节目，它们无不蕴含着令人深思的思辨色彩和哲理意味。《大国崛起》轰动一时，就在于该片站在历史与世界的高度，深刻分析了曾经或现在称霸世界、位居强国之林的九个国家的政治、经济、文化，特别是经济体制及相关制度的深远影响，片中阐释的思想已经被历史实践证明，具有不可辩驳的生命力和说服力，思想、观念、制度就是生产力。片中许多思想对于正在飞速发展的中国来说都可资借鉴，而且也正好契合我们民族复兴的伟大梦想，在观众心中产生强烈的共鸣。

并不是只有重大题材才具有思辨意义，生活处处有哲理。《新闻调查》有一期电视专题节目叫作《生命的救助》，播出后在社会上引起了较大的反响，原因在于它向人们提出了这样的问题：为什么大家会眼睁睁地看着本可以救助的白血病患者死去，却没有人出来捐献骨髓？为什么三个大学生在同窗好友因无人捐献器官死去后，义愤填膺地立下"遗嘱"，决定在死后将全部遗体捐献给医院，却遭到社会、家长的非议和不理解？电视专题节目告诉人们，救助别人也是救助自己，是公民的义务。节目同时也提出了我国国民整体文化素质不高、生命意识不强的问题，发人深省。

(一)思辨的意义

观众需要思辨。然而，在今天的电视专题节目创作当中，我们有些矫枉过正了：在对过去创作中"说教者"身份的批判中，连智慧、思辨也一起倒掉了。有一些电视专题节目创作者们宣称只需真实地呈现生活本身，把纪实客观的东西给观众，让观众去思索。让观众去"思辨"固然难能可贵，但如果连一点点启示或暗示也没有，观众又如何去"思辨"？观众不会拒绝思想，只是拒绝过去思想传播的外壳："说教者"的面孔。对电视专题节目而言，它与文艺节目、电影、电视剧相比，其娱乐功能是次要的，它要展示生活、揭示生活，不仅呈现"生活是这样"，还要指出"生活应该是那样"。电视专题节目创作者就应该像童话中的老人一样，聪明、睿智，有极强的思辨意识，能敏锐地发现、揭示哲理和问题。

图 2-7　新闻调查

《新闻调查》有一期节目叫作《眼球丢失的背后》，为了救助等待角膜移植的病人，医生高伟峰私自进太平间将刚刚去世的死者眼角膜取下，救助了两个患者。伦理、道德与法律的交织，尽在眼球丢失的背后。以"眼球丢失"为线索，本片引出了一例让"法律"左右为难的纠纷案，进而延伸到整个国家法制及医学伦理关系，在时代呼吁"依法治国"的大背景下，突出反映了法律制度不完善与社会发展法制需求的矛盾，说明了器官移植法出台的必要性及不断完善我国法律制度的紧迫性，同时也引发了人们对在人性与法律之间如何抉择等问题的深层次的社会思考。

安德烈·巴赞说过这样的话："即便承认这种追求真实的运动（写实主义）可以采用无数种不同途径，这种自封的'真实性'，严格地说也是毫无意义的。只有这种运动给作品不断增添意义时，它才是有价值的……在如实地再现某种东西时，如果不能在抽象的意义上使它的含义更加丰富，那就是多此一举。"

（二）思辨的表达

思辨毕竟是思想，是抽象的，而电视则是活的画面。人们对说教者的反感理所当然，怎样生动地表达思辨至关重要。

1. 平等

专题节目的创作者要以平等的身份出现，就如同那睿智的老人，虽洞察世事，却平易亲切，充满热情，不冷漠，不高高在上，仿佛朋友一样，无论是编导、记者还是主持人和受访者、嘉宾、观众面对面交流，就像拉家常。

2. 寓思辨于形象

思辨、哲理必须寓于形象、画面之中，让形象、画面来说话。事实胜于雄辩。《新闻调查》一期节目《透视运城渗灌工程》中，当地政府提出了"大干40天，建50万亩渗灌工程"的口号，但实际上与水源相接的管子是摆设，渗漏工程的上水管只是埋在地下，并没有与水源相接；更有甚者，上水管用木头堵塞，储水池里长了一棵树，根本不能储水……地地道道的面子工程！面对这样的面子工程，我们怎么能放心？他们如此弄虚作假，谁来监管？片子虽然没有喊出"反对政绩工程""根除面子工程"等口号，但这些观点蕴含在片子中，观众自然会得出结论。

一部好的专题节目思辨性的内容大多是通过具体的人物形象和画面来说话，《沙与海》通过"沙"与"海"的自然表象，透过沙漠中的牧民、海洋中的渔民的生活表象，开掘出了蕴含其中的深刻人生哲理，那就是"人要活，风要来，想躲算是躲不开"，从而启示人们，只要是在世界上生活，不管你在哪里，都要和生存的环境做顽强的抗争，人类自身就是在同自然环境的拼搏中成长起来的。

3. 思辨要结合情感

情感就是指内容本身含有比较丰富的人性因素和感情色彩，或者能突出表现人性和人与人之间关系。一件本来很普通，很常见的事，由于能表现浓浓的人情味，会变得有价值起来。美国新闻学者麦克道格尔说，"所谓人类兴趣，或曰人情，指的是人对自己同类的关心，其中包括对他人的苦难、不幸的同情，对友谊的渴望乃至对人类，对人类进步事业的关注。"人与人之间真诚的情感，是人们心灵沟通和感情交流的基础。当代社会，人们越来越关心人本身。近年来的中国纪录片中，像表现父子情的《妈妈不在的冬天》《谢晋和他的儿子》；表现母子情的《母亲》《母亲，别无选择》、系列片《中国母亲》；反映癌症患者聚集在一起共同反抗不幸命运以及患者之间的病友情的《呼唤》等片，都有着很浓的人情味。这些片子，表现了当代中国普通老百姓中父子母女、兄弟姐妹、同事邻居，甚至素不相识的人们中那种人与人之间美好的情感，令观众非常感动。要表现情感，就是要在拍摄事件时突出人，因为相对于事件来说，人才是主要表现的内容。对于拍摄人来说，则要在拍摄他的行为时强调内心的情感。

要将思辨、哲理和情感结合起来，既有哲理在思索，又有诗情在腾跃；既有哲理的深邃，又有情感的炙热。常言道：动之以情，晓之以理，动情之后自然容易接受道理。车尔尼雪夫斯基要求艺术家"把诗的想象跟哲学的理解，以及心理的观察有机地结合起来"。《藏北人家》便把浓烈的感情与深邃的哲学意蕴有机结合起来，做到了情理交融，有感人的力量，又有启示和联想。

一般说来，思辨和哲理性内容应尽量避免直露，应在形象、事件中自然地流露，但有时也可以直接地说出来。例如，《朝阳与夕阳的对话》中老雷说，"有人把人生比作四季人生，我却把人生比作太阳人生"，直抒胸臆。再如《藏北人家》的解说词："对措达罗追来说，昨天的太阳，今天的太阳，明天的太阳都一模一样，牧人的生活，就像他们手中的纺线锤一样，往复循环，循环往复，永远是那样和谐，那样宁静，那样淡远和安定。"应注意的是，这种表达必须有铺垫，有前因后果，如《藏北人家》这段话就是在全片的结尾，是对前面整个片子的概括和升华。

图 2-8　藏北人家

四、　审美意识

真实是专题节目的生命，但仅有生命是不够的，我们需要有灵魂的、美的生命。所以电视专题节目仅有真实是不够的，真实不等于美，真必须上升到伦理范畴的善，再上升到美，才达到审美的层次。只有到达美，才使人不在现实中沉沦，达到人格、心灵的净化。真、善、美三者是递进的、辩证的统一，真是基础，美是归宿。电视专题节目是介乎新闻和电视艺术之间的一种电视文化形态，既要有新闻的真实性，又要有艺术的审美性。

(一)美的内涵

美是什么？至今没有定论，其根本原因或许在于美的无限丰富性，美的情感性、体验性造成了较大程度上美的不可言传性。虽然我们不能确切定义美是什么，却能体味到什么是美的，什么是不美的。美是人们在征服自然、改造自然的过程中对自然与外在物的一种感受。所以，我们可以这样理解美：它是客观事物所具有的足以唤起人们美感的具体形象。这个具体形象，无论是自然形态还是社会形态，都可以被人感知，是一种具体可感的赏心悦目的形象。任何事物都是内容与形式构成，美必然反映在内容和形式上。美是人类永远的追求，是艺术的最高理想。美首先具有客观性，也就是说，美是客观存在的，是不依存于人的主观意识而存在的。被誉为"人间天堂"的杭州，天下闻名的西湖、"山水甲天下"的桂林，千百年来就一直在那里，无数的文人骚客咏叹过它们，它们的美是一种客观存在，绝不会因为某一个或某一些人的不承认就不美丽，这就是美的客观性。其次，美具有社会性，也就是说，虽说美的事物不依存于人的意识而存在，却有赖于人的意识去发现。只有被人的意识去发现，这些事物的价值和意义才能显现。再次，美具有形象性。只有栩栩如生、丰富生动的形象，才足以引起人们的美感。最后，美具有愉悦性。只有能愉悦人们身心的事物才是美的事物，一部美的作品，一个美的场景，必然能引起人们情感的共鸣。

图 2-9　美丽中国

　　电视专题节目创作者应该具有美的意识，提高作品的美学品位。

（二）美的内容

　　德国哲学家黑格尔说，美是理念的感性显现。电视专题节目的审美形态应该遵循这一美学创作原则，即电视专题节目是对特定的理念作"形象"的表达，即将抽象的理念通过画面、声音等感性形式呈现出来。

1. 追求内容美

　　内容构成节目、作品的内在美。如果说形式美是身体，内容美则是灵魂。内容美由两部分构成：一是题材本身的美丑，二是创作者提炼的主题的美丑。一般来说，美的题材更容易形成内容美，但描绘丑恶的事物，这作品却不一定丑。描写美好的事物，可以是美的艺术，也可以是丑的艺术；同样，描写丑恶的事物，可以是丑的艺术，也可以是美的艺术。胡经之在《文艺美学》中写道："当创作者对丑恶进行批判、否定时，他所表现出对丑恶的愤慨，对美的追求和向往的审美理想、审美态度、审美评价就被编织到艺术整体中去了。因此，艺术内容、审美体验的美丑是构成艺术作品审美价值的关键。"可见，创作者对生活对象美与丑的体验、态度，对作品的内容至关重要。

作品的内容美要求我们创作者用美的心灵去赞扬美的人和事物，用美的理想去鞭挞丑恶的人和事物。罗丹曾经讲过："美是到处都有的，对于我们的眼睛，不是缺少美，而是缺少发现。"纵观电视屏幕上的电视专题节目，大多展现了生活五彩缤纷的美。《藏北人家》的平和宁静的和谐之美，《壁画后面的故事》中美的心灵和对美的留恋，《西藏的诱惑》中美的理想和对美的追求，《龙脊》展示孩子们的淳朴之美，《沙与海》展示人类的坚韧不拔之美，《人与自然》《庐山》《江南》展示大自然的美……《焦点访谈》《生活空间》栏目中，一方面热情讴歌平凡之美、生活之美、人性之美，另一方面对社会中丑恶现象作了无情揭露和批判。当然在一些专题节目中，要么是题材缺乏美的因素，要么是创作者没有倾注自己的审美情绪，不管美与不美，只顾将生活和盘端出，悲悲啼啼的"感伤主义"泛滥一时，残废、病人、癌症患者等占据了大量屏幕。我们绝无反对这类题材的意思，但是我们创作者在创作这类型节目时，不要一味地铺陈痛苦与不幸，重点应该展现他们与她们在困境中的拼搏向往。

2. 重视形式美

在电视专题节目中，形式美与内容美一样不可缺少。电视专题节目的形式包括画面（色彩、构图、造型、用光）、声音（同期声、解说、音乐音响）、蒙太奇等。形式美具体表现为各形式要素之间构成的关系，如对称、对比、和谐、平衡等。

电视节目创作者们在形式美上作了不少努力，并取得了一定的审美效果。《明天的浮雕》对电视屏幕造型艺术作了独特的开拓；《我们生存的这片土地》对画面构图的艺术张力作了独特的延伸；《赤土》对电视音乐音响的表意功能作了独特的开发；《西藏的诱惑》将电视解说词的文学意蕴推向了新的高度；《沙与海》有沙漠与海的对比，而同期声的探讨

图 2-10　舌尖上的中国Ⅰ

和运用则达到了纯熟的程度；《龙脊》在镜头运用上干净利索、流畅而不拖泥带水，画面清新，有一种单纯、质朴之美。经济全球化带来电影化的审美倾向，纪录片也越来越注重形式美，注重拍摄设备。数字高清摄像机的使用，已让纪录片能呈现高清的画质而不用忍受胶片机笨重的折磨；高速摄像机、"八爪鱼"航拍已经很常见。现在纪录片的形式已能达到国际审美的要求，但在内容审美上，我们还任重而道远。

　　尽管我们的创作者作了不少的探索，但从整体来看，形式美还是比较差，在纪实风盛行的今天，许多电视专题节目创作者们将纪实认作是复印机似的摹写生活，往往忽略了形式美的塑造。美国著名电视制片人、匹兹堡公共电视台执行副总裁托马斯斯金纳先生曾直言不讳地指出：中国纪录片不能走向世界的原因就是为了追求内容的"绝对真实"而放弃各种先进技术手法的运用，因而中国纪录片只有"纪录"而没有"再创作"。这就要求我们的创作者努力加强自己的综合艺术修养，在真实的基础上赋予作品美的形式。

　　3. 美的统一

　　只有当内容美与形式美水乳交融，合二为一时，一部作品、一个节目才真正成为美的创造。完美的作品，内容即形式，形式即内容。Discovery 亚洲总监维克兰·夏纳在点评中国纪录片时表示，影片在思想性、人物感情和细节上有可取之处，但节奏慢、观赏性差，因此也就难以进入世界市场。Discovery 将中国的纪录片素材按照国际审美的标准重新剪辑才能推向国外市场。我们需要找到一种开放、兼容、即插即用的制作方法，找到大家共同关注的话题、共同的诉求点或者是中国特色，然后设计故事，使内容美和形式美都达到国际水准，才能让世界人民都接受，让国产纪录片能走出去。2011 年 1 月 1 日，央视纪录片频道成立，一个突破地域和空间限制的纪录片播出平台应运而生。纵观我国历史上那些成功的纪录片，30 年前的《丝绸之路》我们就已经开始注重故事性，到了《话说长江》我们讲贴近性；20 年前的《望长城》我们讲纪实性；10 年前的《我们的留学生活》又不自觉地回到了故事性；5 年前的《故宫》与国际纪录片理念接轨时还是回归到了故事本源。

　　在表现美方面，《丝绸之路》注重影片的开头，特别是开始三分钟，15 集系列片，几乎每一集都将最精彩的画面剪辑到影片的开场，这样一下子就能吸引住观众。在技术手段方面逐渐弥补和国际之间的差距：如自然光、同期声、跟拍等。《话说运河》表现美的特别之处在于让观众直接参与节目的制作意识。央视使用了新的 ENG 设备，电子新闻采集的制作方式立马取代了原先电影胶片制作方式。由于 ENG 摄像机的便携性，在拍摄过程中，可以随时跟踪记录最新的历史，镜头的运用也可以灵活多变。而且相对于胶片拍摄，ENG 的素材可以随时回放，画面和同期声可以同时采集。《望长城》的表现美体现在强调自然光条件下的拍摄，注重现场跟拍，注重同期录音反对后期配音，用画面说话，注重再现长城内外百姓的真实生活状态。剪辑原则告诉我们每两分钟影片就要有一个高潮。一个场景进去，镜头干净利索、组接快、叙事简洁明了。在表现美方面，《走遍中国》中悬念和剪辑技术结合在一起制造的高潮会让观众的体验有双重的加强。《故宫》在表现美方面更加注重：采用了最新的高清设备和美国拍摄电影的特技航拍手法，投资逾千万元，耗时三年。在这之后，国产纪录片越来越趋向于电影化制作。2012 年《舌尖上的中国》体现了国际化的审美范儿，第一季投资 450 万元，制作形式向 BBC 学习，审美情趣偏向电影化。比如在知觉单元的人物造型方面，《舌尖上的中国》的审美追求极其严格和细致，仅仅在选人物一项上，就要包括姓名、年龄、籍贯、国籍、民族、职业、学历、身高、文化程度、个人经历、形象、气质、表现力、独特性、性格标签、代表人群、理念、信仰、生活方式、特长才艺、家庭关系、人物故事是否有极致化的可能、故事倾向性、故事构建和人物关系等方面。要考察在这些维度上，人物是否能达到国际审美的标准。人物的镜头感和服装、灯光等美学元素都极其重要，因为这些都会影响到观众的审美体验。上述作品在中国电视专题节目制作中无论是形式还是内容达到了高度的统一，自然在受众心中产生了强烈的反响。

内容美主要作用于我们的心灵，形式美主要作用于我们的眼睛和耳朵。当内容美成为形式美，当形式美成为内容美时，创作者、观众、节目三者便成为一体。

第二课　电视专题节目的叙事

叙事就是对事件序列进行排列。电视专题节目的叙事是通过叙事技巧和结构方式对素材进行选择和条理化的过程，更是创作者通过对素材的挑选与组合，表达对生活的认识和感受。一部电视专题节目艺术质量的高低、思想意义的深浅，不仅取决于拍摄到的内容，也取决于对于这些内容的剪裁与组合。剪裁组合得体，原本好的内容可以变得更加精彩，某些一般的内容也能发挥较好的作用。剪裁组合不当，就有可能糟蹋了非常好的素材，使原来十分出色的内容失去其应有的作用。所以，叙事结构对于作品的意义，在某种程度上并不亚于素材本身。叙事对于电视专题节目具有至关重要的作用。

电视专题节目的叙事，是建立在时空结构的具体性与声画结构的一体性基础上的叙事。它要求记录生活原生形态的真实，再现事物发展的完整流程。纪实风格的专题节目成为今日电视专题节目的主流，它一般采取纵向叙事的方法，坚持挑、等、抢的手法拍摄，段落镜头与同期声配合使用，特别是通过不断地找寻、跟随，把纪录片铺展开去。纪录片《人·鬼·人》采取这样的叙事结构和表现手法，才使日本宪兵土屋芳雄由人变"鬼"、由"鬼"变人的过程再现得淋漓尽致；《壁画后面的故事》也因此使我们在叙事的期待中，真切地目睹了壁画家刘玉安的崇高境界。

当然专题节目的叙事，还有另外一种常见的方式，它一般不局限于时空结构的具体性和声画结构的一体性，更不一定再现事物发展的时间流程和完整性，而是围绕主题，选取独特的生活视角，通过富于典型性和代表性的事例创意组合，直接、生动、感人地揭示生活的深刻意义。这种专题节目多采取横向叙事手法，讲究布局谋篇、概括归纳，以构成思想艺术表现的跌宕起伏和丰富多彩的生活图景。由六组地域风情组成的《说说广西》、采访与议论结合的《闯江湖》以及 14 位"金婚老人"生活片断结构的《半个世纪的爱》、通过画家对历史与现实的感悟穿插表现的《中华百年祭》，突出地显示了专题节目叙事结构和叙事手法的多样性。

一、 电视专题节目的叙事

(一)讲一个故事

电视专题节目的叙事特点，用一句话来概括，就是"讲故事"。在电视专题节目的创作中，讲一个故事已成为电视专题节目叙事的基本特点，如《往事歌谣》讲的是音乐家王洛宾多年以后寻访旧地，重晤故人的故事。《回家》讲述了一只名叫"高高"的熊猫，在野外受伤后被人们救到四川省宝兴县蜂桶寨自然保护区的管理所，在管理人员的精心喂养和训练下，恢复野性，重返山林的故事。近年来我们看到的许多国内外优秀电视专题节目，大都是讲一个故事的。定位为"短纪录片"的电视栏目《生活空间》其广告语即是"讲述老百姓自己的故事"。讲故事已经被越来越多的人接受，成为电视专题节目创作的一种流行做法。

为什么讲故事会成为当前电视专题节目的叙事特点？

早期，在西方，纪录片曾经是不强调讲故事的。我国的纪录片，不仅受早期纪录片理论的影响，更是直接受到苏联纪录片创作思想和方法的影响，从理论上，接受了纪录片是"形象的政论"的观念，所以中国早期的纪录片，也是排斥故事的。

但是，从20世纪50年代以来，纪录片逐渐加强了故事性。许多纪录片的制作者不再排斥故事，而是有意识地将故事性引入纪录片，并吸收了故事片讲故事的手法。克拉考尔指出，纪录片叙事向情节化方向的变化与两个因素有关：一是观察者的参与。也就是说，制作人或编导或摄像在观察时的参与性越强，就越容易产生故事，我们熟悉的纪录片《壁画后面的故事》和《家在何方》都是这样。两片都是因为编导的直接参与而加强了故事性。二是观察者情感的投入。制作人或编导或摄像在观察时越是关心对象，感情越是投入，也就越容易感受事件的情节性，比如我们的亲人生病住院，我们就要比一般人更关心病情。我们就非常想知道，她生的是什么病？这病严重不严重？什么时候能好？我们的关心越迫切，事件的悬念就越强。而强烈的悬念正是故事的基本要素之一。比如北京电视台的系列片《中国母亲》中的一集《过年》就是这样：片子的开头，编导提着礼物来到患再生障碍性贫血女孩邹蕴的家，这天是阴历十二月二十八，然而邹蕴不在，她发高烧住院了。家里只有母亲商玉珍。那么，小邹蕴能否退烧回家过年？此片编导怀着强烈的感情投入了观察，并展开跟踪拍摄。二十九，孩子仍未退烧，母亲寄希望于输血，但不知结果如何。到了大年三十，邹蕴终于退了烧回到家中过年。在观看时，观众的心始终被这一对母女牵着，观众都为母亲实现了愿望而感到一丝欣慰。由于编导的感情投入，使拍摄到的素材具有较强的情节性。

纪录片叙事的情节化，不仅是纪录片本身的发展所致，也和观众的观赏要求有关，由于当代观众对纪录片的观赏性要求越来越高，这使得纪录片的编导不得不通过讲故事的办法来增加纪录片的趣味性以吸引观众。

这里必须要说明的是，虽然讲故事是电视专题节目叙事特点，但并不是所有的电视专题节目都非讲故事不可。事实上也有许多优秀的电视专题节目并不是用讲故事的方法来讲述的。

(二)情节化的叙事

故事的基本骨架是情节。由于讲故事成为纪录片的叙事特点,于是围绕情节来组织素材和进行讲述,成了电视专题节目惯常的做法。这样的叙事方式,又叫作情节化的叙事。

情节化的叙事要求电视专题节目从开始拍摄取材到结构都要围绕情节来进行。在取材上,首先要求在拍摄时,不是把被拍摄对象仅仅作为主题的一个符号,而是情节或情境中的一个因素,或情节因果链中的一环。比如《远在北京的家》,片子开始时向我们走来的老人是张菊芳的祖母。而且解说词马上就介绍说,她和全家人起得特别早的原因,是要为第一次离家去北京当保姆的张菊芳送行。这里,片子里虽然对老人没有更多的介绍,但老人无疑不是抽象符号,而是全片情境和情节中的一个因素,所以同样是个体的、具体的形象。要进行情节化的叙事,首先在拍摄时对于被摄对象要有情节性和背景性的关注。除了被摄对象的情节因素以外,拍摄时也要关注事件在情节上的联系,也就是不但要拍摄事件现在的情况,还要尽可能追溯事件的前因,了解事情是怎么发生的,并不断关注事件发展,同步拍摄事件的进展和变化。由于拍摄与生活同步,事件还在进行中,素材自然就具备了情节性。

然而,许多电视专题节目在拍摄时对象并不处在情节之中,或者有些内容本身不具备情节。对此,情节化叙事的拍摄策略是:对于没有情节的对象或内容,在拍摄时可以将其情节化,或者从没有情节处"制造"出情节来,以便能进行情节化的叙事。例如《望长城》中为人称道的"寻访王向荣",这一事件是第二集中的主要情节之一,但是这个情节很大程度上是"人造"出来的。当时的情况是这样的:摄制组来到陕西府谷县时,听说当地有个叫王向荣的人,唱民歌唱得特别好,不过,已经调到榆林民间艺术团去了。如果不需要情节化的叙事,摄制组完全可以直奔榆林去拍王向荣唱歌。可是,为了使这一段讲述更吸引人,拍摄还是从府谷县开始,从寻找王向荣开始。先拍市场上卖瓜的老汉,听他说王向荣唱得好,然后去寻找王向荣,在寻找过程中遇到锄地的汉子,又听他说王向荣唱得好,最后找到王向荣家所在村子外,又遇到背柴的大嫂,大嫂又让一个娃娃领路,最后才进了王向荣家的小院,王向荣不在(这点摄制组早知道),见到了他的妻子和母亲。然后和老母亲谈她的儿子,并给她戴上录音机,让她听她儿子唱的歌。这里面,"寻找"这一动机是预设的,但随之而来的一系列的遭遇则是偶然的、随机的。

在结构上,情节化的叙事要求电视专题节目也要像故事片那样,讲述事情的始末或一个人的故事。这就意味着素材的使用要依照事件发展的逻辑,画面的顺序要以因果关系来连接,情节的发展要有起伏转折,"寻访王向荣"的这一段正是这样来安排的。本来,按当时情况,可以用解说词说王向荣是当地一个有名的民歌手,但片中却是以营造情境入手,先让摄像师在路旁的西瓜摊上见一老汉边卖西瓜边唱民歌,摄像师上前赞扬老汉唱得好,老汉说还有比自己唱得好的,问是谁?老汉说出王向荣的名字。于是摄制组出发去找王向荣,在山野中行走时,主持人焦建成被一阵歌声吸引,他循声而去,在庄稼地里见到一位锄地的农民，农民在向主持人介绍了他唱的"爬山调"后，说自己唱得远不如王向荣，勾起摄制组（也即观众）对王向荣更大的兴趣。主持人问王向荣家住哪里，锄地农民给指了路，于是摄制组再往王家赶。这一连串的画面就是以情节发展的逻辑来联结的，比如"听说"引出"寻找"，"寻找"引出"问路"，"问路"再引出小孩等。在这一段中，上下画面的关系是因果关系，情节也充满转折。比如好不容易找到王家，王向荣却不在，于是又引出新的寻找。

图 2-11　昆曲六百年

　　在电视专题节目情节化的叙事中，"引出"是一个重要而常用的手法，《唐山大地震 20 年祭》一片的基本手法即是"引出"。片子中以人物引出人物，以故事引出故事。而《望长城》中也多次使用这一手法来进行情节化的拍摄和结构，如拍第二集的"武威段落"时，拍摄方案是这样设计的："中秋节的气氛——当地特产的介绍，无壳瓜子等——市场，通过主持人采访，引出大月饼——这种大月饼的制作（四坝乡杨万里家）——祭月习俗——主持人和杨家共度中秋节——引出'打鼓子'——众人表演'滚鼓子'。"这里，两个"引出"正是情节化叙事结构的关键所在。

(三)电视专题节目故事的特点

　　电视专题节目讲故事，并不意味着电视专题节目就变成了故事片。同样是讲故事，纪录片中的"故事"不等于故事片中的"故事"。首先，故事片的故事是人为虚构的，而电视专题节目的故事则是生活中真实存在的。对于这个无可争辩的事实我们不再详述。这里要说明的是电视专题节目故事和故事片故事具体的不同方面：

1. 情节和细节

　　一部电影故事片或电视剧，故事一般都曲折离奇，有大起大落的情节和悲欢离合的故事。而电视专题节目的故事却没有那么强烈的戏剧性。虽然有少数电视专题节目的故事可以说是情节曲折、结局出人意料,如《家在何方》,但大多数电视专题节目故事的情节却比较平淡。电视专题节目更强调的是能表现人物的"细节"。在纪录片创作中常常听到这样的说法:"纪录片没有情节,只有细节。"一部纪录片,只要拥有大量足以表现人物和事件本身的细节,就不用担心讲不出一个好故事。因此,纪录片不必像故事片那样追求大起大落的情节,而应当像故事片精心组织故事那样,花大量时间精心捕捉非常有意思的细节,并将这些细节富有匠心地组合起来。正如陈汉元所说:"谁能拥有足以反映、表现人物个性的众多细节,谁就有可能将故事讲得好听好看。"大多数纪录片的故事性主要是体现在带有故事性的细节上,如《最后的山神》中的"小鸭子"段落。所以,编导在构思纪录片的故事时,不能像故事片那样首先考虑使用什么样的情节,先悲后喜或先喜后悲,三角关系或四角关系等。而是要先从细节入手,尽可能地掌握大量生动的、有表现力的细节,然后再考虑怎样将这些细节组合起来。如《最后的山神》虽以时间顺序为线索,但整部片子并不是围绕从游猎到定居,又因为不习惯定居而重新游猎这样的情节发展线来进行故事的叙述,而是通过展现孟金福的游猎生活中的种种细节,来刻画这个人物并进而展示整个鄂伦春民族的生存状态,从而讲述一个民族的发展故事。

图 2-12 最后的山神

2. 命运与状态

故事片的故事是通过人物戏剧性的遭遇来描绘人物的命运,人物的命运集中在人物一生中某些特殊的时刻,并抓住这种时刻人物的表现来刻画人物,所以故事片的重点是在人物命运发生戏剧性变化的时刻。而电视专题节目的故事是通过细节来表现人物的生存状态,人物并不一定处在人生重大变化的关头,甚至常常就是生命中很平常的、与其他许多日子一样的时刻,电视专题节目正是通过这样的平常时刻来表现人物日复一日的生存状态。所以电视专题节目的重点是在人物日常生活中一点一滴的细节表现。

当然,电视专题节目不是不表现人物的命运,只是由于在短时间内人物的命运很少有大的、戏剧性的改变。不过电视专题节目开始注意到这个问题，并试图通过延长纪录时间的办法，来表现人物的命运。比如用上一年两年、三年五年甚至更长的时间来追踪对象，以获得比现在一般电视专题节目更强烈、比一般故事片更真实的命运感。

3. 完整和不完整

故事片的故事素材是完整的，这里有两层含义，一是故事本身是完整的，也就是说，故事片讲述的是一个有头有尾、情节连贯的完整故事，故事本身没有情节上的缺漏。二是讲述这个故事所需的全部素材都可以通过演员的表演拍摄出来，导演在剪辑时不用担心素材的缺漏。即使对某些镜头不满意，也可以补拍。

电视专题节目则不同，首先，电视专题节目是对生活的纪录，有时生活中事件本身就是不完整的，有许多事情往往是不了了之。有时事情并不一定有结局，比如江苏电视台的《炎黄，你在哪里》，在片子的最后，编导也没能找到这位名为"炎黄"的捐款人。有时，一个事件的结局要很长时间才能到来，比如一个人得了绝症，在一定的时间里，这病可能并不一定能治好，但一时也死不掉，病人可能还在治，最后的结局怎样，现在不知道。而电视专题节目拍摄的时间毕竟是有限的，在拍摄结束的时候，事情的结局尚未出现。

电视专题节目故事的素材往往是不完整的。因而电视专题节目在讲述故事时，不必过于追求情节的连贯和故事的完整，只要做到情节松散的连接，故事大致的完整即可。也就是说在电视专题节目的叙事中，叙事素材的完整不是叙事完整的前提，编导也不必以补拍、扮演等手段硬性追求叙事素材的完整。有时故事的详略还要根据素材的情况而不是编导的意图而定。在画面素材不完整的情况下，编导常常需要用采访、解说词、音响、音乐、特技等其他手段来实现纪录片叙事的完整。

二、　叙事手段

电视专题节目纪录的多是"未加操纵的现实"，摄录的是真实环境、真实时间中的真人真事，即电视专题节目纪录的是真实的时空，它是电视专题节目的本体追求，纪实风格的时空真实性首先是以真实的生活为基础，是现实生活基础上的时空确定性、具体性和现在进行时。电视专题节目中的纪实性要求创作者不得随意想象，不得虚构情节，不得任意拔高，但是允许穿插闪回、渲染情绪、引发抒情等。

(一)纪录过程

向观众展现一个事件的过程，而不只是一个简单的结果。中国电视专题节目过去最主要的毛病之一就是重结果而轻过程。比如拍摄一个事件或一个人物，画面只拍摄事件的结局或人物的现在，而事件的发生、发展过程和人物从前所做过的事都用解说词来交代，这就是不拍过程只拍结果。其实，纪录片中最重要、最生动的部分就是事件的过程，没有过程，就没有了魅力。过程的意义在于不仅向观众显示现在是怎么样的，还要向观众展示这一切是怎么发生的，怎样发展过来的。在事件的过程中有许多微妙的东西，从观众的角度来说，观看事件发生发展的过程远比简单地被告知结果更有味道。因为观众不仅想知道答案，而且想知道得到答案的过程，并从中得到自己寻找的乐趣。

拍过程的关键是要赶在事件发生的前面，而不要等事情发生过了再去拍。而是要想办法事先了解，在时间上尽可能往前赶，在事件刚刚开始发生时，甚至还没有发生时就介入拍摄，这样，事件的发展和纪录片的拍摄就是同步的，这样同步拍摄下来的过程往往是最有价值的。与事件同步发生的拍摄就叫拍现在进行时，这是电视专题节目尤其是电视纪录片拍摄的重要特征之一。我国近年来的一些有影响的电视节目，如《望长城》《壁画后面的故事》《家在何处》等，也都是这样拍摄的。

然而，许多时候当编导知道某件事或某个人的时候，或接到拍摄任务来到拍摄现场（某人的家或某单位某地点）的时候，事件早已发生过了，或是人物所做的先进事迹是几个月前、几年前甚至十几年前的事，事件的过程或是拍摄对象所做的事现在根本无法拍到，也就是拍过程已经不可能了，在这种情况下怎么办？正确的做法是把结果变成过程。比如某地出土了一件稀世之宝，等摄制组赶到现场，这件稀世之宝已经被送进了博物馆。直接去博物馆拍此宝，再配上解说，这就是拍结果。而到了现场，先不急着去拍宝贝，而是先通过采访向当地人打听当时是怎么发现的，是谁发现的，这人现在哪儿？再去寻找这个第一发现者，摄像机把摄制组和编导采访的活动一一拍下来，就可以把一个简单的结果变成有趣的过程，即寻找打听的过程。20世纪70年代末，中日联合摄制组拍摄《丝绸之路》时，对于兵马俑的介绍，中方就是采取前一种拍法，而日方采取了后一种拍法。到了80年代末中日合拍万里长城时，中国的电视工作者已经能非常熟练和巧妙地运用通过"寻找"这一手段来表现过程的方法了。比如《望长城》第一集《万里长城万里长》中就是用这种方法去寻找临洮长城的发现者之一———临洮师范学校地理教师孙益民，从而把他发现长城的过程变成了摄制组寻找孙益民的过程。这里，需要指出的是，这一寻找过程并不是原来的发现过程，而是另一个过程，因此把结果变成过程实际上是用一个过程代替另一个过程。

当然，寻找的过程也要建立在真实的基础上，如果找人的过程比较曲折，那可以将寻找变成有悬念的过程；如果找人的过程并不曲折，很顺利地一下子就找到了，那就不要勉强地将找人表现为过程。如果明明要找的人就在办公室里，摄制组还在门外东找西找，故意找不到，那就变成故弄玄虚了。在这种情况下，要设法用其他手段来表现，比如用安排巧妙的当事人的讲述来表现过程等。

拍过程有时需要比较长的时间，在拍摄的过程中，并不是经常有戏剧性的事件发生，对此拍摄者应当有足够的心理准备。比如《德兴坊》的编导江宁说过，拍摄此片的过程非常枯燥，就是每天去那条弄堂，每天和那些老太太闲聊，一泡就是半年。但是，如果没有这半年的每天去泡，大概也拍不到那么多的东西。日本的《望子五岁》的拍摄过程长达好几年，片子中许多情境都是在拍摄过程中自然出现的。

从很多比较优秀的纪录片来看，尽可能映现一个相对自足的真实生活过程确实至关重要。上海电视台拍摄的《毛毛告状》和《重逢的日子》是两部很优秀的纪录片，它们共同的成功因素之一，就是因为都映现了一个相对自足的真实生活过程。需要说明的是，纪

图 2-13　德兴坊

录片所要映现的相对自足的真实生活过程，在很多情况下既不需要在生活内容上一定具有《毛毛告状》和《重逢的日子》那样相对完整的有始有终，更与故事片和电视剧都要有一个相对完整闭合的情节结构不一样。吴文光的《江湖》可以说既没有"起"，也没有"合"，但不失为是一部非常优秀的纪录片。张元、段锦川的《广场》和《八廓南街 16 号》，睢安奇的《北京的风很大》，杨荔纳的《老头》和怀思曼的很多纪录片，几乎都像是在"逝者如斯夫"般的原始生活流中截获的片断，但它们都是成功的纪录片。由于大多真实生活的过程并不具有故事结构的特征，因此纪录片创作强调以过程为生命，并不意味着拍摄的内容一定要有"起、承、转、合"。

（二）长镜头

电视专题节目中画面所展现的真实的场景，真实的人物以及正在发生的事件，是从现实生活中提取的鲜活素材，因而它受到观众的喜爱。这种纪实摄像要求与生活同步，并完整记录生活的流程，在生活的流动中把人物的形象、声音以及人物之间的关系和心态完整地记录下来。长镜头特有的纪实本质特征，实现了这一要求，所以在现代纪实节目中得到了广泛的采用。

长镜头是现代电视纪实的一种拍摄方法，它是指在一个统一的时空里不间断地展现一个完整的动作或事件，记录的是现实生活的原形，平实质朴，让观众有一种生活的亲近和参与感，如《焦点访谈》栏目《寻找小王丽》一期。摄像机采用了一个长镜头捕捉到了小王丽的父亲内心慌乱、急于逃走的过程，以及继母回答问话时的一连串表情动作，活生生地表现出这一人物的个性特征，记录下一个狠心继母的形象，表现出鲜活性和戏剧性。

长镜头保持了时间和空间上的连续,在这一过程中,人物的行为、动作、交流能形成一定的环境氛围,能够展示人物的生存状态。在现代纪实中,人的生存状态,生活的环境,相互交流的心态,都是观众非常想看的,体现了现代纪实的美感。在纪录片《半个世纪的爱》中,表现一对金婚夫妇的生存状态时,选用了老人相依相伴去自己的菜地拔萝卜这一平平常常的事情,把这一过程记录得非常完整,充分显示了长镜头的优势。我们看到两位老人一前一后地走,这正是农村老夫妻外出时的一种距离感,非常富有表现力。在过沟的时候,老头停住脚步,回过头来,照料着老伴过沟。当两位老人拔完萝卜,镜头又是长时间的跟随。当他们再次过沟时,镜头再一次地记录了他们相互搀扶的动作,这种生活片段,具有丰富的细节,情感的变化和前因后果的关系给了观众思考的时空,富有含蓄的美感。

此外,在纪实节目中,同期声是一个很重要的形象元素,运用视听结合来表现人的生活条件、环境氛围、生存状态,运用声音来记录人们互相交谈和诉说心里话,回忆过去,使得电视纪实更加厚重,更加鲜活。为了保持声音的完整性,在纪实节目中也需要长镜头。如在《寻找小王丽》节目中,用长镜头捕捉继母的神态时,继母的声音也完整地被记录了下来,声画合一,充分地揭示了继母的形象和她失去人性的灵魂。

长镜头在电视节目中常用来抒发情感,尤其是在一些高潮段落和一些大的场面之后,应该有一个比较长的镜头,给所记录的事件一些情感抒发的时空,给观众一种回味的余地,达到感情上的延伸和内容上的拓展。

一个摄像师,要对长镜头的这些本质特征有所掌握,在实际的拍摄中利用好长镜头,确立长镜头摄像的意识。

把握镜头的长度。通常说来,镜头的时长决定于以下几点:

(1)镜头所记录的事件是否能够交代清楚;

(2)所记录的事件是否重要;

(3)声音的连贯性,叙述和对话是否完整。

在纪实拍摄中,不少记者对长镜头一直有这样或那样的误解。所谓长镜头,是指在影视拍摄中,摄影师以一段连续不停机的画面记录被摄对象的方式,一般镜头延续要有一定的时间长度。

长镜头的实质是:

(1)连续,不停机。因为镜头不断,所以长镜头有比较强的真实感。

(2)延续时间较长,因此能够比较完整地记录生活的原生态。

使用长镜头的情况有以下几种:

(1)人物的行为未完。通过长镜头展现行为动作的过程。长镜头的功能是记录完整的过程。被摄人物的行为动作还存延续时,记者要判断这一正在进行的动作是否具备继续记录的价值。由于长期受电影蒙太奇组接效果的影响,人们对断续组接的镜头容易产生不信任感,长镜头能给观众以完整的真实感强的连续时空,所以前期拍摄时,对于重要的拍摄对象的行为动作,记者都应尽量完整记录,增强真实感。

(2)同期声未完。在电视采访中,采访对象的声音和画面形象有时会出现分离。在摄像机镜头记录人物的画面形象时，也要注重判断人物发出的同期声是否有记录的价值。如果同期声有记录的价值，摄像机也不能停机。

（3）留下回味和思考的时空。还有一种情况，人物的动作已经结束、语言也已结束，但在这一个拍摄段落中，蕴藏着独特的情绪或情趣，它们往往并不是随着人物的言语行为的停止而马上消失的，在这种情况下镜头要留下一定的时间长度。

对创作者来说，长镜头的意义往往集中于它记录生活原生态素材的能力和真实感。以纪录片《望长城》中"寻找王向荣"这一段落的结尾为例。与摄制组相处了一天的陕北老大娘舍不得摄制组的离去，不顾自己的小脚和崎岖的山路，坚持要送摄制组离开。在离开王向荣家很远的山头上，摄像师及时开机，用长镜头拍摄了老大娘隔山相望的动人场面。这正是情绪延续未完的情况下，镜头延续记录的需要。

长镜头并不意味着节奏就慢，如果内部动体运动激烈，而摄像机方位景别也在拍摄中不断改变，镜头的时间长度并不影响快节奏的内容。但在一般的情况下，长镜头多，节奏会放慢。在日常生活的记录中，容易进入一些冗长的行为和动作。往往在后期编辑时，编辑会将其剪去。

图 2-15　舌尖上的中国Ⅰ

摄像师还要把握镜头的情绪长度。在高潮过后不要马上关机。人物沉默不语时不要关机，让人物思考的形象留有时间的延续长度。哪怕拍一个特写，时间超长一点，观众心中的思考便会多一点："这是什么意思？"极力地去领会拍摄者的意图，摄像师要懂得调动观众的欣赏心理。

（三）同期声

同期声（现场声）是指在拍摄的同时录下的讲话声和背景声，包括现场效果同期声（伴随新闻事件发生而同时发出的各种音响）和现场采访同期声（新闻现场中被采访对象说话的声音）两种。生动、典型的现场同期声特别是人物富有个性的语言和其他典型性的背景声，能够充分体现电视节目声画互补、水乳交融的整体完美宣传效果。它在视听手段上、在时空连续性上同步对位于现实环境，直接、客观、准确、生动地记录下现实发生的种种事件，从而构成综合的、立体的、多通路的信息传递动势。

同期声是电视节目的一部分，给节目带来了无形的真实感。

拾取同期声的主要工具是话筒，话筒按照与摄像机连接的方式分为随机话筒和外接话筒。随机话筒安装在摄像机机头上，它非常适合于拾取现场音响，如工地的机器声、赛场的呐喊声、孩子们嬉笑打闹声等。对语言拾取要求较高的采访型、谈话型节目则可采用外接话筒录音，如手持式话筒是现场主持人常采用的话筒，对于大型现场直播节目常采用无线话筒；对于有隐蔽要求的采访可采用胸针式话筒。在具体的同期声录制现场中，除了要求语言的拾取要清晰以外还要注意：

第一，尽量使讲话的人不产生被拍摄的紧张，保持原来的自然状态。许多人在摄像机和话筒的面前都会感到紧张和不自然，这时，你应该看看他是属于哪种类型的人物，然后再决定采用什么方法进行同期声采录。对那些适应能力较强的人可以手持话筒直接采访拍摄，而对于不能适应的人，则应该尽量减少摄像机和话筒对被拍摄对象的心理压力。例如，使用长焦距镜头与超指向性话筒或用胸针式无线话筒在较远的距离上拍摄。有时甚至采用偷拍的方法。让被拍摄对象保持原来的自然状态非常重要，只有在这种自然状态下的讲话才是真正有价值的。

第二，画面拍摄要服从语言的完整性。完整性是指画面的总长度必须长于实际使用的同期声讲话的时间总长度。在现场拍摄时摄像师应该在说话人开始讲话之前至少提前5秒钟开机，所录的第一句话才能完整地被记录在录像带上，当一段话讲完再停机。在拍摄时应该尽可能使用三脚架，这样能使画面质量得到保证。如果只能用肩扛拍摄时，画面景别应该以中近景为宜。

第三，画面的拍摄要考虑到同期声剪辑的需要。有些同期声语言在后期编辑时要进行删节，这时虽然声音可以做到天衣无缝，但是观众会明显地从画面上感觉到讲话被删节了。为了避免这种情况的产生，摄像师应该专门拍摄一些备用镜头用来修补删节的痕迹。比如，可多拍一些看不清讲话者口型变化的全景镜头或讲话现场一些与讲话内容有关的景物特写镜头，剪辑时把这些镜头插入在删节的衔接处，可以使观众感到同期声讲话是一气呵成。要注意，这些备用镜头最好在拍摄同期声讲话之前或是之后拍摄。

（四）细节

在电视专题节目中，细节有着特别重要的作用。专题节目与故事片不同，故事片一般都有曲折起伏的情节，可以靠比较强烈的情节性来吸引观众。而专题节目往往没有特别曲折的情节，大多数的专题节目很难靠情节性来吸引观众。专题节目吸引观众，表现环境特征和人物性格主要是靠细节。生动传神的细节对于纪录片是如此重要，以至一部专题节目中如果没有让人印象深刻的细节，那么，这部片子的拍摄就不能算是成功的。而一个动人的细节则往往让观众记住一部片子。在《茶陵老区纪行》里，有一个"人拉犁"的细节，镜头上是一个驼背的老人和一个十五六岁的少女拉着一张犁，在水田里深一脚浅一脚地艰难地拉着沉重的犁。这个细节在观众中产生了强烈的反响。

细节可以是环境的，如《难圆绿色梦》里沙漠上孩子们抓老鼠、小虫在沙丘上跑、家里炕上一层沙土，都表现出沙漠特有的环境特征。如《到胡同去》里，美国前总统布什在作为美国驻中国联络处主任期间，他的办公室墙壁上悬挂着 6 幅大照片，这些照片不是故宫，也不是万里长城，而是摄影家徐勇拍摄的普通寻常的北京胡同。这一细节，有力地说明了主人对中国胡同的兴趣。细节也可以是人物偶尔的动作、不经意的表情、一瞬间的反应，控制不住的流露，以及种种可以表现出人物内心的东西。如《中国母亲》中的《皮律师和她的儿子》中在"上坟"一节中皮律师在儿子离开后独自一人伤心落泪的那一瞬间。在《京城百姓家》中的《斗室琴声》中有一个细节：节衣缩食培养女儿学钢琴的父亲晚上要带女儿去听音乐会，父亲推着自行车出了家门，女儿说："爸，咱们打'的'去吧。"父亲拍拍自行车的坐垫，回答道："你还是坐我这'的'得了。"这个细节，非常生活化而又传神地表现出不愁衣食的女儿的天真和经济实力不强的父亲的幽默。

细节要靠编导和摄像在拍摄现场的发现，如《难圆绿色梦》中徐老汉看到自己亲手栽种的林子被毁后的痛哭，《路》中甘柏林晨起后，老伴为他梳理头发的情景。《龙脊》中，潘能高和另外一个男同学因为值日的事打了一个女同学，被老师叫到屋里教育了一番后被罚去提水冲厕所。尽管刚刚被老师批评过，这两个小男孩依然不脱孩子调皮的天性，他们在合力提上一桶水冲完后，谁也不愿拎空桶，于是两个人玩"剪刀锤子布"的游戏，谁输了谁就拎空桶下去。这个细节令许多观众看了忍俊不禁。

细节有时是一瞬即逝，所以要靠摄像师的及时反应和抢拍。吉林电视台在拍摄《大林的一家》时，儿子大林与母亲唱起《世上只有妈妈好》时，没想到大林先天聋哑的姐姐也用手语和他们一起唱，摄像发现并及时拍摄了这个细节。当播出时，许多观众都为女儿的真实感情而流了眼泪。

在跟踪拍摄中常常能发现很好的细节，如上海东方电视台拍摄的《母亲》中有一处细节：母亲在小菜摊前拨弄着廉价的豆苗，但犹犹豫豫不想买，她在菜市上转了一圈，实在找不到更便宜的菜，无奈又回到小摊前，十分不愿意地从钱包里掏出一枚硬币，买了点豆苗，又向摊主交涉讨回几分钱。这些下意识的反应，不自觉的举止和情绪变化，将这位母亲"只有靠节俭来抚养儿女"的想法，作了具体而真实的描述。《母亲，别无选择》中田惠平为儿子补课，母亲一遍遍教儿子数数，儿子却一遍遍出错，当儿子难过得哭时，田惠平边擦去儿子的眼泪边安慰他，随后自己也禁不住轻微地叹息了一声。这一细节表现出母亲在极大的耐心下内心的压抑和痛苦。

细节也是表现主题的有力手段。如广西电视台的《共有的家》里两只从树上掉下来，被许家人收养的小白鹭自由自在地站在许家的门槛上，门外不远的地方，许家老少在高声嬉戏，这一人与白鹭和睦相处的细节表现出了地球是人和动物共有的家园这一主题。《最后的山神》中孟金福老母亲不满地嘟哝："神走了，不会来了"，这一细节，巧妙地点出了《最后的山神》的主题。

细节的记录被称为纪录片的"点睛之笔"。一部纪录片，要注意它的闪光点，要注意记录人物细腻的情绪以及这种情绪背后丰富的内心世界。2001 年度中国广播电视新闻奖参评的长片中，许多这样的镜头给人留下了深刻的印象。《拉着老母走天涯》中，王一民离开龙港老年大学以后，用山泉给母亲擦脸的细节，母亲那种舒适安详的表情，儿子那种细心的动作、敦厚朴实的神情，都被作者记录下来。一般说，纪录片拍得感不感人，很大程度上取决于我们能否调动一切手段去表现主人公细腻的感情和鲜明的性格。

纪录片创作要以映现生活过程为生命，而生活过程的生命表征则必须在大量的生活细节中才能得到相对完整，生动具象和较为深刻的体现。吴文光拍摄的纪录片《江湖》，其中似乎根本就没有什么是重要的事。片中经常反复出现的就是作为大棚里最日常的生活情景和最寻常的"江湖"现象，如机械重复的搭棚、拆棚、运棚，如出一辙的"跑地""拉场""演出"，没隔多久就会碰到的"裹棚""跟棚""跳棚"，司空见惯的剧团内部之间以及剧团与观众之间的吵架打闹，还有剧团人员讲述自己以往的故事和对未来生活的想法等。如果将其中的每一个细节部分单独拿出来看，那肯定会觉得没有多少意思；如果有耐性地跟着拍摄者的镜头走，你也许能因此去领悟日常生活和大众艺术的真谛。

细节在所有艺术创作中都得到特别的关注和十分的重视，纪录片自然也不例外，所不同的是，纪录片中的大量细节基本上都应该是自然呈现而非人为创造的，即应该是在现场实地被有意或无意捕捉得来而不是在事先或拍摄现场被设计出来的。

三、　叙事技巧

叙事是需要讲究技巧的，同样一件事，有人能讲得趣味横生，非常吸引人，有人却讲得干干巴巴，一点也不吸引人，这其中的区别就在于叙事技巧的高低。美国CBS的王牌节目《新闻60分》总结栏目开办20年来始终受观众欢迎的第一条原因，就是要会"讲故事"，如何将一个故事讲好？

(一)切入点

要将一个故事讲得吸引人，首先要寻找一个好的切入点，也就是寻找一个不一般的叙事起点，而不是公式化的开头。什么是公式化、一般的开头？我们先来看一个例子，这是电视纪录片《龙脊》的开头：

画　面	同期声，解说
潘军泉倚在潘能高家的门口，门敞开着，清晨的光线从外面射进堂屋。 字幕：能高，起了。 潘能高向脸盆里倒水。 潘能高用旧毛巾洗脸。 字幕：潘能高　9岁　一年级 潘能高和姐姐一起拣菜，潘军泉也在一旁跟着拣菜。	解说：和往常一样，一年级学生潘军泉来喊同班同学潘能高起床。潘能高，今年9岁，上小学一年级。能高出生不久，父亲就去世了。现在家中还有爷爷、妈妈和上小学三年级的姐姐潘能凤。 同期声： 能高：现在你去了。

字幕：潘能凤　11 岁　三年级

潘能高爷爷从房间里走出来，走到堂屋中间，坐在小凳子上穿鞋。

爷爷拿着一个纸包放进地上的背篓，然后背起背篓走出门去。

摇摄小寨村远景。

爷爷：现在我就去。

能高：公，那还炒我爸他们的菜。

爷爷：你就炒一点韭菜，加一点虾米和鱼仔。

解说：农历的四月是龙脊插秧的季节。龙脊，位于中国南部广西壮族自治区龙胜各族自治县境内。这里山脉高高隆起，绵延百里，人们习惯把它的中段称为龙脊。潘能高住的小寨村就是龙脊十三寨中的一个寨子。全寨一百多户人家全姓潘，全是红瑶……

这里，编导没有用一般常见的开头，而将潘能高上学作为开头，将观众先引入一种非常生活化的情境中，而后再用全面介绍的办法来介绍村子的情况。这样的开头就比较活。引入情境的办法在纪录片中是一种较好的办法，如系列片《孙子兵法》的开头就是这样，片子开头时，画面上是一棵参天的古树，随着镜头缓拉，慢摇出一片小山村——河北琢鹿三堡村，画外音响起学生在课堂上的读书声："东汉末年，曹操率领大军南下，想夺取江南东吴的地方……"在不知不觉中引出了这部 10 集的系列片。

情节性强的纪录片常常用悬念作为开头来切入，如《毛毛告状》里婴儿究竟是不是赵文龙亲生，赵文龙究竟认不认孩子，都是悬念，引起观众的关心。《家在何方》的开头是电视台的记者到孤儿院了解，有一个叫周白的孩子是个外来的孤儿，那么，他是哪里人？他为什么成了孤儿？他的父母在哪里？都是悬念。

但是大量专题节目的情节性并不强，所以，许多片子是以营造气氛的方法来开头的，如《望长城》的开头就是这样。这部以表现长城两边中国老百姓的生存状态的片子，其贯穿事件是"寻找"古长城的遗址和古长城遗址有关的人和事，以及住在长城两边普通人的生活现状。为了强调"寻找"，片子的切入点就切在夜空中的迷茫的找上，它的开头是这样的：

画　面	同期声·解说
大雾。主持人和录音师边走边向远处呼喊。 字幕：甘肃临洮 1990 年春秦始皇统一中国 2211 年后…… 透过雾可以看到远处有一棵树，从那里传来了回答的声音。 焦听到了喊声，手指前方。 焦与同伴加快步子往前走。 焦回头告诉录音师，脚下就是长城。 焦和摄制组同志会合，几个人边走边	（焦）哎，你们在哪儿啊？哎，你们在哪儿啊？哎，你们在哪请回答。（元）哦，我们在这儿呐。（焦）哦，他们在那儿。你们看见长城了吗？ （元）看见了，这就是长城，唯一区别的就是两边土软，中间土硬，踩上去很扎实。老乡说前几年来还能看到点儿，现在就这样了，咱们现在就走在长城上。（王）哎呀，弄了半天，我们在长城上走呢。（焦）不信吗？

谈。焦突然转身问不信吗？

字幕：主持人焦建成。

下一个镜头是长城专家罗哲文站在金山岭长城上，向焦建成介绍中国的长城到底有多长，开始了这部巨片的叙事。这个开头非常切题，呼喊得也很有气势。营造气氛可以说是相当成功。

图 2-15　故宫

寻找到最佳的切入点是不容易的，有时需要反复琢磨，《最后的山神》曾设计了三个不同的开头。第一种是用故事片手法，猎人"砰"地放一枪，然后出字幕；第二种是把现在结尾部分的"跳萨满"一段放到开头；第三种就是现在片子中我们看到的，猎人砍树皮画山神。这三个开头中，第一个开头虽然很吸引人，但有些过于戏剧化，和全片的风格不一致，因为素材中没有太多的戏剧性因素。第二个开头应该说很有意义，也能吸引观众，因为片中的猎人是这个民族最后的萨满。但这一段是全片中不多的、具有较强动感的画面，画面的视觉冲击力大，这样的画面应该放在情绪比较饱满、或情绪高涨时更为合适，否则就浪费了这么好的画面，所以，开头还是用第三种最为合适。

开头可以用种种办法，可以开门见山、先声夺人、点明主题，也可以从回忆开始，从具体事件开始，从某种现象开始等，开头没有一定之规，但要求在开始叙事的时候，就能引起观众的兴趣和唤起观众的期待感。

(二)兴奋点

电视专题节目要吸引观众，在叙事中应当不断有兴奋点。什么是兴奋点呢？一般说来，新的环境、新的人物、新的事件是兴奋点；凡是含有冲突、和解、情节的变化或转折的内容是兴奋点；生动的细节、信息量丰富的内容、有视觉冲击力的画面，也是兴奋点。总之，凡是能激起观众兴趣的，都是兴奋点。比如在一个表现城市街景的全景画面中，突然出现观众感兴趣的人物、一幅与众不同的广告、一个吸引人的小男孩等，都是观众的兴奋点。因此，在拍摄中，摄像要拍兴奋点；在结构时，编导要使用兴奋点。

从人的生理角度说，人对一件感兴趣事情的兴奋过程的曲线，大约为3分钟左右，因此从纪录片叙事的要求上说，一般1～3分钟就应该有一个兴奋点。比如《焦点访谈》制片人就要求记者所制作的节目在两三分钟内要有一个兴奋点。如果3分钟之后还没有新的内容引起新的兴奋，观众就觉得没劲了。因此，不管是什么类型的电视节目，不管片子讲述的是什么故事，不管这个故事的情节性是强还是不强，运用兴奋点都是编导需要掌握的叙事技巧。比如《龙脊》的第一段中，从能高起床到能高做饭，中间穿插了介绍龙脊和小寨村、介绍潘纪恩，就是一方面介绍情况，同时也是使能高的再次出现作为新兴奋点，以保持叙述的节奏。同一段落中，兴奋点的安排也很有节奏，如：

能高爷爷犁田　16秒

能高、军权捉小鸟和鸟蛋　1分57秒

小寨村小学的操场、敲钟上学　32秒

能高在课堂里，石梅珍三姐妹等在教室门口看　47秒

石梅珍等女孩做游戏、唱民谣　1分11秒

山坡上的树　10秒

有时候，事件本身或拍摄的素材没有足够的兴奋点，那么，编导在后期编辑的时候就要设法将兴奋点的出现按一定的规律安排，以强化述说的效果。如《焦点访谈》曾做过一个山东潍坊发生重大医疗事故的节目。这家医院不小心把两个应做不同手术的孩子弄错了。于是两个孩子一个错做了心脏手术，一个错做了扁桃体手术。事件本身很强烈，然而第一次剪辑出来的效果却不理想。因为粗编的时候是按事件的自然顺序编的，于是片子前半部分讲事件，包括受害者父亲的哭诉，比较吸引人，而后半部分是各方面人士对此事件的分析，显得过于理性。最后是编导调整了结构，把做手术的过程和父母的哭诉作为兴奋点，每隔几分钟重复一次，不断强调其悲剧效果，结果感染力大不一样。

(三)情节和情绪的推进

兴奋点的使用，不是重复，而是上升或深入，也就是说，如果一部电视专题节目情节性较强，那么在情节上要不断有变化，要层层推进。我们来看看《家在何方》这部片子的情节是如何推进的。

片子的开始是浙江电视台的记者在采访儿童福利院时，无意中发现有一个孤儿是9年前走失的，于是就有了为他寻找亲生父母的想法。第二年，记者又来到儿童福利院，找这个叫周白的孩子了解线索。一开始以为周白的家在山东，经过详细询问，觉得他说的情况像是湖南、江西一带。果然，摄像师在地图上找到了声音相似、情况相似的地方，经过实地反复寻找，终于找到了周白的亲生父母。正当记者高兴地准备带周白回家的时候，才听说他父母早已离异，并且各自组成了新家，这种戏剧性的变化是记者所没有料到的。在周白跟父亲过还是跟母亲过的问题上，两个新家都没有表示积极的态度。记者回到杭州的儿童福利院，告诉周白他的父母找到了，可是周白也不想回去。在记者的要求下，周白跟着记者回到老家湘东，在见过父母、姐姐和家人以后，周白坚持要回杭州，于是家人又送他回到儿童福利院的家。在片子里，围绕着找家这个中心事件，情节不断

地发生变化，新的情况一个个出现，情节逐渐走向高潮，情节线是回忆往事——寻找父母——找到父母——父母离异——见到父母——离开父母——父母送他回儿童福利院。

当然，在专题节目中，像《家在何方》这样情节曲折而又完整的并不多，大多数节目是有一点不完整的情节，而且情节也不曲折，所以更多的是情绪的推进，即情绪的不断积累和逐步强化。如《最后的山神》就是以感情线的推进来展开的。这个感情线的中心就是山神，片子的一开始以画外音开始叙述："山神啊，请您赐福给我们，赐福给山林。"第一组就是在马尾上系红布，为什么要给马尾系红布呢？解说词告诉我们："在鄂伦春人眼里，萨满的马是神马，新年里第一次乘骑，系红布带表示尊崇"，开宗明义点出神的意思。然后是孟金福夫妇在"仙人住"里的画面，和孟金福两次对神的祈祷进一步加强这个意思。接下来是一段解说词介绍鄂伦春的先民崇信萨满教，以及在众神之中，山神是主管山林狩猎的神灵，画面则是孟金福在松树上雕刻山神像。接下来是孟金福向山神祈祷和上供的画面。然后是表现自然宗教的观念如何影响了孟金福的行为，如用老式猎枪，不用套索、夹子。至于原因，解说词解释道："他认为那样不分老幼的猎杀，山神是不会高兴的。"又和山神有关系。接下来是一段介绍孟金福妻子的画面。为了不使山神内容离开太远，马上又介绍孟金福的母亲，她不愿回答神灵的问题，认为神在山林中，不能随便议论。接下来一段是全片中最抒情的段落，是情感高潮前的放松，打猎，做桦皮船，小鸭子，打鱼，接着是全片的转折点，山神被伐，象征着神的消失、古老的山林狩猎传统将最后消失。为了证明这一点，接下来的内容是对鄂伦春人生活方式改变的介绍，即从游牧到定居。如对郭红波的采访，问如果让你一辈子像老一辈那样在山林中生活愿不愿意，回答是不愿意。但孟金福不甘心，在冬天时把自己放寒假的小儿子带上了山，并带他一起向山神祈祷，但儿子并不理解父亲对山林和山神的感情，说明下一代与上一代完全不同了。接下来用又一位老人的去世表示老人越来越少。最后的高潮是孟金福在编导的请求下跳萨满，这一段解说词很妙，既真实介绍了跳萨满的起因，又含蓄表示生活中没有人请孟金福跳萨满，以隐喻神的消失，但跳萨满却招来了老母亲的不满，全片以一句寓意深长的叹息，"神走了，请不回来了……"如终场锣鼓，全片戛然而止，点明全片的主题。

无论情节还是情绪，都要"螺旋式上升"。即情节应当逐步向前推进，而不是原地重复，情绪应当逐步强化，即便是主题性很强的片子是这样，如《人·鬼·人》的前半部，土屋芳雄从人变成鬼的过程。编导在叙事时就较好地把握住了叙述的节奏和情绪的推进，他从"连一只小虫都不忍杀死"到第一次杀中国人，到逮捕刘丹华，再到残酷地杀害张惠民，他的罪行越来越直观，观众对他的憎恨情绪也越来越强烈。

(四) 高潮

在戏剧或电影剧本创作中，高潮在剧本里是指危机的终点，解决的时刻。对于一个故事或一段完整的情节来说，高潮是事件发展的终点，是冲突的必然阶段，是叙事性作品的一个"必需场面"。从观赏心理上说，在事件发展的最后阶段，观众在心理上会期待一个高潮。如果没有高潮，观众会觉得不过瘾，觉得这个故事太平淡，不了了之，没有得到满足。因此许多叙事性的电视纪录片中都有高潮的部分，如《毛毛告状》的高潮是在法庭判明毛毛是赵文龙的亲生孩子时，《孝女的怨词》的高潮是戴比把她的母亲送进老人院，《半个世纪的乡恋》是李天英回到家乡，《几代女人一个梦》的高潮是邓庆芬一家的故事。

一般说来，高潮应该是全片最震撼人的段落，也是感情最强烈的部分。《人·鬼·人》的高潮是从鬼变成人时，土屋芳雄最后站在被害人女儿面前的现场忏悔。《远在北京的家》的高潮是谢素平突然被雇主无缘无故解雇，只好重新回到北京的段落。而《最后的山神》中的"跳萨满"，则是全片的感情高潮。

许多时候高潮是在情节发展中自然出现的，但有的时候则需要编导通过生活事件去寻找。如《几代女人一个梦》在拍完了所要表现的基本内容以后，编导觉得在已拍下的素材中还缺乏有震撼力的东西，也就是缺乏能突出表现主题的细节或情节，具体地说，就是封建观念压迫下女人的悲剧和抗争的代价。于是摄制组找到当地妇联进一步了解情况，终于了解到10多午前，有一个叫邓庆芬的女孩，因为父亲不让上学，她无论怎样哀求，都要不回她心爱的书包，终于病了。找到了这个内容，也就是找到了全片的高潮和点题的"眼"，使得这部原先一般地反映农村教育的片子上升到反封建的主题。

高潮也应当在后期制作时予以强化，如《家在何方》情节的高潮是历经曲折，小周白在浙江电视台记者和许多人帮助下，终于找到了自己的亲生父母，但父母却早已离婚，双方都另组了家庭。小周白不想跟父亲也不想跟母亲，而是想回杭州，以儿童福利院为家，情绪的高潮则是母亲来儿童福利院看儿子，临走时舍不得，一步三回头。从编导来看，也是在此时用编辑技巧(慢动作)和音乐(画外无声源音乐)来强化这一情感高潮，用行话来说，就是把感情"推上去"。

纪录片也可以没有高潮。如《生活空间》中许多片子就没有高潮，也一样真实动人。因此，如果没有高潮，不要人为制造，因为人为制造出来的高潮很容易导致做作和虚假，结果破坏了纪录片最基本的价值。所以《纪实论》将人为追求高潮作为纪录片创作中影响真实的四个因素之一。人为制造高潮包括用激昂的解说词烘托人物，用摆拍出来的画面将人物的思想境界推向高潮，用激昂奋进的音乐、用特技手段来强化高潮等。

(五)结尾

电视专题节目的结尾，一般说来是非常重要的，有时也是需要编导人员煞费苦心的。一部片子可以有许多种不同的结尾，但好的结尾应当让观众感到有提高，有余味，有意思，不同一般。下面我们来谈谈如何结尾。

1. 自然结束

事件结束了，片子也结束了，这就是自然式的结尾。有不少纪录片就是采取这种结尾的方式，如《远在北京的家》在交代了五位农村少女的现状后自然结束。《潜伏行动》以抓到刘进荣及其他同伙结束。《阿婆王时香》以王时香平静地对生活的理解结束。这样的结尾平平常常却也自然朴实。片子表现的内容如果是比较平常的、比较朴实的，一般都用这种结尾，如《生活空间》中的不少片子即是以这种方式结尾的。

2. 呼应开头

首尾呼应是文章的章法之一，对于专题节目来说亦然。许多节目在结尾时，往往采用呼应开头的办法。这种方法给人一种有头有尾的完整感觉，如《方荣翔》的开头以空舞台开始，结尾也以空舞台结束。开头的"空"是人去台空，结尾的"空"是余音犹在，都很有意蕴。《岁月》是以靳月英唱山歌开始的，结尾的时候，编导再次使用了唱山歌。结尾是这样的：杨贵和靳月英在冯海清坟前祭奠过后，随后是一组优美的画面，琅琅的读书声渐隐，靳月英和杨贵一起来到山上，"当我们的采访就要结束的时候，杨贵和靳月英又来到熟悉的山上……"画面定格，靳月英唱山歌画外音起，和开头遥相呼应，以此方式结束全片。

3. 点明主题

许多专题节目对于片中所涉及的问题或内容并不提供结论，仅仅是提供事实让观众自己去理解和判断。但是，也有一些节目在述说事实以后，还对片子所表现的内容做出总结和分析，或以鲜明的观点议论，深化主题、加深观众印象的，如《炎黄，你在哪里》的结尾，编导就说了这么一段话："茫茫人海，华夏大地，炎黄究竟是谁呢？是他，是他，还是他？虽然我们最终没有找到炎黄，但是，人们却在自己的心中找到了真正的炎黄——朴实、善良、乐于助人，这绵延千年的中华民族的传统美德，不正是我们要寻找的吗！"

4. 用主人公自己的话作结尾

专题节目的结尾常常是需要点明主题的，但由编导通过解说词来说显得太直接，有强加于人的感觉。因此，现代专题节目的做法是让片中主人公自己来说，从他们嘴里说出来，既自然生动，又没有强加于人的感觉，比起用编导点题的话来，这种做法更巧妙，也更有权威性。如《最后的山神》的结尾，是孟金福母亲的话，她老人家嘟嘟囔囔说"神走了，再也不来了"，这既是人物的话，也是编导想说的话，作为结尾来点出全篇的主题很妙。

5. 营造意境

在结尾处竭力营造悠远的意境，给观众留下回味的余地，也是许多电视专题节目编导所追求的，如《背个媳妇回家来》的结尾是很有意境的，在漫天的雪花飞舞中，一个缓缓拉开的长镜头，伴随着悠扬的口琴声，透射出一抹灯光的水塔在雪花中渐渐远去。《最后的山神》的结尾处，孟金福一个人骑着马，背着老式猎枪，朝着茫茫的深山而去，象征着在他身后，再也没有人会走向山林，他确实是最后一个猎人，最后一个传统生活方式的象征。

即使在表现普通人的生活中，也可以有非常抒情的结尾，如《生活空间》中的《大虎和小华》的结尾就是这样。这部片子表现了两个青年在结婚前的一段生活，讲述了两人在结婚前的种种准备，如买生活用品、拍结婚照、装修新房等，最后，编导告诉观众，在整理房子时，大虎找到了他两年前写给小华的一首诗，编导巧妙地运用这首情诗来做结尾，把普通人最有诗意的一瞬绵绵地表现出来了。在准备结婚这种最容易做俗的片子里，用普通人诗情的涌动来作结尾，令人感到特别有味道。

6. 精彩场面回放

把片子中曾经出现过的一些场面镜头集中在一起，作一次简短的回顾以结尾，也是纪录片结尾中常见的做法。比如《家在何方》就是把周白和母亲在一起的镜头、全家人在一起的镜头，周白母亲双手握着编导的手的镜头、周白父亲落泪的镜头，周白母亲紧紧抱住儿童福利院院长的镜头剪辑在一起，作为结尾，最后一个镜头是周白的母亲紧紧拥抱着自己的孩子。

电视专题节目结尾的形式很多，比如有的在情节达到高潮时戛然而止。也有在事情的结果已经完全清楚以后，还要再拖一段以增加余味的。有在结尾时留下悬念让观众去猜测的，或留下问题不予解答，让观众自己去揣摩的；也有出乎意外，使观众感到惊讶的结尾，如《德兴坊》最后王凤珍老人的去世，美国纪录片《家族的姓氏》中最后以字幕告诉观众，一直以为自己是白人种植园主后代的麦吉·奥斯汀，其实也有黑人的血统；也有以某种方式留下余味的，如《孙子兵法》的结尾也没有采取一般文化系列片的方法，而是用成都博物馆馆员梅锋锋的一段同期声，引出"攻心""知兵""审势""深思"八个大字后悄然结束，留下无限的余味。总之，结尾的形式是多种多样、不拘一格的。

🎞 思考与练习

1. 专题节目创作理念当中，人文意识的内涵是什么？
2. 在电视专题节目创作当中，平视眼光有哪些含义？
3. 专题节目创作当中，如何理解思辨意识和审美意识？
4. 专题片创作当中，常用的四种叙事手段是什么？
5. 专题片可以采用哪些叙事技巧？

💿 拓展训练

1. 观摩《舌尖上中国2》，并分析其中的任意一集是如何讲故事的。
2. 以小组为单位，提出一个选题，并以书面形式写出如何把内容故事化。

第三单元　电视专题节目的选题与策划

学习目标

☐ 通过教学使学生了解电视专题节目选题与策划的方法。

☐ 理解选题和策划在电视专题节目创作中的重要作用。

☐ 掌握选题原则、题材价值判断标准及策划的流程。

☐ 培养与提高学生对电视专题节目的提炼与把握能力。

　　电视专题节目在创作中碰到的第一个问题就是"拍什么"，这个"拍什么"就是电视专题节目的选题。选择好的题材是一部电视片成功的基础，很多有拍摄制作专题片经验的编导都知道一句话，"正确的选题就是成功的一半"。选题在某种程度上决定了一部专题片的价值。因此如何选择题材就成了电视专题节目创作中的首要问题。

导入案例

　　案例 1：观摩电视纪录片《龙脊》中"潘继恩淘金"挣学费的片段。

　　案例 2：《重庆晨报》2005 年 9 月 19 日报道了一篇《为供儿子上大学 父亲劳累过度中秋节猝死》(图 3-1)的新闻(节选)：

图 3-1　为供儿子上大学 父亲劳累过度中秋节猝死

儿子才上大二，为了供儿子读书，綦江石角镇白云观千秋村 47 岁的父亲谢光福每天劳作 18 小时以上。昨天凌晨零点 30 分，谢光福实在撑不住了，刚到家门口，突然昏倒在地，再也没有醒来。儿子谢中华怎么也没想到，中秋月圆夜，回家看见的是父亲冰冷的尸体。

和往常一样，那天早上 5 点多，他就起床，帮邻居到村口抬猪回家，上午 9 点左右，他又帮村民挞缤子，一直忙到下午 1 点。在邻居家吃了午饭后，继续挞缤子。晚上 8 点，回家吃晚饭，饭后他没有休息，又去打理自家的谷草，足足有 6 亩地，晚上 11 点回家。他对妻子说："我有点累，但不能不坚持，要给孩子找生活费。"说完，又出门把坡上的缤子担回家。他昏倒被送到镇中心医院瀛山门诊部时，已没了心跳，也没了呼吸。医生诊断是过劳死亡……

通过两者对比，感受视听艺术和文学艺术各自的特点。

第一课　电视专题节目的选题

通过以上两个案例，我们可以得出这样的结论：视觉艺术和文学艺术在题材选择上是有很大区别的，其中最重要的不同是：电视专题节目的选题必须是可见的，可以拍摄到的，比如一朵花、一个漂亮女孩等；而文学艺术的选题不受限制，文字既可以表现可见的事物，也可以表现不可见的、抽象的、已经过去的只存在于人们想象当中的事物。

这对我们刚刚接触影视创作的学生来说就是一个难题。因为从我们的教育和经历来说，我们更习惯于用文字来思维，我们的学习习惯就是通过文字来描述客观世界，表达内心感受，在进行纪录片选题思考的时候，有时就会不自觉地把文字思维的习惯带到纪录片中来，忽视了"可见性"这一个基本的前提。

大家在中学时代，都学过范仲淹的《岳阳楼记》。

相关链接

图 3-2　范仲淹《岳阳楼记》

岳阳楼记　范仲淹（宋）

庆历四年春，滕子京谪守巴陵郡。越明年，政通人和，百废俱兴，乃重修岳阳楼，增其旧制，刻唐贤今人诗赋于其上，属予作文以记之。

予观夫巴陵胜状，在洞庭一湖。衔远山，吞长江，浩浩汤汤，横无际涯；朝晖夕阴，气象万千；此则岳阳楼之大观也，前人之述备矣。然则北通巫峡，南极潇湘，迁客骚人，多会于此，览物之情，得无异乎？

若夫霪雨霏霏，连月不开；阴风怒号，浊浪排空；日星隐耀，山岳潜形；商旅不行，樯倾楫摧；薄暮冥冥，虎啸猿啼；登斯楼也，则有去国怀乡，忧谗畏讥，满目萧然，感极而悲者矣！

至若春和景明，波澜不惊，上下天光，一碧万顷；沙鸥翔集，锦鳞游泳，岸芷汀兰，郁郁青青。而或长烟一空，皓月千里，浮光跃金，静影沈璧，渔歌互答，此乐何极！登斯楼也，则有心旷神怡，宠辱偕忘、把酒临风，其喜洋洋者矣！

嗟夫！予尝求古仁人之心，或异二者之为，何哉？不以物喜，不以己悲，居庙堂之高，则忧其民；处江湖之远，则忧其君。是进亦忧，退亦忧；然则何时而乐耶？其必曰："先天下之忧而忧，后天下之乐而乐矣！"噫！微斯人，吾谁与归！时六年九月十五日。

我们可以用漂亮的画面展示"洞庭天下水，岳阳天下楼"的壮美景色。晴空万里，可以表现"至若春和景明，波澜不惊，上下天光，一碧万顷。"但到了需要表现提炼升华主题的时候，这种非常抽象的内容，拿什么样的画面去准确表现呢？"居庙堂之高，则忧其民，处江湖之远，则忧其君。是进亦忧，退亦忧。然则何时而乐哉？其必曰：先天下之忧而忧，后天下之乐而乐。"这是全篇的主题。而这"先天下之忧而忧，后天下之乐而乐"的主题，是总结概括了大量的生活经历和人生体验，得出的带有很强哲理性的命题。人类这种高度概括、高度抽象的能力，既涵盖了具象，又超越了具象，某种意念或命题，是具体画面很难表现的。

一、　形式的制约

(一)可见的对象

任何艺术形式在表现内容时，都会受到形式本身的制约，诗歌、绘画、音乐、舞蹈都是这样的。所以，任何一位聪明的艺术家在进行创作的时候，都会根据本门艺术的特点来选择最适合自己艺术形式表现的对象，电视专题节目也一样。因此，虽然看起来世间的万事万物都可以进入电视专题节目选题，可拍的范围很广泛，但实际上作为编导在进行创作的时候，也有一个选择最适合专题片表现对象的问题。那么，哪些对象才是最适合专题片表现的呢？

首先是可见的对象。也就是说，专题片拍摄的对象，必须具有可视性。比如要拍摄一片树叶，眼前必须要有那么一片树叶；要拍摄一片浮云，天空中必须要有那么一片浮云；要拍摄一个人物，这个人必须是生活中真实的人。也就是说被拍摄对象必须是客观存在的，是可以通过人的眼睛看见的。一个专题片的选题，先不说好坏，也不说思想意义、美学价值，首先应该是可见的，能拍得到的。如果一个选题听起来很有意思，但是很难用形象表现，那么，这个选题就不能说是一个可行的选题。

当然，说对象必须可见，并不是说抽象的、概括的、不可见的题材完全不能拍。而是说，如果要表现这类题材，前提是必须有可见的对象，比如一个人的内心情感是不可见的，但我们可以通过他的身体动作、面部表情来表现；文化是一个抽象的概念，但我们可以通过某一个具体人物或具体物件来表现。《最后的山神》的导演孙曾田在谈创作体会的时候说过，最初报选题的时候，他报的是"北方渔猎民族"，为什么要报这么大的一个选题呢？他自己说是因为当时心虚，所以画的圈就很大。这儿说的心虚，也就是编导当时心里还没有一个可拍的具体对象。如果编导到最后也没能找到孟金福这么一个具体的对象，他也就无法表现"北方渔猎民族"，也拍不出《最后的山神》这样一部优秀的纪录片。

相关链接

图 3-3　孙曾田

图 3-4　最后的山神

孙曾田和《最后的山神》

孙曾田出生于 1955 年 5 月 5 日，1983 年毕业于北京广播学院电视摄影专业，任中央电视台摄影导演至今，创作电视节目近百部（集），中国影视人类学会常务理事，中国纪录片学会理事，国际纪录片协会会员。

1993 年，他在黑龙江塔河县一个叫作十八站乡的地方，遇到了 67 岁的孟金福。孟金福是这个鄂伦春族聚居地的老猎人，也是中国境内鄂伦春族最后一个萨满。萨满是鄂伦春族人心中神与人之间沟通的使者，鄂伦春的先人信奉萨满教，自然万物都是神灵。在当时，鄂伦春人已大都定居在定居点的村子里，包括孟金福的母亲和儿子。只有孟金福和他的夫人丁桂琴坚持上山去定居。这自然成了孙曾田最后的拍摄对象之一。

孙曾田在那里前后待了半年，他的摄影机跟着孟金福进山狩猎，看他祈祷，跟着他去狩猎，制作白桦船，与孟金福之间建立了深厚的感情。他用镜头记录了一切，镜头中那个固执、安静而又落寞的老人，如同一个挥之不去的背影，深深地被观众记住。

也许孙曾田也没想到，他制作的纪录片《最后的山神》，在之后的日子里给孙曾田带来了很多荣誉，很多人见到如今中央电视台导演孙曾田的时候，还是必定要提起十多年前的这部纪录片《最后的山神》。

作品获奖情况：1992年获广电部专题片二等奖；1993年获亚洲太平洋地区广播联盟（ABU）大奖，为中央电视台第一个国际奖项；1995年获第九届"帕尔努"影视人类学电影节特别纪录片奖；1996年获中国纪录片学术三等奖；1997年获十一届"帕尔努"传记片电影节评委会奖；1998年参展意大利"波波利影视节"；1998年获德国柏林人类学电影节评委会奖；1998年获第七届上海国际电视节评委会特别奖；1998年获国际纪录片协会"劳伦斯"提名奖；1998年获中国纪录片学会长片一等奖；1998年参展（芬兰）北欧人类学电影节，德国哥廷根电影节，法国人类学电影节；2001年获第34届美国国际影视界"荧屏奖"二等奖。

（二）正在进行的事情

对于专题片来说，最能体现形式特点和纪录魅力的题材，是那些正在发生的事情，比如正在进行的搜捕、艺术作品的创作过程、一段正在延续的生活，等等。相反，几十年前一对恋人感人的爱情故事，一位已经去世的传奇人物等，这些对于文学创作来说可能是很好的选题，但对专题片来说却不是好选题，因为摄像机无法记录那些曾经发生在几十年以前的事。

专题片最有价值的是记录被拍摄对象面对摄像机那一瞬间的真实状态，最擅长的是在镜头前表现事件的发展过程。比如大街上发生了一起交通事故，等文字记者和摄像师赶到现场时，受伤者已经被送到医院，肇事者也被带到警局。要报道这件事，对于文字记者来说毫无困难，他只需要了解详细情况，然后用文字把事故的经过"再现"出来。但对于摄像师来说，要用画面"再现"故事经过就很难了，要想"再现"那就意味着要让这场事故再发生一遍。要想用画面再现这场事故，只有一个前提，那就是当事故发生时，摄像师恰好就在现场！而且反应迅速，马上就用摄像机摄下了这场事故。事件的发生发展和摄像机镜头对事件的记录在时间上应该是同步的。这种同步性，是在专题片选题上的一个基本要求。作为电视专题节目的编导，应该对这点非常敏感，如果事件正在发生，对于编导和摄像师来说，当务之急不是了解背景，不是进行研究，而是立刻扛起摄像机赶到现场，用摄像机把正在发生的一切全部拍摄下来。

电视专题节目的编导一定要有意识培养自己的可视性思维。在实际工作时，每当听到想到某个事实，要立即考虑到它的视觉表现形式，是否可以拍摄，或者寻找相关的影像资料、文字资料、实物资料，或者通过采访相关人士，或者运用"画面加解说"的手法等。见如下示意：

事实：（1）可以实拍不能拍摄；（2）有资料（影像、文字、实物）无资料；（3）可以采访无法采访；（4）画面加解说。

温馨提示

在专题片选题时，首先应该选择那些正在进行中的对象。当然，并不是说非进行时的事物不能作为专题片的题材，事实上，在专题片中有很多是历史题材，如表现历史事件或历史人物的文献片。由于无法记录当时的情景，这种情况下，编导只能借助解说词、采访当事人、拍摄物件，甚至用"扮演"的办法来重现当时的情景。

二、 电视专题节目的选题原则

对于从事专题片创作的人来说，最重要的是要能够从大量素材中筛选出适合电视专题节目的题材，我们大致可以通过以下几个选题原则来判断：

(一)思想性原则

思想性原则是政论片类别的电视专题节目首要也是最重要的选题原则。和电视纪录片相比，电视专题节目在反映客观事实时，具有较强的主体意识的渗透，可以直接或间接表达创作者对所反映客观事物的主张，所以选题的思想性是成就其节目品质和影响力的关键，这也是所有电视专题节目选题最重要、最基本的原则。

"政论片"一向以其思辨性和思想性为观众所关注。在思想上紧扣时代脉搏的政论片往往能起到舆论导向作用，甚至直接影响国家的发展方向和人民的社会生活。这种片从最初的构思到最后的完成，解说自始至终起着主导作用。画面一般依照解说提供的线索去收集需要的影像资料，并根据解说的结构布局去编排画面。这类专题片的解说词相对独立，自成表述系统，同一般的政论文章差别不大，如《让历史告诉未来》《广东行》《大国崛起》《复兴之路》等。

相关链接

图 3-5 《复兴之路》

中文名称：复兴之路

别名：《大国崛起》姊妹篇

资源类型：RMVB

版本：〔全 6 集〕

发行时间：2007年

电视台：CCTV1

地区：大陆

语言：普通话

简介：《复兴之路》围绕千年剧变、峥嵘岁月、中国新生、伟大转折、世纪跨越、继往开来六大主题线索，全景式追溯了中华民族160多年来的强国之梦和不懈探索的伟大历程。全片以翔实的史料、恢宏的结构篇章、深沉的叙述语言，辅以弥足珍贵的历史图片，为世人展示了全球视野下中国发展道路之抉择、民族复兴之画卷。

全片述事宏大，解读深刻，凸显了历史发展主体脉络，电视片原创精彩内容及画面与图书内容合为一体，给人以启迪，引人以思索，发人以共鸣。这是一套中华民族伟大复兴的交响史诗，一套浓缩民族复兴历程的震撼影视作品，一套极具深厚历史底蕴和史料价值的精粹集成，更是一套思想性、历史性、可读性俱佳的可收藏的影视精品。

【类　　型】：科教/历史/纪录

【集　　数】：6

1. 在历史背景下，对国家和人民的命运起着至关重要的作用或影响力巨大的重大事件、重要人物等。

这种题材一般选自国家重大事件和重要人物的纪念日或重大社会新闻焦点事件和焦点人物，看中的是其在社会进程中的巨大作用和影响，以及对当今社会的思想贡献性，需要人们重新审视或追忆，满足信息的再需求和精神情感上进一步的升华。如《毛泽东》《邓小平》《世纪行过——张学良》《解放》《血与火的记忆》等都属于此类题材。

2. 在当代背景下，对国家健康发展和中华民族全面振兴有所贡献的社会课题、国家政策解读、总结国家阶段性发展成就等。

这种题材具有强烈的政策和学术特点，一般来源于国家出台的重大思想、方针、政策、标志性政治事件或国家发展进程出现的一些问题剖析深刻、见解独到的观点。这类专题片思想性强，有理有据，观点鲜明但不生硬、耐人寻味。如《广东行》《走出疆界的城市》等属于此类题材。

3. 在现实生活中，代表着先进思想、先进文化和先进生产力的真人、真事。

这种题材时代感强，社会关注度高，对现实生活具有指导作用和示范意义，代表着社会发展的方向。这类专题片大多是采用纪实语言挖掘主题的内涵，通过真实感人的细节展现人性的魅力，表达对人性的高度尊重，并以鲜活的电视声画语言实现与观众的情感交流，从而达到传播目的。如《1996年秋天的故事》《敢问苍穹》等。

(二)现实性原则

关注社会现实、关注民生、关注生活已成为专题片创作的热点，是近年来专题片创作在题材选择上的显著特征。现实性成为电视专题节目选择的一大共性原则。

1. 社会现实中重大新闻事件引发的一系列社会热点问题，群众关注度高，影响面大、时效性强的题材，如《钟南山：直面"非典"》《非凡抗击》等。

2. 社会现实中一段时期内群众关心、关注甚至忧虑的社会焦点问题，如《党员领导干部的楷模——牛玉儒》《中国反腐败实录》《中国禁毒纪实》《为了明天》《话说农民负担》等。

3. 社会现实中感人至深、内涵深远、有时代气息、人文思想和现实意义的人或事。这类题材在现实生活中最为丰富，而且永远不枯竭，关键是要有一双发现的眼睛，要有独到的选择和挖掘，如《幼儿园》《侯家家事》《维吾尔乡村有所汉语小学》等。

(三)真实性原则

电视专题节目是非虚构语言类节目，真实性是其创作根本，更是纪实性电视专题节目的生命。这里讲到的真实要分别从以下三点来理解：

1. 人物真实

电视专题节目所表现的人物绝不允许虚构，也不能张冠李戴。对于表现人物的言行也要严格遵循真实性选材原则，不能编造，不能夸大，要杜绝摆拍。尤其是以人物为表现主题的人物专题片，只有取材真实，人物塑造起来才可信，才能引起观众的共鸣，如《"百姓书记"梁雨润》《热血铸警魂——人民的好警察赵新民》等。

2. 事实真实

电视专题节目所表现的事实必须是真实的。以事实说话，真实再现某一事件的过程是电视专题节目的魅力所在，如《紧急营救——生死十小时》《新闻调查——双城的创伤》《生活空间——姐姐》等。

3. 史料真实

电视专题节目要求所使用的历史资料必须是真实的，不可虚构或伪造。电视专题节目经常会遇到对过去时的展现，对过去时的展现方式主要是由在世的当事人对过去的人或事的回忆和追溯，或对事件的见证人、研究人员进行采访，加之相应的图文资料。

(四)价值性原则

价值性是电视专题节目选题时必须要考虑的原则，更是以科技、文化、历史内容为主的专题片选题的首要原则。

1. 知识价值

观众调查的结果表明，增长知识是许多观众看电视的主要目的之一。电视专题节目的知识性包括很多方面，历史、文化、专门知识等，在介绍自然物的时候把有关的背景知识也介绍出来，无疑会增加观众对片子的兴趣。山水风光、名胜古迹的介绍不能只局限在自然物的介绍上，要尽量赋予它一定的思想内涵，这样才能让作品有深度。如《话说运河》(图3-6)在介绍古运河的时候，把视角也对准了在运河两岸生活的人们和古运河今天的现状，还大胆地提出了污染、断流等一系列需要解决的问题。对于这样一个古老内容的题材，不只是抒发情感，而且关注它的今天和未来，是有一定思想深度的作品。经过总结我们发现，有为专门普及某一领域的知识而做的专题片，但更多的是通过专题片主题内容表现而产生的相关信息给观众带来了丰富的知识，如《话说长江》《追录济南老字号》《奥运追梦人——何振梁》等就是此类专题片。

图 3-6　话说长江

2. 史料价值

对于大型电视专题节目而言，史料价值是最基本的价值。我们看到不论是以历史人物为题材，还是以历史事件、人文地理的变迁等为材料，在电视手段结构成片的过程中，对历史史实的选择和挖掘不仅让历史的真相再现，而且还会有新的整理和发现，对史料有新的诠释和贡献，如《邓小平》《中华文物备忘录》《共和国外交风云》《故宫》(图 3-7)等。

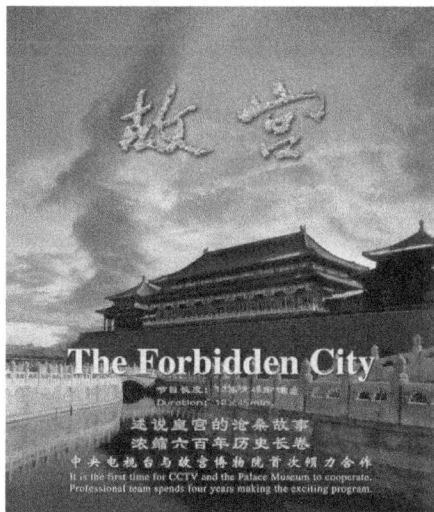

图 3-7　故宫

3. 科学价值

对于探索发现类的电视专题节目，选题的科学价值是衡量选题分量和影响的标准，如《科学世界》《走近科学》《发现之旅》等。

(五)市场性原则

无论是操作重大选题的大型系列专题片，还是采制专题栏目里的常规专题片，制作人和编导在选材时，应该有成本意识、推广意识和市场意识。

面对一个选题，编导先要有成本意识，要用市场性原则来衡量和判断这个题材的可行性，对选题所需要的人员、设备和资金有个基本预算，通过尽可能合理的资源配置优化组合，用尽可能低的成本获得最大的社会效益和经济回报。另外也要对这个题材专题片的宣传和推广有所策划，重视节目的卖点与资本回报方式，为提高节目收视率做一些有针对性的工作。在前期还应该考虑专题片的市场运作问题，能否进入国内甚至国际影像发行市场等，争取在经济利益上有所收获。

三、 电视专题节目题材价值的判断

上述提到的选题原则为我们创作人提供了选题的思路，在遵循以上原则的基础上，究竟如何从大量可拍的线索中判断什么是好题材呢？好题材的标准又是什么呢？我们大致可以从以下几个方面来判断一个题材是否具有较高的价值。

(一)历史性

业界有一句话，叫作"今天的记录就是明天的历史"。电视专题节目就是用图像写成的历史。专题片的功能首先在纪录，因此对题材价值的判断，首先要看其记录的对象有没有历史性意义？如果有，那就是好题材。有些题材可能得不到奖，一时也不会引起轰动，但如果具有历史意义，那么从长久的意义上说，这样的题材也是好题材，应该抓住不放。那么，题材的历史性表现在哪些方面呢？

首先是对人类有历史意义的事件与人物，如获奥斯卡最佳纪录片奖的《"康—蒂基号"历险记》(图3-8)，就是记录了一次人类历史上的一次壮举。记录的是挪威的一位航海家和他的同伴，乘坐一条自制的小木筏，从南美秘鲁出发，横渡太平洋抵达波利尼西亚群岛的航行过程。虽然从摄影技术来讲，片子拍得很糟糕，完全是业余水平，但还是得到了奥斯卡评委的青睐。著名电影理论家巴赞称它是"异常美妙和动人的一部影片"(《电影是什么》第32页，中国电影出版社)。为什么这么一部拍得很不完美的纪录片会获得如此高的评价呢？就是因为它是一部真实地记录了航海奇迹的影片，为后人留下了珍贵的历史记录。其他的比如登月的瞬间、游泳横渡大洋、徒步到达南极等，这些人类历史上从未有过的行为，都是具有历史意义的。

对那些重要的，对人类历史有影响的人物的记录也是有价值的，比如著名的科学家、文学家、艺术家、政治家等。需要说明的是，历史性人物不完全意味着一定是大人物，有时候小人物也会在历史中有一席之地。如何从小人物发现历史性，这也是纪录片选题要研究的重要课题。从历史性这个角度看《生活空间》的选题，它真正的价值不在于哪个具体人物，而是因为这个栏目用形象留下了一部由当代中国普通人、小人物写成的历史。

图 3-8　"康—蒂基号"历险记

　　那些正在消失或即将消失的东西，如某种生活方式、某些事物、动物等，也对记录人类文明有着不可忽视的意义。弗拉哈迪就特别钟情于纪录那些刚刚消失的生活方式，比如在他拍《北方的纳努克》(图 3-9)时，因纽特人早已经不用鱼叉来猎海豹了，但弗拉哈迪坚持要求纳努克重新拿起鱼叉来猎海豹。这些快要消失的东西不但有着历史意义，其现实意义也同样存在。这类题材不仅满足人们观看时的好奇心理，也让我们对自己的生活方式进行思考，所以现在仍有很多创作者钟情于这类题材。

　　比较独特的人物和事件，如独特的人生经历、不寻常的事件、独特的文化形态等，也有一定的历史价值。因为这类对象比较"奇"，比一般题材容易抓住观众，也使编导能比较容易地抓住要点。如一个奥地利的姑娘，为了追求爱情，嫁给了一个中国人，随她的丈夫来到中国，在中国生活了 60 多年，最后定居在浙江的农村。这种人生选择和生活经历，对于在中国的外国人来说也是非常独特的。

　　从历史性说，越有历史意义的题材，其记录价值就越大，也就越是好题材。

图 3-9　北方的纳努克

(二)普遍性

　　一部纪录片的选题是否有价值,另一个重要的衡量指标就是这个题材是否有普遍性。一般来说可以从时间和空间两方面来判断某个题材是否有普遍性。从空间的角度看,范围越大越有普遍性。如环境污染问题,是一个全球性的问题,因此这个问题就成为世界各国纪录片的拍摄内容。从时间角度看,时间越长越有普遍性。比如市场上大量假冒伪劣产品,究竟是哪里生产的、怎么生产、如何进入流通渠道的,为何这些问题久久不能杜绝?这些问题拖得越久就越有普遍性,因为这里面蕴藏着许多人们关心的,也是想迫切了解的东西。

　　从纪录片的内容上来说,普遍性大致体现在三个方面:

　　首先体现在与我们生存有关的各种问题上。其一是生态环境。人类不可能单独生活在地球上,其他物种的生存状况、土壤、河流、大气环境都和我们人类的生存有着密切的关系。其二表现在我们面临的各种社会问题上。如土地和人口、吸毒与贩毒、青少年犯罪等。如果一部纪录片能反映这样的问题,也会受到人们的关注,如《中华之剑》。当然社会问题是受地域、国度、文化背景、社会制度的影响,每个国家和地区都会面临不同的社会问题,如美国的种族问题、中国的土地和农民的问题、教育和失学儿童的问题等。但是现在的趋势是，随着地球村的日渐形成，人类面临的共同问题越来越多，表现这些问题的纪录片也就越加具有普遍意义。

普遍性还体现在我们所持有的观念上。凡是能用新的材料证明或者推翻社会认可的观念，就是有价值的。在纪录片中，大量的例证表现在用新的材料证明既定的观念。如《沙与海》（图3-10）之所以能获奖，是因为国际评委认为这部纯粹是中国内容的片子反映了那些人类共同的观念。但是，纪录片史上更有意义的，也更重要的是推翻或改变某种既定的、被人们普遍认可，但却不正确的看法。比如在弗拉哈迪时代，许多人都认为因纽特人是落后的、堕落的，而《北方的纳努克》则表现了因纽特人的勇敢、勤劳和对人和自然的热爱，改变了人们对他们的看法。苏联导演罗姆在《普通法西斯》中则告诉观众，法西斯主义并不仅仅是希特勒一个人造成的，法西斯主义存在于许多普通德国人的意识中，正是他们对法西斯主义的赞赏、纵容，才最终造成了法西斯对德国的统治。

图3-10　沙与海

最后普遍性还体现在人们对这个世界的认识和了解方面，也就是这个题材能不能告诉一些我们有兴趣知道但不了解的东西，能不能有助于我们认识自己不了解的世界。凡是能帮我们拓展视野、增长见识的题材，观众都会感兴趣。在纪录片中，像自然风光、生活方式、动物生活、科技新事物等，都是有意思的题材。如动物题材，无论哪一个国家的观众，对动物生活的奥秘都有很大的兴趣，所以动物生活的纪录片是国外纪录片的拍摄重点题材之一。

在这类知识性题材中，信息量是判断题材价值的主要尺度，信息量越大，题材的价值就越大。

（三）可看性

除了历史性和普遍性以外，专题片的题材选择上还要注意所选题材是否有一定的可看性。当今这个时代，观众和电视的关系是选择性观看的关系。遥控器就在观众的手中，看到没有意思的节目,观众可以转换频道甚至关机。所以我们在选题的时候必须强调可看性。可看性一般体现在内容有新鲜感、人物有个性、事件本身有情节以及题材比较有人情味几个方面。

内容要有新鲜感。观众永远都是喜新厌旧的,永远希望看到从未见过的内容。从内容上来说,没有拍过的内容越多,新鲜感就越强,重复的次数越多,新鲜感就越弱。一般来说偏僻的地区、少数民族的题材往往具有较多的新鲜感,但并不意味着日常生活、普通环境就没有新鲜感。《生活空间》的许多内容都是我们身边的,但都会给人耳目一新的感觉。现在的问题是,随着电视的普及,新鲜的东西越来越少了,很多内容被拍了又拍。在这种情况下,更需要创作者花大力气去寻找新鲜的内容,找到新的表现角度。

人物要有个性。如果被拍摄对象是人物,那么有个性的人物会比较吸引观众,如《龙脊》里选择潘能高就是因为这个孩子比较有个性。

要有情节或情节发生的可能性。从可看性的角度考虑,被拍摄者最好有一定的情节,但这个情节必须是真实的,而不是编导虚构出来的。这就给纪录片的选题带来一个难题:一方面,纪录片的拍摄需要情节,但另一方面,这种情节又不能虚构或人为地安排出来。所以,在选题的时候,应该选择本身包含有情节或情节可能性的事件。也就是说,被拍摄对象在拍摄过程中会出现变化,会发生某种事情,甚至出现戏剧性的变化,一旦在拍摄中发生了事先意想不到的事情或意外的情节,一般来说,只要拍摄的不是太差,就会是一个不错的作品。那么怎么才能知道有没有故事或者什么事情即将发生呢?对于编导来说,这就是最大的难题。事实上没有人会确切知道,即使是纪录片大师也一样。但是有时候不能确切知道会发生什么事,并不等于不能对事情的发展做出猜测。许多时候有经验的纪录片的拍摄者是可以根据某些前提对事情的发展或走向做出一些预测的。如从人物关系上推测,《台湾同胞回青岛探亲》这个片子中,两个被摄对象是 40 年没有回大陆的台湾老兵。这次回来,他们一个是来探望自己的父亲,一个是来探望自己的母亲。可以想见,这当中应该是有点戏的。比如一定的年龄段,美国纪录片《我们这样的女孩》选了四个女孩一生中变化最明显的时期来记录,这样,在拍摄过程中发生情节变化的可能性就大大高于其他时期。但对于大多数对象来说,纪录片一开始记录的时候并没有什么戏剧性,因为生活本身常常是朴实平淡的,所以有时候确实要靠运气。《德兴坊》中王凤珍老人的死,完全是出乎编导的意外。

人情味是指内容本身含有比较丰富的人性因素,或者能突出表现人性和人与人之间关系的题材。一件本来很普通、很常见的事,由于能表现浓浓的人情味,会变得有价值起来。当代社会,人们越来越关心人本身,如表现父子情的《妈妈不在的冬天》《谢晋和他的儿子》;表现母子情的《母亲》《母亲,别无选择》等,都有很浓的人情味。这些片子表现了当代中国普通老百姓中人与人之间的那种美好的情感,让观众非常感动。所谓的人情味就是要在拍摄事件时突出人,因为相对于事件来说,人才是主要表现的内容,而对于拍摄者来说,则要在拍摄他行为时强调内心的情感。

（四）人文性

题材的人文性是指题材的性质应该蕴含人类普遍的生存价值和道德意义，应该引起人类普遍的情感体验和审美感受。电视专题节目以人为核心，那么它的题材一定要有人文性。要弘扬真善美，批判假恶丑，而且更多的是弘扬。生活中有很多美好的东西，比如友情、爱情、亲情，都可以成为你的题材，而且这些都是人类永恒的主题，到什么时候都不会改变。曾经有一段时间曝光类的节目很受欢迎，但是说实话我很不喜欢那样的节目，为什么？如果在我们的节目中一直充斥这样的负面报道的话，会让人们对这个社会失去信心，会觉得对什么都不相信了，这不是媒体应该传达给观众的东西。

如何体现呢？一个是关注普通人。20世纪80年代之前，我们的镜头关注的是"高大全"式的模范、领袖。从1993年《生活空间》开始，"视点下移"，开始关注普通人，拍一些有传播价值的普通人，弘扬真善美。即使是关注名人，也要把他当作人来拍，而不是神。

另外一个是关注边缘题材。边缘题材是指远离都市、远离文明地区的一些人和那些虽然生活在都市中，但生活状态游离在主流生活状态之外的人（如捡破烂的、流浪汉）的生活方式。如电影学院的一个毕业生杜海滨拍的《铁路沿线》，选择记录的就是铁路沿线上的一群小流浪汉。其中有一个镜头特别让人感动，冬天的夜晚，他们几个人为了取暖，点起了篝火，而这个时候正好一列客车经过，每个人的视线都随着火车走的方向望过去，其实这些人都期待着回家，但有些是不知道自己的家在哪，有一些没有脸面再回去了。我们可以从这一个镜头解读出一个道理：虽然车厢内外只是很短的距离，但是却隔开了两个截然不同的世界。包括《阴阳》（《风水先生》）、《神鹿啊，我们的神鹿》这些片子后来都获了大奖。

概括地说，历史性、普遍性、可看性和人文性是我们判断电视专题节目选题价值的基本要求。

第二课　电视专题节目的策划

我国电视专题节目具有很浓厚的时代烙印。时代不同，电视专题节目的风格和内容也不一样。当代电视专题节目更倾向于使用新鲜、生动、活泼的形式给人以耳目一新的感觉。为了更好的"可视性""节奏性""故事性"，就需要对电视专题节目进行策划和包装。从一定意义上来说，电视专题节目的策划历程和它的发展历程基本保持同步。

一、电视专题节目的策划历程

传统的电视专题节目往往是主题先行，以思辨性构思，以"画面＋解说"的方式，对一个主题进行展现，其中解说的内容是主题，台本的文字思维是整个节目构成的基础。这种电视专题节目在20世纪80年代极为盛行，被称为"文学电视"或"作家电视"。《话说长江》《让历史告诉未来》《迎接挑战》《运河人》等就是此类专题片的代表作品。

20 世纪 90 年代中期，中国电视界掀起纪实风潮，电视专题节目也受到影响。在代表作品《望长城》之后，在记录故事、抓取实例过程中随机结构节目，以开放式思维拍摄预定主题的制作方式成为主流。

策划是媒体发展到一定阶段的必然产物，是媒体竞争的重要手段。今天，"策划"已完全取代"撰稿"，成为电视专题节目制作中一个不可缺少的重要环节，对节目进行高屋建瓴、准确到位的"策划"成为保障节目品质的关键。

二、 电视专题节目的策划程序

（一）选题背景调查

背景调查是对选题进行全面的调查和了解，需要收集大量相关信息的资料，必要时要做一些科学性调查，对其思想深度、表达方式、投入成本和回报以及传播效果有一个心理预期。

选题背景调查是成功策划必做的功课，对选题背景资料掌握的程度直接关系到下一步策划的视野和水平。

最近几年来，中国的纪录片发展非常迅速，特别是 20 世纪 90 年代以来，有不少纪录片还在国际上得了级别较高的奖项。从得奖和较好的纪录片来看，关注的内容多是当代普通中国人的生活状况、生存方式，远离都市的、在传统和现代之间的边缘人的生活记录，对人与自然关系和人类生存环境的记录和思考这三个方面。为什么集中在这几个方面？下面我们就来分析一下。

1. 普通人的意义

选题的背后，是观念，是一个时代、一个民族价值和观念的变化。普通人题材的纪录片得奖的原因，从深层分析，是世界性文化思潮在纪录片领域里表现。20 世纪是一个普通人的世纪，人的生存状态、特别是普通人的生存状态引起了哲学家、历史学家、艺术家的普遍关注。大量而又深入地以普通人作为历史研究的对象和文学创作的素材是 20 世纪以前很少有的。这种思潮必然会反映到纪录片创作中来。

普通人是一个国家最基层、最根本的成分，普通人的状态是一个国家老百姓的基本生存状态，他们往往能更真实、更深刻地表现一个民族、一种文化的本质。比如《沙与海》可以看出当代中国改革开放的深入和城市化的必然性，连沙漠、海岛的青年都看到了改革带来的新变化，连他们都向往城市的生活，更不用说其他地方了。英国 BBC 专家来中央台讲课的时候就指出，"最有影响的电视纪录片，就是反映普通人经历的片子"。"因为社会地位越高的人，他的谈话就越失去普遍意义，故事也就变得没有意义了"。因此，对于纪录片来说，重要人物的题材不一定就是重要题材，这和新闻报道不一样，新闻报道可能更多关注的是政要和名人，而纪录片则更关注普通人。

当然，关注普通人不是说没有选择。一个很重要的着眼点就是普通人身上要反映出人类的精神价值。比如生存的勇气，像在冰天雪地和海豹搏斗，在荒无人烟的沙漠中居住，都需要一种生存的勇气，哪怕他们是很普通的人，但他们代表的却是一种非常伟大的人类精神。只要体现了这种精神，就是有意义的。此外，如对人类理想的追求、正义的行为，在某个岗位上默默奉献，都体现了某种人类的精神价值，这些都是表现普通人工作和生活的意义所在。

2. 边缘价值

所谓边缘价值指的是远离都市，甚至远离现代文明的地区，那里的人和他们的生活方式。从内容上说，这属于人类学纪录片的范畴。从弗拉哈迪开始，在纪录片中就不断有经典性的作品问世，如让·鲁什的片子、日本 NHK 的片子，都是以关注边缘地区、少数民族和相对落后的生活方式为主要内容的。

在 20 世纪初就有很多西方的有识之士发现，工业文明在给人类带来方便、快捷的高效率生产的同时，也带来了污染、贫穷和内心的孤独。这就引起了一些人对工业文明进步作用的怀疑。他们要到其他文明形态中去找答案，于是就把目光投到了一些未达到工业文明或者远离工业文明、非城市的地区。

拍摄边缘题材的意义绝不是猎奇，当然应该承认观众肯定会有一种观赏需求，少数民族特有的生活方式和风俗，对其他民族来说有一种新鲜感，从画面上说，比较容易拍出色彩。但是，单纯的猎奇不会带来更多的东西。有些编导可能会有这样的误解，认为只要是记录相对落后地区的题材，就能在国际上获奖。事实上，我国有 56 个少数民族，也可以说这些民族都被拍成过纪录片，但是这些片子并没有全部获奖。由此可见，在边缘题材上单纯宣传和猎奇都是不可取的。我们可以看一下评委对获得"亚广联"大奖的《沙与海》和《最后的山神》的评价，就可以知道他们是从什么角度来看待这两部片子的价值的。《沙与海》"出色地反映了人类的特性以及全人类基本相似的概念"，"有助于本国的发展"。《最后的山神》："自始至终形象地表现了一个游猎民族的内心世界。这个民族传统的生活方式伴随着一代一代的更迭而改变着，本节目选取了这个常见的主题描绘了新的生活。"这说明边缘题材要表现人类的共性，要探讨全人类共同关心的问题，如传统生活方式在现代社会中如何保存、人与自然的和谐关系等，这才会有较高的思想价值。

3. 社会问题和人的生存

对于各个国家和民族所面临的当前社会问题的表现和思考也是纪录片的一个重要传统。如早期的《住房问题》《无粮的土地》《河》等，都反映了当时那个国家所面临的社会问题。

社会问题之所以成为重要的内容，首先是观众的原因。因为纪录片首先是给当代观众看的，其次才是给后人当历史看的；首先是面对本国观众，其次才是作为文化交流给其他国家的观众看的。所以，纪录片制作者必须关心当代的问题、本国的问题。其次是传播媒介的原因。电视现在已经成为人类传播各种信息和进行灵魂对话的主要手段，20世纪以前，文字可以用来记录事物、表达思想，而现在，这个任务就交给电视图像了。纪录片正在成为人类自我观照的镜子。

(二)目标观众定位

目标观众定位是确定节目的受众指向,节目做给谁看,明确这一点对于整个节目的功能指向具有重要意义。"节目的受众不同,收视习惯、思想审美、关心话题、接受能力必然不同,策划案中由此确定的节目内容、传播方式、编排节奏、甚至播出时间、节目包装等都截然不同。"

(三)主题定位

主题定位是确定节目的主题内容,也是策划的指导思想。只有主题定位准确,才能保证策划的顺利进行,因为后面所有的策划工作都要围绕着这个主题来进行。节目的宗旨是什么,节目要表达一个什么主题,要告诉观众什么,创作者必须要有清晰的认识,以保证策划有一个明确的思路。

(四)样式和风格

样式和风格定位是确定节目的表达方式,是策划的艺术创新部分,要求策划人在遵循电视艺术规律的基础上集思广益、大胆创新,寻找到最能烘托主题的表现方式,彰显节目个性,打造精品节目。

(五)宣传推广与定位

电视专题节目既是精神产品,也是文化产品,具有社会效益和经济效益的双重属性。为了实现其双重属性的最大化,争取高收视率、高回报,要针对节目的商业卖点进行宣传创意。同时要避免急功近利,要在保证社会效益的前提下进行经济效益的操作,要有长远考虑,要与节目的品质相匹配。

(六)调配人员设备

这是策划对节目执行力的保证,如果没有好的执行,再好的策划也是纸上谈兵。电视节目生产是一个复杂多变的、多工序合作的、高技术含量的艺术创作,是一个团队合作项目,所以策划一定要考虑到所能调配的人员素质、技术力量等能否保证策划案得到有力的执行,从而达到预期目的。

(七)拟订拍摄方案

在节目有了明确的策划思想之后,要进行有的放矢的不带机采访,也就是通常所说的踩点,为策划提供真实的素材和资料,以确定节目拍摄的真实主体和切入角度,确定节目的表现层次和结构,塑造节目的个性,量化节目的人员、设备和资金投入,拟定给编导明确指向的拍摄大纲。

(八)制订工作计划

每一个节目都有自己的生产周期，策划要为节目组制订一个保证品质和效率的工作计划，以便策划对节目操作进程的监督和跟进。

工作计划要现实详细、分工到位，包括拍摄进度要求、素材审定、申请节目播出时间及多媒体合作宣传预热、制作节目宣传片、片头等视觉设计工作。

(九)拟订剪辑方案

在拍摄工作完成之后，要根据真实的素材策划剪辑方案，尤其是系列片，要有风格统一的结构剪辑样式。要选择一种最佳的表现方式对素材进行加工处理，以"客观的角度用内在的逻辑思维力量给人以从视觉到心理的冲击，使隐含的观点、态度的论证更具有可看性和说服力"。

(十)反馈调查

反馈调查是在节目完成播出后对策划目标进行调查和总结，为的是检验策划方案的准确性和科学性，为下一次提高策划水平提供经验和借鉴。现在最为普遍的反馈调查是收视率调查，若有条件还应该对目标观众进行有针对性的调查，把握节目的收视特点和规律。

三、 电视专题节目策划的关键点

(一)占领高度

无论题材大小，策划关键之一是能否挖掘出有时代意义的思想和人性的光辉，关键之二是要找到与主题表达最契合的表达方式，内容和形式的完美结合是创作精品佳作的必备条件。

要想在同一类题材里突现个性，就必须在思想内容上和电视语言的掌握上占领高度，在题材的知识储备上占领高度，并对业内创作情况了如指掌，这才能保证策划的高起点。如《钟南山：直面"非典"》。

(二)选择角度

所谓角度，是指策划者站在什么位置，选择什么方向去观察和反映社会生活。同一个主题有着多种不同的创作角度，有了明确的节目主题定位和风格定位，那么以什么样的角度去挖掘主题、展现主题，是策划的难点也是关键点。

对一个思想内涵深刻的主题，以什么为平台叙述，怎么说才能让观众想看并且能看下去，很大程度上取决于这个角度。

(三)最佳切入

要找到最佳切入点，需要大量的案头工作和前期采访，只有对主题有了深刻的理解，对主题背景有了宏观把握，对表现主题有了细致入微了解，才可能找到这个点的最佳设计，以便由点及面，展开篇幅，进入到片中的叙述系统。如《1996·秋天的故事》。

(四)把握细节

细节是表现人物、时间、社会环节和自然景物的最小单位，典型的细节能以少胜多，以小见大，起到画龙点睛的作用，从而给观众留下深刻的印象。

成功的策划要给细节提供契机和空间，要让编导在采访中把握住细节，尤其是关键性的细节。如《半个世纪的爱》《望长城》。

(五)视觉创新

视觉艺术、画面思维是电视专题节目创作者应有的基本思维方式。

在策划节目的主题定位和风格定位的同时，不要忽略了视觉定位，即节目的艺术性和观赏性，任何视觉传播都必须以接受者的注意力为前提，视觉创新会提升节目的艺术品位，让节目看起来更新颖、更精致、更好看。

四、 电视专题节目的选题策划渠道

选题的孕育、产生经过是多种多样的：有主观想出来的、有采访发现的、有领导布置的，这些都是生活的昭示和社会的需要。选题的产生又与媒体性质、作者身份有关。题材的取向集中地表现了媒体的性质和传播宗旨。

要发现好的电视专题节目选题，除了编导个人的悟性以外，建立一个稳固而且庞大的信息源也是很重要的。因为光靠编导个人毕竟是有局限的。从国内现有的情况来看，选题一般有这样几种渠道：

(一)来自上级的布置

对于电视台来说，每年都会下达一定数量和内容的专题片制作指标，甚至会指定一些选题，如《几代女人一个梦》就是中国少年儿童基金会要求中央电视台的"女性·社会"栏目报道的，由全国妇联发起、少儿基金会实施的"春蕾计划"（帮助边远少数民族女童重返校园的计划）。而且各级电视台每年都要拍一些汇报片，来汇报本地一年来的建设成就，这是由当地政府部门下达的，是电视台必须完成的任务。

主渠道的计划选题多半内容重大、政治性强，自然是反映官方观点（或媒体观点），强调社会效益。一般的印象是，命题比自选题目文章难做，但也不乏优秀作品，有很多有影响的纪录片就是根据上级的要求和委托制作的，如《话说长江》《话说运河》《大京九》《龙脊》等。

（二）来自其他媒介

专题片选题另一个很大的来源是来自其他媒介，如报纸、杂志、广播、书籍和电视台的同行。比如报纸上的社会新闻版上就常常有可供专题片拍摄的线索。在实际的制作中，很多电视专题节目都是把那些已经在其他媒介上报道过的题材加以包装，以新的视角和传播手段来进行传播。

这样的话，题材的新鲜感已经消失，那么是什么值得再拍成专题片来传播呢？从其他媒介来的选题重要的不是重复原来的事，而是有新的事情在发生，这新的事情又是原来事件的一个合理或者不合理的延续，那么这就是一个极好的选题和拍摄机会。如解放军救人，被救者寻找到恩人，从一般情况来看这并不是新鲜的消息，但是这个找人的过程中又发生了更感人的故事。那位军人的女儿生病了，需要钱治病，为了给女儿治病这位军人准备卖肾来救女儿。当那些被救的人知道后一定要出钱帮自己的恩人治病，这件事又被农民家乡的政府知道了，说英雄能救我们的人民，我们也能救英雄的女儿，主动邀请他们住进县里最好的医院，承担所有的费用。这个故事就有足够的容量被拍摄成片。

（三）来自生活中的发现和感触

一个真正的创作者不可能没有自己发现的题材，实践中我们也发现那些比较好的专题片题材往往都是编导自己在生活中发现的。

发现常常是非常偶然的。《远在北京的家》（图 3-11）最初的冲动来源于陈晓卿在火车上的一次遭遇，他遇到了几位到外面闯世界的安徽小保姆，在一起聊的时候他深深地为这些女孩子和命运抗争的精神感动了，就想把她们的经历拍下来。

图 3-11　远在北京的家

(四)来自观众

中国电视体制的另外一个特点就是老百姓和电视的关系。他们对电视台有一种特别的信任,特别愿意把自己的心愿告诉电视台,也特别愿意向电视台提供拍摄线索。上海电视台的纪录片《毛毛告状》(图 3-12)的线索就来自于观众。这位热心观众告诉编导,有一个外地来的打工妹来上海找孩子的爸爸,情况很糟糕,于是他们就赶到了这个打工妹所住的宾馆,经过一个月的跟踪拍摄,终于创作出了一部优秀的片子。

图 3-12 毛毛告状

(五)来自共同策划

《生活空间》之所以有许多好的选题,是因为在编导的背后有一个有力的信息组,这个由大学生和研究生组成的信息组,每天都向编导和创作人员提供大量有用的信息。

一个题目的策划,大体是始于一人,成于集体。成于集体既在于集思广益,更在于多部门多工种的协调行动。这个集体小到几个创作骨干,大到多行业多部门乃至扩大到若干高层权威、要人。许多作品职员表中的监制、策划、顾问、出品人等头衔,都是在不同程度、不同阶段上介入此事的策划者。

五、 创作者本身对选题策划的影响

除了题材本身的因素之外,创作者也是影响选题策划的重要因素。每个编导都有自己不同的人生经历和对于生活的思考,也有自己的偏爱和擅长,有自己特别敏感的题材领域。那么，一个编导对某个题材是否有感觉、能否把握也是专题片创作的关键之一。同样的一个题材让不同的编导去拍，出来的片子可能完全不同，水平也有天壤之别，这里面除了个人水平高低之外，确实有一个题材对于编导来说合不合适的问题。从创作者的角度，一个好的选题应该符合这样两个方面：一是自己感受特别深，特别强烈地想表现的；二是被摄对象是自己特别熟悉特别了解的。因此，一个编导如果对他所拍的对象没有深切感受、没有创作的冲动，也不熟悉这个对象，即使有好题材，也不一定能拍出好的片子。

(一)选择自己感受最强烈的

感受最强烈的，也就是编导自己最被感动的或最想表现的。同样面对五光十色的生活，同样用摄像机对客观世界进行记录，为什么有的人就能拍出审美档次很高的纪录片，而有的人却很苍白呢？显然，编导在其中起着决定性的作用。专题片寻求真实，但它又不同于新闻报道。专题片是一种以真人真事取材的艺术创作。这里指的艺术创作就是创作者把自己体验过的感情传达给别人，并且用某种外在的形式表现出来。在创作过程中，创作者情感的投入是至关重要的。如《德兴坊》(图 3-13)的创作念头就来自于编导江宁自己的体验。他每天下班都要经过德兴坊，每当夕阳斜照、炊烟升起的时候，那条狭长的弄堂里好像有一种温暖、充实的诗意，他被这种感觉所感动，于是就萌发了要拍这种诗意的念头。尽管这种诗意在后来的拍摄中没有拍出来，但编导最初的感动却是触发选题的不可缺少的因素。《最后的山神》的导演孙曾田说："我是东北出生长大的，看惯了冰天雪地，茫茫草原……每当到北方，即便是荒山大漠，也能让我眼潮心跳；而南方的小桥流水，则只能欣赏而无法感动。"所以，要拍出感动人的片子，编导自己要有一定的感情体验和创作冲动，否则很难拍出充满感情的好片子。

图 3-13　德兴坊

(二)选择自己最熟悉最了解的

一个有经验的纪录片编导,不仅知道什么是好题材,而且知道什么题材对自己是最合适的,知道自己的能力和把握的范围,知道自己能拍什么并且能够拍好。《北方的纳努克》就是这样,弗拉哈迪从小就生活在加拿大北部地区,他非常熟悉和同情因纽特人,在拍纳努克之前,他还曾经多次考察了他们居住的地区,并且拍了几个小时的介绍因纽特人生活的片子。

熟悉了解拍摄对象有时是通过和他们较长时间的接触,如《龙脊》在拍摄时和小寨村的村民们朝夕相处了好几个月;有的是拍摄对象的朋友,如《望子五岁》的编导和望子的父母是朋友,对他们家非常熟悉;甚至有的就是自己的亲人,如焦波拍《俺爹俺娘》,作为儿子,没有人比焦波更了解父母。

(三)对具体表现对象精挑细选

在实际拍摄中,如果只有范围而没有具体拍摄对象的话,那么,从确定选题范围到确定具体拍摄对象,往往还要经过一个具体的挑选比较的过程。由于选题范围往往较大,比较抽象,如"北方渔猎民族""老年人""希望工程"等。对于一部纪录片来说,具体对象选择的适当与否,就成了拍摄能否成功的关键。挑选时最重要的原则是:具体对象应有足够的代表性。如《最后的山神》中的猎人孟金福。首先他是一位鄂伦春老人,他的思想、经历都有老一辈鄂伦春人的典型特征。他是猎人,在整个鄂伦春民族都已经定居的今天,他仍然从事着这个民族传统的生产方式——狩猎。他又是全族最后一位萨满,是鄂伦春人信奉的自然宗教的代表人物,代表着这个民族的传统的世界观。他和他的儿子不同,是生活方式的不同,这种不同正是传统与现代的冲突在这个家庭中的表现。这样,孙曾田就为他的选题"北方渔猎民族"找到了一位最合适的代表。这样的形象就有极大的代表意义和拍摄价值。只要具体对象选对了,有时都不用太费力,就能拍到很有意思的内容。

有时候,在一个具体的拍摄对象初步定下来之后,仍然要不断地比较,选择最为合适的拍摄对象。如《龙脊》的原定拍摄地点是一个壮族聚居区,后来改成深山中的红瑶聚居区。之所以有这样的改变,首先是那里的风景迷住了编导,瓦蓝的天空,翠绿的梯田很有几何美感地镶嵌在山脊上,村寨在白云深处忽隐忽现,一下子就吸引了他。更重要的是,他发现了潘能高,觉得和自己有某种相通之处,他从心里喜欢这个孩子,于是就把他定为片子的主要表现对象。

六、 前期的框架策划

就一般而言,编导的节目框架策划根据节目选题的性质,首先要思考以下几个问题:

(1)我的节目主题或节目要反映的中心问题是什么?我的节目是关于什么的?节目要谈什么问题?主题是什么?

如《欧洲之旅》讲的是中国国家交响乐团首次出访欧洲演出,反映的是国家的兴旺、交响乐水平的提高，让世界了解中国的交响乐。主题是展示交响乐之风采，振奋民族之精神。《皮影皮影你别走》是一部关于皮影艺术的片子。谈什么呢？它从一个皮影老艺人的视角谈了皮影的历史、现状和对今后的企盼。主题是呼唤一种声音：关注皮影艺术，救救皮影艺术。

概括性地讲，电视专题节目的创作前期最主要的工作是选题和主题的确立。主题的确定一般有两种方法：一种是"主题先行，意在笔先"，即在创作之初已有了一个大体的主题，然后根据这个主题去选材和组织片子的结构及表现的方法。这是一种以不变为基础来创作专题的思路，在现实的创作中经常会用到。另一种是在创作中不断挖掘、深化主题，有的片子到粗剪之后才最后形成。这是一个主题由虚到实不断深化的创作过程。这种创作的理念在专题片中也是经常遇到的。当然，在实际的拍摄中，运用和综合上述两种思路的创作也是有的。

（2）要思考的是我的节目的选题或主题是否新颖、与众有什么不同，与以前制作的节目相比有什么不同、有什么可取之处和可看之处。

（3）我的节目风格与形式是什么？是纪实的还是访谈的？是抒情的还是思考的？等等。这一切直接关系到拍摄过程中对摄像的要求和后期编辑。

（4）我的节目定位的主要传播对象是什么，主要是给什么人看的？给儿童、青年人还是老年人，男性还是女性。节目的收视市场在哪儿？是家庭观看还是为评奖的和交流用的。对象的不同，目的也不同，策划、编导、拍摄与编辑等的思路也会有大的区别。

（5）在实施创作的过程中，我准备运用什么样的技术手段？是带单机拍摄还是带双机拍摄；声音，是后期配音还是同期声等问题。

（6）我的节目是几个人的摄制组？2、3、4、5、6还是更多？是否需要灯光和录音？

（7）为我的节目创作拍摄制作时间表。

总结性的讲，创作电视专题节目的大体过程是：在确定选题基础上，编导在大脑中分析、整理，逐渐酝酿片子的主题、形成形象，思考结构和表现的手法，进入策划拍摄方案和实施创作。一旦发现新问题，纠正原创作的失误（主题表层不明，内容失真，思想错误，结构混乱），主要的失误是：①偏离主题，表现在主题不正确或不明确；②偏离生活真实，表现在采访的材料不典型或虚夸；③偏离艺术法则，表现在结构不当、思路不清或缺乏完整性；④表现手法失当，改变和调整构思，完成作品。这些只是立意和如何表现节目构思的一般思路，然而，在现实的生活中，最后确立表现主题既可以是事先确立的主题，也可以是在拍摄中通过分析与理性的认识，在拍摄中自然显露而形成的主题，这些都需要我们编导去认识和分析。

七、　电视专题节目拍摄前的案头策划

编导是节目质量的核心，是专题节目综合艺术的组织者。节目质量的好与次是编导拍摄与编辑理念的直接反映。编导不仅要把握好画面所表现的内容和主题，还要综合考虑声音（音乐、同期声、画外音、配音）、构图、用光等因素。编导在进行节目构图时，既要把自己的构图想法清楚明了地告诉相关的艺术工种，特别是摄像，同时又要听取和

吸收各艺术工种的意见。在现实的拍摄中，许多编导都忽视这项与各工种沟通的工作，不是模糊不清的要求就是对摄像等工种人员大甩手，这是很糟糕的。编导在专题节目的创作过程中，不同于新闻节目，必须充分调动电视的综合艺术手段来表现主题和反映节目内容，对摄像等提出具体的想法和要求。在具体的拍摄中要考虑以下三点：

(一) 考虑拍摄方式

目前我们在制作专题节目时，和主题确立相联系的有三种形式：

先有拍摄脚本。编导在出发拍摄之前已经准备好了较为完整的拍摄脚本或分镜头本。编导、摄像在拍摄过程中根据脚本去拍摄，回来后再进行合成。这种方式由于前期准备工作比较充分，编导和摄像在拍摄的过程中心中都比较有底，后期也比较从容。像电视散文、音乐电视和有准备的文艺专题都是这样拍摄的。这样拍摄的问题是前期花费的准备时间和精力多，同时有许多节目的选题和内容是很难用脚本去规划和人为把握的。在拍摄中由于有了一个先入为主的想法，在拍摄中一些能反映和改变拍摄方案的有价值的细节被忽视，由于前期太费时，事实上也很难应付日常的播出要求。

只有一个构思，而没有具体的脚本。编导在拍摄中根据构思和具体的情况，沿着事态的发展或编导的构想一边拍摄一边采取所要的图像资料，到粗编时再组织片子的结构。这样拍摄前期比较轻松，拍摄中编导要有一定的驾驭能力，后期要费一定的时间。

有一个基本的脚本，但在拍摄中按拍摄的具体情况调整和完善脚本，策划、撰稿和编导一起去拍摄完成。这样拍摄的脚本与拍摄的过程比较好地融合在一起。

(二)思考片子的内容与主题如何表现

1. 片子的内容和主题与画面的选择

比如，曾有一度中国电视专题节目创作出现了都市悲情作品热，《十字街头》《毛毛告状》等，这些悲惨的故事赚了观众不少的眼泪，也搅乱了观众的思维。由于效仿者很多，悲情片占了专题片、纪录片的主流。一时间，观众错以为纪录片真的与欢乐的故事、与主旋律无缘。如何拓宽编导和观众对专题片、纪录片认识的视野，成为有关专家和专题片、纪录片编导研究的重点。在这样一个命题的背景下，北京电视台制片人兼编导王惠1994年完成了一个极有价值的策划书——系列片《京城百姓家》，同时进行了一个月的策划可行性和选题的调查，确定了纪录性的专题这一节目定位，以轻松、开朗、向上的情绪，平和地讲述一个个真实的老百姓的故事，以此为节目的宗旨和风格。同年4月，北京地区23位编导在事先策划好的选题下分别敲开了京城23户人家的门，一个月时间，23集专题纪录片《京城百姓家》拍摄完毕。

2. 画面与声音(同期声、话外音、音乐等)的选择及两者的融合

从构思节目开始，就要考虑到声音问题。比如是否采用同期声，选配什么风格的音乐，解说员的语气、语调、语音特色，等等。在组建摄制队伍时要认真考虑配备录音师的问题，并在拍摄之前把整个节目的构思、内容及对声音的设想与录音师交流，共同完善音响的设计。

电视片《望长城》(图 3-14)的播出，以其鲜明的纪实风格，在中国电视纪录片的创作中写下了具有里程碑意义的一页。人们在对《望长城》一片交口称赞的同时，似乎也重新发现和找回了同期声赋予电视艺术的巨大魅力。一时间以同期纪录声音和画面为主要特征的电视片骤然兴起，形成了一股强劲的纪实浪潮。同期声给人以再现时空的真实感。真实是电视纪录片的生命，也是电视文艺专题片赖以生存的美学基础。形声一体化的结构，还原了生活的本来面貌，赋予了形象以运动的意义。它使被拍摄的事物更贴近人们日常生活的经验，更有一种逼真的效果。

图 3-14 望长城

同期声的另一个重要审美特征就是它的生动性。现实生活中事物的存在和运动绝大多数都是有形有声的。视觉和听觉是人们感知外部世界的两种重要方式。通常情况下，二者缺一都是不完整的，听觉是视觉的重要补充。让被采访者直接陈述给观众，使观众不但见其人，而且闻其声。这样，人物的性格特点、学识水平、道德修养等诸多信息就会通过人物说话时的表情、神态、语气、举止等因素表现出来，从而使观众对被采访者的印象也更深、更立体化。

《歌魂》描述的是山西左权地区的民歌与人，在前期采访中，编导对当地淳朴的、流传广泛的左权民歌留下了深刻印象，尽管在开始时无法确定节目的最终形式，但明确了一条：一定要把当地多年传唱、至今不衰、声情并茂的左权民歌原汁原味地记录下来，即按照纪实手法来拍。因此，编导在准备阶段就及时和录音师谈了构思与想法，使其从一开始就进入了创作角色，对拍摄内容、对象、设备等做好了准备。

(三)拍摄过程中要注意以下三个问题

策划和编导在具体的拍摄过程中，有几个问题是事先比较难策划和考虑的，即使想到也会考虑不周或因具体情况的变化而调整。

1. 在拍摄中要注意细节

成功的细节描写堪称是片子的"戏眼"，一部作品没有一两个或几段有血有肉的细节描写，必然缺乏深度，缺乏感情的冲击力，必然平平淡淡。

《龙脊》(图 3-15)中有一段关于爷爷陪孙子考试的细节描写，爷爷在教室外看孙子考试，不知不觉中爷爷走进了教室。这是一个很不起眼也很平常的简单动作，但是编导没有放过这一细节，很好地把这一细节拍摄了下来，生动地表现了老人心底蕴藏着对知识的渴求和对孙子的无限的希望，这是一种特有的很动人的个性显示。《方荣翔》中几组戏迷镜头抓得很好，"济南市的戏迷们倾听着方荣翔的声音，谁也不愿意离去"，画面上出

图 3-15　龙脊

现了一组男女老少感情真挚的中近镜头。

又如《死囚的忏悔》中，有一个镜头推近囚犯的头顶，光光的头皮上一根头发垂在耳后(定格)，画外音是他的自白："进来时剃光了脑壳，不知怎么留下了一根，让我想了几天，也许是上天为我留下了一丝希望。"作者敏锐地抓住一根头发，一句自白，一丝表情，巧妙地揭示出罪犯愚昧侥幸的心态。有一部专题片《母亲》，片中有这样一个细节，主人公程春英像往常一样，煮了一碗菜泡饭，然后坐在桌前开始吃那再简单不过的一顿饭。这个看起来平淡至极的生活细节，作者给予了从中景、近景到缓缓推至特写的一系列匠心展示，并伴以凄婉而略带几分幽怨的音乐渲染，使人感到仿佛主人公不是在吃一顿菜泡饭，而是在咀嚼命运带给她的五味人生。她面对清贫的那份沉静、那份坦然，更给人以感染。

2. 处理好片子中感情的"藏"与"露"的关系

艺术离不开感情，感情贵在含蓄。电视文艺专题片以表现人和事为使命，通过人物的生活经历、人的喜怒哀乐，展示不同的追求，引发观众的共鸣。编导在创作拍摄的过程中会被具体的"人"与"事"所感染，编导的感情介入是不可避免的。设想一下，在拍摄中连创作的人都没有感觉的东西还能去打动观众吗？所以在拍摄中编导的感情介入是不可避免的，但介入感情不能干扰片子，要处理好被摄人物和景物的客观感情与编导主观感情的关系，能否恰当地处理好两者的感情分寸，直接关系到片子的审美效果和质量。对于客观感情的拍摄纪录不可能是纯客观的，必然会有编导主观的感情因素，但主要的问题是渲染要适度，主观感情的介入要做到藏而不露。编导在实际的创作拍摄中往往会加入主观的感情，把对客观情景渲染的过度，使片子的主观感情过于暴露，以致原本的情感表面化，使观众产生反感。《传歌人——王洛宾》的第一集就有这个问题。

3. 做好同期声采访的准备工作

运用同期声在专题片中越来越引起重视，这是创作手法发展的可喜变化。同期声采访涉及技术和艺术的双重性，就其技术属性看，在增加现场感的效果外不会产生艺术的效果，不会使片子的质量有一个质的变化和提高。要使片子的质量有一个质的变化和提高必须进行话题的策划，做好同期声采访的准备工作。目前，在实际的拍摄中我们有些编导同期声采访前不做充分的准备工作，话题不作精心的策划，问话笼统，不得要领，问题缺乏针对性，习惯于做官样文章、八股话，缺乏感染力。

在同期声采访中必须根据访谈的对象，按具体情况、具体问题、具体人物背景作不同的策划。中央电视台《东方时空》主持人水均益做过一个关于基辛格的专访节目，按照原定访谈的时间，基辛格只答应给5分钟的专访时间。然而，节目时间是9分钟，怎么办？主持人、记者和编辑进行了周密的策划，要使基辛格在不知不觉中自己谈下去。面对这样一位见多识广、擅长于外交的国际级"大腕"，策划者们精心准备，查阅了所有能找到的关于基辛格的资料。为了能使他合作，决定"先发制人"向他发难，而把一些轻松的有关个人生活的话题放到后面拖时间。对此，采访一开始，主持人的第一个问题就是中国和美国现在是朋友还是敌人。博学多才的基辛格博士听了一愣，他没有想到主持人一上来就这么尖锐地问他。于是，他认真地分析了"冷战"后的国际关系，包括他的大国平衡论。在此之后，主持人又根据事先策划好的，接连问了美国能否当世界警察、对华最惠国待遇、如何看待中国的改革等问题，这些是基辛格的长项，他乐此不疲，滔滔不绝。而后，记者又把话题转向轻松简单的个人生活问题，基辛格博士的乒乓球技、家庭、子女、近期著作，最后还提到了再过十天就是基辛格博士的生日，基辛格脸上露出了吃惊和喜悦的神情，连声道谢，这次采访足足进行了20多分钟。

同期声的采用有助于增强电视节目与电视观众的交流，但是在同期声采访中要注意：

第一，不是所有的同期声都是需要的。在实际采访过程中，电视摄像机所面对的景物是形形色色、千姿百态的，有的可能是瞬息万变和突如其来的。对于那些不善于表达的被采访者来说，其答话可能就会辞不达意，或是答非所问。对于这种情况，一方面采访时应尽可能加以引导，另一方面后期剪辑时应毫不吝惜地将其删掉。

第二，同期声的使用应忌冗长。与画面的剪辑节奏类似，声音的剪辑也应当是有节奏的。这时所说的声音的节奏是指同期语言声、同期效果声、解说声、音乐声等交替地出现和综合运用。就某一段同期声而言，一般不宜过长，否则将会造成节奏的拖沓和冗长。从人们的听觉感受来说，过长的同期声容易使人感到单调和疲劳。

第三，同期声应忌杂乱。录制同期声时，应注意有效同期声和无效同期声或者称为杂声的区别，因为实际摄像的环境常常是这两种声音同时并存的。如果不注意加以区分，致使杂声过大，有效同期声就得不到充分的表现，甚至会造成技术审查不能通过。

第四，采用同期声不应走极端。尽管同期声有诸多的优点，但在电视节目的制作过程中不应一味地为采用同期声而排斥其他手段的运用。

同时在话题的策划过程中还应注意：①不问不着边际的话。如你有什么感想？（让人不知如何回答）②不问显而易见的话。如这么大的雪，你去外面跑了一天，一定不容易吧？③不"诱供"。如你犯了这个错误一定很后悔，你今后一定会改正的吧？④不问一句话就能回答的问题。如你吃了吗？你好吗？⑤不要问与采访者身份不相符的问题。如采访农民问国家的大政方针，采访犯人问他的良心过得去吗？⑥不要故作深奥，少用形容词。

(四)编导在节目后期要把握的几个问题

1. 解说的分寸和音乐与整个片子基调的融合

在专题片中，解说是表达编导理念认识与感情的文学形式，它是为看而写的，但它与画面互为桥梁、互为引线、互为主导、互为依存。每一个片子从画面、从音乐、从剪辑都有一个基本的基调，解说需要与此相融合，解说的分寸要和整个片子的风格基调一致。解说有时需要激烈昂扬，有时需要浑厚深沉，有时又需要昂扬粗犷，有时需要轻松欢快喜庆，有时需要细腻委婉，等等。还会有许多许多解说的要求和效果。在这个过程中，也许有时感情稍微浓一些，就会破坏画面含蓄深沉的韵味，也许解说的语气稍轻了一些，又与片子音乐铿锵有力激越的旋律不相吻合。

解说和片子的音乐有一点像列夫·托尔斯泰说的一句话："只不过稍微点几笔，一切都改变了，艺术就是从这稍微两个字开始的。"的确，在文艺专题的创作中，解说要与整个片子的基调、与片子的形和情交融起来，不然真会"失之毫厘，谬以千里"。

2. 重新审视整部片子，目的是什么

注意把握：

①从头看一下片子主题是否明确、是否达意。

②画面的叙述是否流畅、场景是否混乱或不连贯，包括镜头剪辑。片子是否有技术上的硬伤。声音的声道、跳帧、拉毛、偏色、超时、少时，等等。

第三课　选题及策划实训操作

要拍摄一部好的电视专题节目，首先要寻找到一个好的拍摄素材，即要确定选题；在选题确定的基础上进行策划，并制订出切实可行的拍摄方案。也就是说，有了好的选题和策划，一部专题片就取得了一半的成功。

【实训要求】

1. 在进入实际拍摄之前，我们需要以小组为单位，花费精力深入生活去寻找合适的选题，寻找到选题后为它写出选题报告。

2. 在选题报告会上各小组对本组选题进行阐述。其他各小组经过讨论后就该选题对编导进行提问并就实际操作性进行投票。（注：票数过半者方可进入拍摄阶段，若选题没有通过，需另外寻找选题）

3. 根据确定的选题，为专题片写出详细的策划文案。

【实训设备及准备】

1．所需设备：录音笔、单反相机、笔记本。

2．准备工作：各组提前进行选题的筛选及调研，对拍摄对象进行前期沟通、采访及照片拍摄，勘察拍摄环境(如电、噪声干扰等)。

【实训步骤】

1．选题报告单的写作

要求学生在课下进行走访、调研收集素材后，按照以下模板写出选题报告单。

纪录片选题报告单(模板)

作品名称			申报人		主创人员	
			申报时间			
选题背景						
内容梗概						
前期拍摄计划	前期采访阶段时间安排及内容					
	制片人意见					
节目走向设计	节目核心内容					
	预期会发生的事件					
	兴奋点设计					
后期编辑思路调整						
制片人意见						

学生案例——步班邮递员

纪录片选题报告单

作品名称		步班邮递员	申报人		主创人员	
			申报时间			
选题背景		在快递行业发展迅速以及城市生活速度变快的状况下，有一种人还坚守在最艰苦的岗位上，王收秋，43岁，南寒邮政分局大虎沟投递组步班合同工，1985年进入邮局，25年来，徒步行走52万公里，是太原最后一名步班邮递员，山西省劳模				
内容梗概		王收秋是一名普通却又不凡的投递员，他和所有邮递员一样给用户送件，但不同的是他是一名步班邮递员，在这条邮路上他一走就是25年，我们将跟随他走一遍邮路，了解他的艰辛和付出				
前期拍摄计划	前期采访阶段时间安排及内容	早上：去邮局跟拍他上班前的准备过程邮件分拣，有机会的话拍摄他准备的一天吃的干粮。对他的同事进行采访 上午：随主人公出发走邮路，送报，并拍摄村民对他的评价 中午：坐在山间歇脚，拍摄聊天了解他的生活经历，常年因工作而积劳成疾的身体状况 下午：如果经过母亲所在的村子，拍摄两人的聊天内容 傍晚：一天的步班结束				
	制片人意见					
节目走向设计	节目核心内容	拍摄步班邮递员王收秋的一天，将生活在平凡工作中成就不凡的他的一天以表现在快节奏生活中仍有这样的人不计工资不谈辛苦的付出				
	预期会发生的事件	恶劣天气，邮路不好走 主人公对生活的感叹和评价，表现其质朴平凡甘于奉献的性格				
	兴奋点设计	以温情奉献为主线：1. 拍摄与母亲的短暂的午饭，母亲把他送到门口 2. 拍摄村民和王收秋之间的互动，以及村民对他的评价 3. 拍摄王收秋艰苦的送报环境 4. 领导或者同事对他的评价 5. 为了省钱不坐票价4元的公交车，家庭的艰辛				
后期编辑思路调整		按照其一天的工作顺序进行剪辑，必要时穿插和其他人物的交流以及对主人公的采访				
制片人意见						

2. 选题报告会上的阐述

在进行实际拍摄之前，需要以班级为单位开选题报告会，让各组组长或对选题比较了解的同学通过PPT给大家展示、讲解所确定的选题。目的在于通过详尽的讲解，让老师及同学看到他们之前所做的大量准备工作，说服老师及其他各组同学为其投票。

学生案例——纸上烫画"烙"出艺术人生(张东海)

张东海先生与他的画作

纪录片策划

2015年5月31日星期日

片名：《"烙"出艺术人生》

自我创作理念：

　　平视社会人生，表现小人物，普通人对艺术的热爱，关注宏大艺术下的小人物的努力和坚持，对艺术可以说是"成瘾"的状态，关注现实世界，挖掘社会条件下普通人在艺术面前的执着追求，强调叙事纪实，不仅去善于发现，也保证纪录片的突变性和不确定性，牢记纪录片客观真实的影像特性。

拍摄对象：

　　以烙画艺术家张东海为创作原型，表现张东海先生对于艺术的坚持与不懈。

拍摄地点：

　　榆次张东海先生的家中以及他在采风观赏景物寻找创作灵感的地方。

前期准备工作

· 一、题材的选择：

　　1. 外在：主要在榆次时报上发现了关于张东海先生，烙画新颖少见，具有独特性，又得知张东海先生家境贫寒，但却可以画出如此画作，定付出了不少艰辛，榆次时报又是发生在我们身边的事，地点较近，也易于沟通。

---

　　2. 自身：张东海先生自幼命运坎坷，但却手苦钻研，终于技艺精进，烙画也涉及到了文化寻根这一块，因长时间受到文化艺术的熏陶，他的家人也参与进来，而他本人也非常健谈，乐于和别人交流自己的心得。

　　3. 主题：张东海先生不仅作画技艺精湛，最重要的是他对艺术的不懈追求，很多他说出的话，都可见他的品质，如："小事关心，处处观看"；"心里不干净，不能干这个"……还有他挂在桌头的小字。他只凭自学，但却一步步走到今天，慢慢得到艺术大家的赏识，成为亦师亦友的关系。小人物对于艺术的追求，是我们要表现的主题。

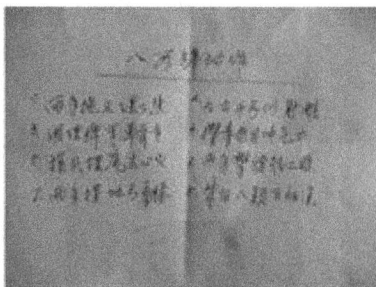

二,前期采访：

采访人物：

　　1.张东海先生本人
　　2.张东海的儿子妻子
　　3.张东海的老师

主要内容：

　　1.张东海先生生平经历
　　2.他对于艺术的喜欢
　　3.他怎么影响到家人
　　4.老师是怎么样知道他的
　　5.他的坚持

拍摄现场工作

1. 拍摄手法：共同参与，哲理思辨手法。
2. 拍摄技巧：多景别。多角度，高低机位有变化拍摄，并注意各景别的表意，运用各种长镜头，注意抓拍，抢拍，保持头脑冷静，适当运用摆拍技巧，有预见提早开机，晚关机，便于后期剪辑，主要捕捉细节，保持素材完整性，拍摄过程中注意构图，掌握好场面调度，留足空镜头。
3. 现场采访和声音采集：聊天式提问，提问尽量做到短少准，注意素材声音完整性，通过补镜头来达到后期剪辑丰富的镜头，同期声录制注意讯号声音质量，多采集丰富的现场音。

后期制作

- 采用叙事性剪辑和表现型剪辑结合的方法去剪辑，先审看素材，再段落剪辑，再初剪，精剪，最后加少量特技，用AE做合适片头，解说词用启发式解说，最后配乐，完成字幕。

3. 策划文案的写作

纪录片策划文案格式框架(模板)

题目(暂定):_____

编导:_____ 摄像:_____

编辑:_____ 其他:_____

1. 前提及说明。

影片创作的初衷是什么?影片的主要意义是什么?

你可能会用到以下这段文字作为开场提示:

我相信生活中……

本片将通过探索……证明这一点

本片主要的冲突是……与……

最终我希望观众可以感觉并了解到……

2. 关注对象。

a. 作品的对象(人、团体、环境、社会事件等)。

b. 必要的背景资料(间接影响被摄对象的大环境)及体现这些资料的方式。

3. 主要人物——你片中的主要人物简介。

a. 他们是谁?(名字,在片中的他们和其他人的关系)。

b. 他们的位置(构成你片子的诸人物中,他们属于哪一类)。

c. 他们的意义(他们的角色是什么?他们有趣的地方在哪里?他们的重要性及特别引人注意的地方在哪里?这个人一直试着在做或想得到的在哪里?)

4. 列出可能出现的纪实段落(一个段落通常指在一个地点、一段时间内的描写或表现同一主题的材料组合在一起)。

a. 这些活动是什么?它们之间的冲突在哪里?

b. 可以解释潜在意义的隐喻有哪些？

c. 可以预见的事件结构。

d. 对于整部影片及前提，此段落能提供什么？

e. 每个段落中摄像机捕捉的重点意象是什么？

5. 戏剧冲突：矛盾、情节发展、事件高潮与解决。

a. 本片中的冲突是什么？

b. 不同人物所持的对立原则是什么？

c. 就你所见，从这个冲突展现的发展可能性有多大？冲突解决的可能途径是什么？

d. 你是否采用了平衡的手法，将对立双方都予以体现，一旦冲突爆发，你的态度如何？

6. 观众可能有的偏见。多数情况下，观众有既定的刻板印象。

a. 偏见（正面的或负面的）

b. 观众需要了解的看法、事实或观念。

c. 你如何使观众看到并意识到这些真相？

7. 访问。

a. 访问对象有哪些？

b. 访问中你想建立的重点是什么？

c. 对每个访问对象而言，你的最终目标是什么？

8. 结构。对此片的结构方式作一个初步的考虑。

a. 你将如何在片中处理时间过程？

b. 有没有可预见的高潮段落？它会是什么？

c. 哪些段落或访问你要用平行剪接来叙事？

9. 形式与风格。对于足可加强片子内容的拍摄与剪接方式你是否有特殊考量？

a. 对画面的要求。

b. 对声音的要求。

c. 对灯光的要求。

d. 对访问的要求。

10. 可预计到的困难。

附1：《天下道源问老子》纪录片策划文案

一、缘起：老子在中国历史上具有很大的影响，有着满腹的学问，他是中国古代伟大的哲学家，道家学派的创始人。他所创作的《道德经》在世界上至今也没几人能了解其中精髓，为后人留下了一个谜。

二、宗旨：该片主要是为了介绍老子及他的《道德经》，展现老子在春秋战国期间的政治思想和他在道教的地位，并且介绍《道德经》一书的所表达的宇宙观，让当代人更加深入了解古人的思想并为之所用。

三、内容：该片主要从老子的出生、仕途、关于他的神话传说、他与道教的关系及其思想以及老子与气功，这几个方面着手来介绍老子和他的《道德经》。

四、主题：缘起老子，让世人能对这个人有更多了解。

五、目的人群：对此感兴趣的高中学生、大学生、老师以及中老年人。

六、表现手法：本片将以拍摄为主，介绍老子故居及其文献。采访大学对老子有所研究的教授和当地老子文化馆的馆长，并拍摄一些历史重现的篇章，使该纪录片更加生动。

七、思路：一环扣一环，力图将纪录片与拍摄的故事片紧密结合。不是简单堆砌，而是一个重新组合。该片将分为三个部分：历史篇、道教神学篇、思想文化篇。历史篇作为前瞻篇，让观众对老子有一个大概了解；道教神学篇主要介绍老子生平成就；思想文化篇作为结尾篇告知观众老子思想及其著作，给人警醒。

八、时长：该片时长为 40 分钟。如果时间太短，会因为高度抽象而不得要领，使节目缺少质感，同时也让观众不够充分了解老子，如果时间太长会使观众腻味，太过深层讲解会适得其反，因为老子的思想精髓太难理解。控制在 40 分钟，容易把握好每一章节，得当地调动观众的兴奋点，获得较理想的传播效果。这是一个能基本完整、全面地叙述老子的背景以及相关故事与刻画细节，充分展现的长度。这一时长也有利于段落划分的节目兴奋点的设置。比如可以把 40 分钟的节目内容大致划分成 4 小节，每小节均具备相对完整的表现内容，有自身的悬念点、高潮点和思考点。

九、总体要求：用制作电视、电影的表现手法对老子故居及其文化馆人士进行采访，有重点、有针对性、有秩序地进行拍摄、录音、剪辑制作成片，"声色并茂"地表现老子和《道德经》。

十、具体要求

1. 纪实拍摄：应拍摄具有情节性、故事性的段落，具体捕捉文化细节。

2. 结构：注意完整统一的时空逻辑关系，同时，要注意节奏轻重缓急的处理，及悬念点、兴奋点的设置，剪辑时合理地设计这些点在全片的布局，以激发观众的观赏兴趣。

3. 采访：设法将采访安排在特定的情景和状态之中，以保证不破坏全片的风格。

4. 解说词：解说词要凝练，宁缺毋滥；语言尽量平实、直白、客观、理性。语言要针对画面，具有较强的指向性，通过画面较强的视觉冲击力，使片子充满思想激情。

5. 倾向性：通过合理的选材、采访、剪辑，表现古代老子的思想以及当代对他的研究。

十一、结构阐述

1. 总时长：40 分钟。

2. 结构及片长分配（具体以摄制定定稿为准）：

片头：15 秒钟，也是专题片中四个章节的过渡片花。

引子：由老子道家思想以及《道德经》的博大精深理念导入，1 分钟。

正片：以《道德经》中"道"和"德"两个名词的含义入手，进而指出老子的哲学思想，他对于"道"（包括"德"）的描述，从而对老子进行展开描述。

片尾：老子《道德经》前后呼应。2 分钟。

3. 风格：节奏动感的实景影像，如鱼穿游的动态镜头和激情昂扬的片头、片尾与引子背景音乐，或优美舒缓的正片背景音乐，以及浑厚有力的男性配音构成了影片的视听特色。

4. 创意创新：不仅仅只是从我们对老子熟知的思想、道教和《道德经》出发，也介绍了他的出生、仕途和关于他的神话传说、气功，全面概括了老子。

5. 结构说明

(1)片头：以老子的塑像为开始，并且拍摄到老子馆大门前的几行大字，从而转成老子馆的部分建筑，营造出磅礴大度的气势。镜头一直往里进入，拍摄到馆中呈列的老子相关书籍，到《道德经》时加以特写，从而从书中展开对纪录片的拍摄。

(2)正片：借用演员为辅来拍摄与老子相关的历史篇、道教神学篇、思想文化篇。

A. 历史篇：切入点——老子的出生以及他的仕途，为何道教奉老子为太上老君；事件解析——解释了老子被人们奉为神的传说，他也是一般凡人，加强亲切感，让人更易来看这个纪录片，来了解老子；旁白词摘——老子在中国历史上具有很大的影响，有着满腹的学问，被广纳贤才的周文王请到朝中，委以西伯之职。武王继位后，老子负责记录朝廷朝政议论，并且在当时那个等级制度严格的时期被特封为"柱下吏"，可依柱而坐，记录政事。成王执政的时候，曾派老子出使西域大秦、竺乾等国，他到处讲学，颂扬周德。由于这位仙风道骨的长者，学识渊博，令人钦敬，所以，各国的君主朝臣都尊称他为"古先生"。公神化气，老子寄胎于玄妙王之女理氏腹中。一天，理氏在村头的河边洗衣服，忽见上游飘下一个黄澄澄的李子。理氏忙用树枝将这个拳头大小的黄李子捞了上来。到了中午，理氏又热又渴，便将这个李子吃了下去。从此，理氏怀了身孕。理氏怀了81年的胎，生下一个男孩。这男孩一生下就白眉白发，白白的大络腮胡子。因此，理氏给他取的名字叫"老子"。老子生下来就会说话，他指着院子中的一棵李子树，说："李就是我的姓"（这里有一个倒叙的插入）；在这里插入对相关学者采访的关于老子生平的研究；富有历史感的男音旁白、再加动态镜头和相关情景的背景音乐等来完成内容的展现。（演员表演居多）

B. 道教神学篇：切入点——老子在中国古代神话中是一个显赫的人物以及他与道教更加深刻的渊源；事件解析——给人们一个与众不同的人物显示，吸引观众的眼球；旁白词摘——在《封神演义》中，洪均老祖亲传的三大弟子——元始天尊、老子、通天教主分别创立阐、道、截三教，老子为道教教主。在《西游记》中，老子又被称为太上老君，连玉皇大帝也让他三分，当初孙悟空大闹天宫时，太上老君掷出金圈，将孙悟空打晕。作为齐天大圣的孙悟空也奈何不了他。老子生平失传，当时流行着许多关于老子的传说，例如传说他因为修道，活了二百多岁，他的学问如何高深莫测，连孔子也要向他请教，等等。所以，汉朝的时候，对老子就非常崇拜。后来，对老子的渲染越来越多，简直成了一位活神仙。道教成立后，为了吸引百姓的注意和信仰，就尊奉老子为祖师，称他为"太上老君"。他写下的《道德经》（即《老子》），也成为道教的最高经典，被千百万教徒所颂阅；在这里插入一些相关的神话视频和一些当地百姓对老子的神话传说；重点是在这里突出老子在道家的地位。（插入演员视频）

C. 思想文化篇：切入点——讲解老子博大精深思想(宇宙观和政治观)和老子之道用

于人体内部就是他的修养之法；事件解析——科学技术极其发达的今天，仍有诸多的研究者不断地研究老子的思想，并将之应用到各个领域中，由此可见老子思想的深度和魅力。这里将老子的思想简单地加以概括。旁白词摘——《老子》一书以其独特的视角，为我们探究了宇宙的形成、万物的本原、国家的治理等一系列重大的哲学问题。概括起来，《老子》有三大内容，即谈宇宙、谈人生、谈政治。老子思想中，首要的是老子的宇宙观。老子的宇宙观是其政治观和人生观的基础。道体现在自然界中，就是"天道"，也就是自然规律。大道无形，它"独立而不改，周行而不怠"，无所不在，不以任何意志为转移，也就是人们常说的"道法自然"。《老子》原文："人法地，地法天，天法道，道法自然"。"法"是效法或效仿的意思。它告诉我们，道的最大特点是"生而不有，为而不恃，长而不宰"，老子称之为"玄德"（万物各自体现出的本性就是"德"）。老子又说："天地不仁，以万物为刍狗"，这里的不仁，并非不讲仁义，而是"道"顺其自然、无所偏爱精神的体现，所以万物在它看来，来去生灭，都如刍狗一样。老子从他的认识论出发，认为治理国家应该"无为而治"。又说"无为而无不为"。无为并非什么都不干，而是要无所为而为，也就是凡事要顺乎自然。正如佛家提出的"所知障"一样，老子也认为知识多了就要妨碍"为道"，所谓"为学日增，为道日减"，为学多了只会使事情复杂，现代社会的发展似乎越来越证明这一点。所以老子不重视为学，反而重视为道。老子指出："绝圣弃智，民利百倍；绝仁弃义，民复孝慈；绝巧弃利，盗贼无有。"又说"绝学无忧"。所谓"为道"，就是通过冥想直接认识处于混沌状态的"道"，如此就可减少思虑、欲望和感觉经验，使之越少越好，即"损之又损，以至于无为"。老子的思想成为气功修炼的基本原则，这种情况并非偶然，老子研究天道，如果承认他的天道确实是对宇宙客观的真实描述，那么，按照"人法地，地法天，天法道，道法自然"的道理，人与天应该有相通之处。所以气功修炼的最高法门理所当是无为大法。纵观世间的各种气功修炼法门，事实确实如此。此处插入采访馆长的采访，以及专家教授的采访和在公园太极拳的表演。富有感情的旁白是这一章的重点，加上富有动态美的镜头感。（旁白重要以及对相关人士的采访）

（3）片尾——从公园太极人的镜头一直往上，切换到天空，又以天空回归到老子文化馆的老子像，最后演员饰演的老年老子结尾。

鉴于上述专题片的创意脚本、事件素材选择是不可忽略的重要环节，有待与相关部门方面深入沟通、集体策划后进一步确定。

十二、成片产品：一部中文版的纪录片，适合大众观看，40分钟足以满足人们的需求。

十三、拟采访的拍摄人物：（排名不分先后）

十四、专题片技术要求：

节目内容所有节目的字幕一律采用汉字简化字。

节目中的同期声字幕、被采访人物、记者姓名等字幕的字体均为黑体白色。

节目中不得出现各种压角标。

节目的开始与结束均为黑起黑落，黑起黑落的过程均为1秒半。

中文版：

第一声道为混合声道，包括解说、同期声、音乐、效果。

第二声道为音效声道，包括同期声、音乐、效果（此声道的音效与第一声道同步）。

节目长度：

节目实长：40分钟（从60秒彩条、30秒黑底之后算起至片尾字幕结束）。

片头：

片头彩条60秒（要求有零电平即振荡声）。黑底30秒，然后留出15秒黑底待插栏目片头用。

片尾：

片尾字幕结束后辅30秒黑底。

片尾字幕只上主创人员，每个工种人员不能超过2人，时长8秒钟以内。

附2：纪录片《柳腔》策划文案

一、选题简介

青岛即墨的民间流传着一种地方戏曲——柳腔，在当地家喻户晓，几乎大人孩子都能唱上几句。特别是节假日，即墨柳腔剧团都会到各个乡镇进行巡回演出，深受当地老百姓的欢迎。

之说以做"柳腔"这一选题，是因为它是自己家乡的地方文化，自己很感兴趣。家里的长辈们都是听着柳腔长大的，而我从小却没有机会接触它。现在，我想以纪录片的形式，用镜头去观察这类地方传统文化。之前，可能有人拍过关于地方文化的纪录片，大多数是介绍地方戏曲、习俗的，关于"柳腔"的很少。我想通过这个纪录片，把家乡的"柳腔"介绍给外界，让大家看到地方戏曲的独特魅力。通过这一选题，既能让我们认识到中国传统地方文化的魅力，也能带给人们警觉，随着时代的逐步发展，"柳腔"文化被渐渐忽视，我们希望通过这个纪录片，引起大家的关注，保护好传统地方文化，不要让它渐渐地消失。

二、主要人物

"柳腔"的民间爱好者（家中的亲戚、邻居、演出时的观众等）。

三、可能的纪实事件

1. 记录家中亲戚闲暇时的演唱小段。

2. 社区文化团演出时，对观看表演的民间爱好者的采访。

3. 试图找到一位典型的柳腔爱好者，跟随他进行拍摄。

四、结构安排

1. 片头：穿插中国地方戏曲"柳腔"表演的剧照图片，题目。隶书"柳腔"二字，配合轻音乐。

2. 影像资料：专业演员表演的柳腔选段《梁祝 楼台会》。

3. 电脑特技：动画地图加解说词，介绍即墨的地理位置，胶东半岛的位置等。

4. 加影像资料和拍摄柳腔演出的镜头，加解说词介绍柳腔的历史和起源。

5. 情景再现拍摄柳腔演出的镜头，介绍柳腔的发展。

6. 影像资料介绍柳腔剧目的种类。

7. 拍摄民间爱好者演唱柳腔时的镜头，配同期声和解说词。

8. 选择一位民间爱好者，跟随他，记录他的生活。喜爱柳腔的朋友们练习的场面、表演时的镜头。

9. 采访爱好者们。

10. 拍摄即墨市柳腔剧团演出时的镜头。

11. 现场观众们的镜头。

12. 采访现场观众。

13. 片尾。穿插柳腔演出的照片和民间爱好者的照片，加入适合的轻音乐。

五、形式和风格

参与型纪录片，要加强互动，在文化形态上属于大众文化形态。

六、表现手法

纪实拍摄为主，辅之以适量的采访和珍贵的影像资料。

七、市场卖点

受众群体大多是戏曲爱好者。且中国的戏曲文化在国内和国际上都有深远的影响，国人爱戏曲，不仅仅是对京剧、昆曲的喜爱，对地方戏曲也会有兴趣。会好奇地方柳腔是什么样子。而外国人也对于戏曲文化感兴趣，想有所了解。

思考与练习

1. 纪录片的形式的制约主要表现在哪些方面？

2. 电视专题节目的选题原则有哪些？

3. 怎样判断纪录片选题的价值？

4. 谈谈创作者本身因素对选题策划的影响。

5. 选题的来源有哪些？

6. 谈谈当代文化对纪录片选题的影响？

拓展训练

以小组为单位，提出一个选题，并以书面形式分析选择的理由和预测拍摄的前景。

第四单元

电视专题节目的创作过程

学习目标

☐ 掌握采访提纲和拍摄提纲的撰写方法。

☐ 领会前期拍摄的编辑意识。

☐ 能够在拍摄时有意识地拍摄空镜头、转接镜头。

☐ 了解电视专题节目的构思方法。

导入案例

如果请你拍摄制作一部以"我的家乡"为主题的电视专题节目，请详细说说你的创作思路和创作过程。

在电视专题节目创作课程的讲授中，笔者经常会发现有些学生只有一个最初的想法就拿起摄像机开始拍摄，甚至一位学生打断我讲课，说："别多想了，开拍吧!"这些学生对拍摄现场所发生的一切有非常浪漫的想象，对导演工作更是只有一些不切实际的想法。因此，如果一个编导在开始创作一个电视专题节目之前，对创作过程没有一个足够的认知，对拍摄者和制作者而言可以说是一场"灾难"。因此，我们在这一单元要了解的就是电视专题节目的创作过程。

第一课　准备阶段

前期准备工作是创作一部电视专题节目的基础和前提。在进入拍摄阶段之前，一定要做到胸有成竹。电视专题节目在拍摄前期要有策划，可行性论证，在广泛收集资料的基础上确定具体选题，立意，构思，创作编导文案，报批，落实资金、设备、人员，进行前期采访和调研，收集文字、图片、音像等资料，创作拍摄脚本等步骤。这些环节有些需要创作者在头脑中完成，而大部分需要诉诸文字。

古人有云：凡事预则立，不预则废。合理、周密的前期准备是中期拍摄工作顺利进行的有力保障，能够大大提高拍摄的工作效率。

一、　选题与立意

电视专题节目在创作前首先要确定选题及主题思想，也就是确定准备拍摄什么内容，为什么拍。

1. 选题的来源

选题是一部专题节目创作的起点，也是创作作品的最初动机。

在这一步骤中，我们需要解决的问题是"拍什么"？业界有句话："正确的选题是成功的一半"，选题在某种程度上决定了一部电视片的价值。因此如何选择题材就成了电视专题节目中首要的问题。那么，好选题是从哪儿来的呢？我们要通过什么途径去寻找选题呢？

一般来说选题的来源大致有以下几个方面。

一是上级布置的任务。

电视传播的基本属性决定了电视的舆论宣传工作性质。电视在特殊时期有必要完成特殊任务，而这些任务又往往与时事政治有很大关系，有时是为了配合某一重大节日或重大主题，有时是执行新闻宣传主管部门下达的指示，有时是为了满足电视台整体宣传的需要，有时则是一种宣传导向的需要。

这种来自上级的选题任务并不会经常出现，但在电视专题编导工作中占有重要地位，要引起重视。主渠道的计划选题多半内容重大、政治性强，自然是反映官方观点（或媒体观点），强调社会效益。一般而言，"命题作文"比较难做，但也不乏优秀的作品，有很多有影响的纪录片就是根据上级的要求和委托制作的，如《话说长江》《话说运河》《大京九》《龙脊》等。

二是其他媒体的资源。

当今我们处在一个媒体大发展的时代，除了传统的广播、报纸、电视之外，以互联网为基础的新媒体的普及，使信息传播更为迅速，覆盖面更为广泛。电视已经不再是信息反映最快速、最全面的媒体了。因此，我们可以充分利用互联网，包括手机自媒体等选题信息资源，比如微博、微信等。另外，报纸、电台的深度报道和评论也是非常好的选题资源。作为电视专题节目编导的我们需要进行广泛、大量的阅读，时刻关注社会变化、实时动态和突发事件，将这些信息装进我们的脑子。

三是生活的启发。

作为电视专题编导，首先应该有一双发现的眼睛。要善于从平凡的生活中发现亮点，敏于从平凡的生活中发现变化，找到新闻线索。我们自身生活的环境就是一个非常好的创作基础，能够为我们提供便利的创作条件。我们生活中环境的变化、人物、事物的变化、优美的景物、深厚的人文景观等贴近生活的选题，符合"接近性原则"①，都可以成为好的选题。

四是观众热线。

虽然当今社会的信息传播速度快，覆盖面广，但仅凭编导个人的收集还是不够的。电视观众关注节目动态，了解节目的选题方向，他们向节目提供的选题具有时效性、新颖性、地域接近性等特点，有时还能提供第一手资料，为节目制作提供很大帮助。因此，我们一定要重视观众提供的选题信息。我们可以看到大多数专题栏目都会在节目中提供联系方式向观众征求新闻线索，有时大型系列节目在策划过程中也会通过互联网等信息交互渠道向观众征集线索。

需要注意的是，收到观众信息时除了认真对待、积极沟通外，一定要严格筛选，避免出现虚假信息或者造成重复选题的情况。

2. 立意

南北朝萧统在《文选序》中说写文章"词句究竟还是末事，第一是立意要紧"。这句话对电视专题节目创作而言同样适用。在这一步骤中，我们需要解决的问题是"为什么拍"？

"立意"本是中国绘画术语，指画家对客观事物反复观察而获得丰富的主题思想，后延伸为所有文艺作品主题思想的树立过程。

在电视专题节目创作中，可以先确定主题后找选题，即所谓"主题先行"；也可以先有选题后挖掘主题，即所谓"主题后行"。

---

① 接近性是新闻价值的要素之一，包括地理上的接近、利害上的接近、思想上的接近、感情上的接近。凡是具有接近性的事实，受众关心，新闻价值就大。

（1）主题先行

在一段时期，"主题先行"的创作方法几乎成了我国专题节目创作的唯一方法。尤其是 20 世纪 80 年代，运用这种创作方法，出现了像《河殇》那样只有主题灌输、其他方面一无所有的宣教作品。笔者认为，这已经不是主题先行。所谓"先行"，是指先行的主题引导出事实。比如在生活中你获得某种感悟，或对某一主题产生兴趣，它占据你的思维空间，控制你的情感世界和政治趋向，包含着你所感知的迫切想倾吐的人生体验，包含着一种你认为可以用来充分表达的情感，你希望将其传达给观众。而后找到了一个适合表现这一主题的事件并将它讲述出来，片中的主题必须为事实所"覆盖"，如果主题赤裸，那就不是"先行"，而是"主题独行"了。

主题来源于事实，只不过有人将它从诸多事实中提炼了出来而已。将其还原到作品中时它应该能够完全"溶解"在作品所述的事件当中。但是某些承载主题的作品不能通过事件贴切地表达主题，于是运用了大量手段，例如解说词，将主题生硬地、直白地插入作品，对观众进行主题灌输。由于当时的公共媒体大量使用宣传的手段，从而影响到人们对"主题先行"的看法，认为主题先行就意味着贬义的"宣传"。其实，"主题先行"只是一种创作方法，同其他创作方法一样，本身并无优劣，只是对某些人来说会特别合适，而对另外一些人来说会不合适。因为人们思考问题、感受生活的方式各不相同，处理事务和表达观念时的方法自然也会不同。

例如，1997 年获得法国真实电影节大奖的作品《八廓南街 16 号》就是一个主题先行的例子。

图 4-1 《八廓南街 16 号》

编导段锦川很早就想拍摄一个能够反映行政管理层面、具有普遍意义的专题节目。他甚至想好应该去拍派出所，后来他发现此前已经有人以民警为题材拍摄了一部专题节目，因此他不得不放弃。最后他选择了拉萨市八廓南街上的一个居委会进行拍摄，并相信这个居委会能够将他的主题充分体现出来，只需要一个很低的耗片比就能将这部片子拍完。他说："我没有必要再去做一个派出所，我可以找一个相类似的机构，比如居委会，我觉得它更像一个派出所，或是一个街道政府，而不像我们内地的居委会。它能够承载我以前的想法，完全能够表现出来，我把这个想法实际上移植到西藏去了，搁到西藏而已。我为什么比较喜欢它？是因为它更具有一种普遍性，而我不仅是拍西藏的某种独特的东西，它可能有种双重性。从普遍性上讲，我在任何地方都可以完成，所以我觉得比较满意。拍《八廓南街16号》的历史根源大概就是这么两个。对它的考虑拍摄之前就比较明确、比较完善，只是在拍摄过程中对一些局部做一些小的修正就可以了……可能我和别人拍这种片子有一些不一样，往往是我如果前面对问题考虑得比较透，比较完善的话，这个片子就能拍得比较好。如果不是那么完善不是那么充分，片子拍出来就有点问题，像后来的《沉船》。所以，《八廓南街16号》完成起来比较顺利，100分钟的片子片比大概也就是6比1至5比1。但是后来剪辑花的时间比较长。"

（2）主题后行

既然有主题先行，必然会有主题后行。不过这个词一般很少用，因为当创作者向领导申请拍摄经费或向任何机构申请拍摄投资时都必须说明你要拍摄的题材、主题、制作时间和预算等，没有人能在策划案或选题报告中说：必须等到拍完之后或者至少开拍一段时间后才能知道我的主题，因为那样做是不可能申请到拍摄经费的，国内国外皆如此，几乎没有例外。但是，拍摄过专题节目，尤其是纪实性专题节目的人往往心知肚明，主题后行是一种非常常见的现象，特别是拍摄者不熟悉自己被摄对象的情况下，随着与拍摄对象的接近，主题才会逐渐浮现并明晰。

这也是许多大师惯用的手法。纪录片大师弗拉哈迪的拍摄周期一般长达两年，影片的主题不是在拍摄之前而是拍摄过程中逐渐成熟的。怀斯曼也是一位采用主题后行的方法进行拍摄的导演，他说："通常情况下，我很少做前期调研工作，一般只是在开拍前在那里待上一两天时间，原因是我不愿在现场只观察不拍摄。我在开拍前无须做大量准备工作，也不对影片进行任何预想，或者首先设想应该拍什么主题，或应该拍什么故事。我想，如果不带任何观念去拍摄的话，我的电影就会更加有趣，整个拍摄过程就像一个不断有新事物发生的旅程。我是在积累了足够的素材之后，在研究和编辑素材的过程中，才去慢慢地确定影片的主题。我想，这样拍出来的纪录片会更有趣一些。"

或许你会说，能够采用这种拍摄方法并获得拍摄投资的大多是一些著名导演——至少是能够在拍摄上获得相对自由的导演和某些不那么急功近利的独立制片人。而事实证明，对于并非"大师"的专题节目编导而言，在低成本制作或者独立制片的情况下，并非没有采用主题后行的可能。他们选择了自己认为有趣的题材进行拍摄，在拍摄过程中主题逐渐形成，如杨荔纳拍摄的《老头》、蒋樾拍摄的《彼岸》等影片。

《彼岸》是一个讲述农村青年进城寻找理想的故事。这个故事从这些年轻人开始排演一出话剧开始，编导蒋樾跟拍了四个月。他说："四个月的时间，最后也很激动了，演出很成功，在这个圈子里边，令一些人非常叫好。但是四个月后我冷静了下来，也没钱了，精力也耗尽了。当时我就想，这个片子有什么意思？……我把大量精力、物力投入到这个里头，拍这么个东西，我觉得没有意义，起码是不纯粹。我认为没有什么思想在里边，只是记录一帮人在干这个事情，而且这个思想不是我的，而是他们本身的，我只是像个傻子似的每天戴个眼镜去看。后来我就停下来了，也没钱了，耗完了。"在停拍了三个月后，蒋樾发现自己应该把视点集中到那些已经四散而去的青年们身上，关注理想与现实的矛盾在他们身上的反映。这时他才算是找到了该片的主题，于是他继续已经中断了多时的拍摄，最终完成了这部优秀的专题节目。

图 4-2 《彼岸》

还有一些创作者在确定选题、立意之后，随着对所摄事物的了解以及与被摄对象的接近，改变了当初确定的主题。如张以庆拍摄《幼儿园》之前，他最初确定的主题是"童年的美好""幼儿园的美好"。"我就带着一个非常良好的愿望，想带着所有成年人重新上一次'幼儿园'，去净化一次、美好一次、纯粹一次。但观察了三四个月后，我就傻了眼，没有办法，原先的想法全部被推翻了。所以，当时有很多人问我'你拍什么?''你要说什么?'其实，我也不知道……非常茫然，非常痛苦。后来我们慢慢观察到，其实孩子们面临着好多好多的问题，比如衣服总也穿不好，鞋带系了个死结，摞不上板凳，那他就过不去，非常痛苦……我不是说童年不美好，最起码它是多元的。说童年是美好的，它其实只是一个概念，是人们认为的，是成年人认为童年就是美好的。所以说，在我拍摄前倒是主观的，后来慢慢地变得非常客观，我必须真实地面对我看到的一切，这是非常痛苦的，因为选题的开掘变了。"

图 4-3 幼儿园

二、 策划

当我们知道了我们"要拍什么"和"为什么要拍"，接下来需要给自己提一系列具体问题：这个创意可行吗? 这个故事能达到我们设想的震撼力和吸引力吗? 需要多少经费?

观众覆盖面宽窄如何？采用何种手法来表达主题？等等。当这些问题考虑成熟后，我们才能开始着手准备拍摄。考虑这些问题的过程就是策划。

"策划就是策略、谋划，是为了达到一定的目的，在调查、分析有关材料的基础上，遵循一定程序，对未来某项工作或事件事先进行系统、全面的构思、谋划，制订和选择合理、可行的执行方案，并根据目标要求和环境变化进行修改、调整的一种创造性的社会活动过程。"

事实上，在调研完成之前，不该对实现方法展开全面的讨论。从理论上看，这样做很理想，但在实际工作中却很难行得通，对专题节目而言更是如此。往往在编导选题的时候就开始考虑实现的方法了，在以后的调研过程中去补充和修改、完善自己最初的想法。

这里需要注意的是，有时为了某一重大事件或重要事由，电视台会特地组织一些编导、制片人、专家、学者及评论人员进行综合策划，而这种大型策划往往在各个具体节目的选题之前就已经完成。比如2004年中央电视台针对"两会"做了大型策划，首先，在已有栏目中开辟专栏或推出特别节目，如《焦点访谈》推出两会特别节目，围绕十八届三中全会"十五个领域的60项改革任务"中关注度高、影响力大的话题，进行通俗化、深层次解读。其次，开辟新栏目，如《见证履职》《两会同期声》由主力记者驻会，第一时间呈现开放团组、代表审议、委员讨论精彩段落，展现参政议政过程；《马上知两会》《两会名片》通过信息视觉化等多种手段，生动呈现代表、委员的工作与人大、政协运转情况；《两会说吧》《两会微海采》《大数据看两会》通过网络征集、海采、大数据挖掘等，挖掘两会关注点，等等。每一个具体栏目中所要播出的专题节目都是在这个大策划统领下的。

1. 可行性论证

有时我们有很多奇妙的创意作为电视专题的选题，但在现实中却是很难实现的，往往会受到各种因素的制约。

第一，要受到电视媒介特性的制约。（详见第三单元）

第二，要受到官方文化和主流意识形态的制约。

一个好的电视编导，必须要达到一定的政治思想高度，政治敏感锐强，具有较强的社会责任感和分析能力，使自己的思想意识与主流社会的价值观念和道德标准保持高度一致。因而做出来的节目也必然要和官方文化、主流意识形态保持一致。比如，我们想以战争中逃兵的心路历程为选题，观众很可能会爱看，但是这一选题却是不能做的，因为此片做出来必将会动摇军心，有损人民解放军的形象。

第三，会受到编导思想认识、未来片子艺术风格的制约。

有些选题虽然听起来很好，你还要考虑作为编导你能不能把握得住，能不能处理得了。比如，你考虑制作一部关于间谍的片子，听上去是个绝妙的创意，叙述有关间谍的事件或故事一定会引人入胜，但由于我们要制作的是非虚构电视专题节目，而不是电视剧，我们如何去寻找那些不公开的素材呢？比如，我们是否能够通过有效的途径去接触情报组织和机构？又如，为了使这部片子有力度，我们需要采访一些知名间谍，这项工作是否可行？如果这些工作不可行，只凭一些陈旧的故事、道听途说的传闻或者旁敲侧击的打听，制作出的片子虽然也能吸引人，但绝不是一部我们想要的有真凭实据的好片子。

需要注意的是，因为外部条件的变化，有些原有的不切实际的想法会突然变得可行起来，或者没什么意义的想法突然有了报道的价值。比如，汶川地震又重新唤起我们对唐山地震的记忆等。

第四，要受到经费的制约。

经费预算的多少将直接影响到片子的制作。因此，在申报选题或寻求投资之前，你需要凭感觉对片子的制作成本进行预测。在评估这个选题的可行性时，就应该考虑拍摄天数、编辑周期、成本等，且这些你所需要的所有开销应该在栏目组或投资方实际能提供的预算之内。如果已经给了你拍片的预算额度，那么你的拍摄、制作就必须受此限制。

第五，要受到时间的限制。

摄制时间也是这一阶段需要考虑的主要问题之一。例如：

①片子是否必须在规定的播出时间前完成？比如栏目播出时间、投资机构使用该片的时间、政治活动、节日、纪念日，等等。

②季节、气候对片子的按时完成是否会产生影响？比如在你的片中需要有航拍画面，而大雪、雨季等极端天气是否会延误你的拍片计划？

③你的片子是否依赖于其他人、小组或环境？如果出现人员变动或环境变化，是否会影响片子的拍摄周期？

美国纪录片导演艾伦·罗森塔尔（Alan Rosenthal）曾经分享他的经验："1985 年夏天，我突然有了一个很好的创意，约翰·豪斯曼（John Houseman）教授给我留下了深刻的印象。在现实生活中他是一位编剧、制片人和导演，他目睹了美国从 20 世纪 40 年代到 80 年代电影、戏剧和电视领域的巨变。他曾与奥逊·威尔斯（Orson Welles）在《公民凯恩》中一起工作，与科克·道格拉斯（Kirk Douglas）共同担当了《生活的渴望》的制片，他几乎认识所有的圈内人士，采用过所有形式的大众媒体制作过片子。为此，我想可以拍一部非常有吸引力的片子，通过豪斯曼教授的回忆纵观一下媒体 40 年来的巨大变化。豪斯曼教授也欣然同意了。但由于豪斯曼教授的年龄因素，最终迫使我只好放弃。1985 年时他已经 83 岁高龄了。我知道拍这一部片子至少需要 18 个月去筹集经费，去启动项目，然后再要 18 个月进行片子的制作。我能保证豪斯曼教授 3 年内健康不出问题吗？这风险太大，我只好忍痛放弃计划。豪斯曼教授于 1988 年谢世了。"

第六，要受到技术制约。

影视艺术是由科技武装起来的艺术形式，影视艺术的发展往往有赖于科学技术的发展。电视专题节目也不例外。

纪录片《圆明园》制作了大量实景拍摄和电脑合成的镜头，真实地再现了大清帝王家族隐秘的生活，编导大规模地使用了电脑仿真动画技术，将一个瑰丽辉煌的圆明园重新带到观众面前，让观众在那座惊艳绝伦的"万园之园"中来一场亲身游历。全片采用了当前最先进的数字中间片技术，创造了一个如梦如幻的影像世界。也正是由于先进的技术作支撑，才能使纪录片《圆明园》在主题开掘上，一改往日对中国人民屈辱史的表述，让它成为国人最具民族自豪感的"万园之园"。

图 4-4　金铁木作品《圆明园》

如果你的选题可能受到以上这些条件的制约，且经过认真考虑之后仍然觉得无法解决，你就只能放弃你的选题。

2. 资金的来源与回报

策划还要考虑该片资金来源和回报，一般来说我们有四种资金来源：政府部门、电视机构、其他社会机构、创作者自筹经费等。由于资金来源不同，片子的目标定位就不同。

我国的电视媒体承担着舆论导向的重要作用，政府部门和电视机构投资的片子往往主要用于电视台播出，所以这类专题节目的策划要更注重社会效益，片中要承载更多的文化价值和政治价值。作为广播电视人、传媒人，要有喉舌意识、大局意识。

其他社会机构如影视制作公司、某些单位、企业投资则追求宣传效果或经济效益的最大化，创作的主要目的或为了售卖，或为了宣传（如企业宣传片、产品推广片、历史回顾片等），因此，这类专题节目的策划要倾向大众化的口味，更注重经济效益和宣传效果。

独立制片人会采用自筹经费的形式，其拍摄大多出于创作者自身的需要，比如讲述一个自己感兴趣的话题，或是为某种创作手法进行实践。像焦波讲述自己爹娘故事的作品《俺爹俺娘》，睢安奇具有实验性质的作品《北京的风很大》，等等。因此，其策划较为注重文化价值。

相关链接

独立制片人自筹经费的方式主要有寻求赞助、贷款、众筹等。

众筹，翻译自国外 Crowdfunding 一词，即大众筹资，是指利用互联网，采用团购＋

预购的形式，向网友募集项目资金，让小企业、艺术家或个人对公众展示他们的创意，争取大家的关注和支持，进而获得所需要的资金援助的一种筹资模式。

在国内，众筹目前仍然是一个小众模式，2015 年年初上映的小成本动画电影《十万个冷笑话》是国内第一部采用网络众筹的电影项目，2015 年 7 月即将上映的《西游记之大圣归来》也是一部借用了众筹模式的影视项目。

有的制片人还会采用"产业资本＋众筹基金"的模式，一方面是为了测试影视作品的市场前期的市场反响，另一方面也是为了平衡与投资方的关系。

我们有理由相信，今后影视领域的众筹将更加活跃。

3. 策划文案

对于为电视栏目创作节目的编导而言，创作策划文案的目的是为了报批。每一个栏目一般都会有一个统一的选题报告样式。例如太原电视台《百姓说法》栏目的报题卡。（见表 4-1）

表 4-1　太原电视台《百姓说法》节目报题卡

题　　目		类　　别	刑事/民事
报题人		报题日期	
主　　题			
内容 简介			

续表

采访对象	
法律点	
制片人 意见	
副总监 意见	
总监 意见	

而对于非栏目播出的专题节目而言，创作策划文案的最主要目的是推销你的片子。当然还有一些其他功能，如阐明自己的想法，向人们提供各种有用的信息，从而和其他主创人员交流，最终加以提炼，达成共识。

因此在策划文案中需要表明你的工作设想、调研计划、对选题的观点与看法以及其他所有吸引人的潜在价值。当然，策划文案的中心目标还是要让投资者——或是电视台的责任编辑，或是某机构的负责人，确信你有一个很好的选题，并且知道如何去加以实现。让他们相信你具有很高的工作效率、专业化素养和充满想象力的工作能力。

基于以上目的，策划文案应该以简单明了、短小精悍为准则。因为很少有人会耐心地去详细阅读一份长长的策划文案，二三页简练的文案更能吸引他们的注意力，因此你要尽快提供你的重要信息，需要的话以后再去加以扩充。

这就意味着如果不是已经确定电视栏目播出的专题节目，有时一个片子或项目，出于不同的目的，面对不同的对象，你可能要写2份、3份，甚至4份不同的策划文案。因此，一个策划文案中要涉及哪些问题，该如何组织，不存在绝对的标准。一般来说，策划文案需要包括以下内容：

(1)作品简介

包括作品片名、片长，简要说明片子的主题、内容和目标受众，也可以提及你创作的基本主张或者目标等。这部分写作要简明扼要。

例1：《大学布鲁斯》(University Blues)

本片是为 BBC 电视观众而拍摄的介绍牛津大学和剑桥大学情况的片子，片长30分钟。

例2：《出于我们的爱心》(Because We Care)

本片是一部为圣温斯顿医院筹措经费，给有实力的捐赠者们而拍的30分钟的片子。

(2)创作背景

(3)创作目的

(4)创作手法、表现形式、作品风格

(5)制作时间计划

(6)预算

如果非电视栏目播出的专题节目，可能还需要涉及目标观众、发行，以及创作者简历和一些相关附件，包括地图、照片、图片等。

依据片子的不同目的，同一选题也许需要有两份完全不同的策划文案。假定这是一部以大学为主题的两部片子，片1是为普通电视观众所拍的电视专题节目，片2是为某大学争取政府投资或社会赞助的。请寻找以下两份策划文案提纲的区别。

项目	片1	片2
作品简介	这是一部反映大学变化的30分钟的片子，讲述的是几个大学生的学习、生活。我想要展现他们的世界	这是一部旨在为大学筹措经费的30分钟的片子。片中要呈现大学的复杂性，社会对大学的需求以及对未来的要求
创作背景	近20年来大学的变化，思想的变化，社会的变化	社会的变化。今天的教育，建立大学新形式的迫切需求
创作目的	该片是向普通电视观众播出的，目的是让公众对大学的角色和目标进行重新认识	该片是为有兴趣的潜在投资者、宴会和大学的朋友们制作播放的，目的是为大学筹款
形式与风格	我们将对3位大学生跟踪拍摄6个月，包括他们不同的社会、教学和政治活动。片子将采用第一人称人物叙述，具有朋友式的亲密感	我们将跟踪位学生和2位教授的典型一天。片子是对大学活动进行一般观察，而不是分析。我们想强调大学的建设计划和招收贫困大学生的数量
解说词	尽可能少用解说词，多用学生们的声音	用标准播音员进行解说，不时插入一些学生和学校的声音
观点	我们认为大学生是充满理想的，具备追求美好本质的群体	我们把大学看成是国家发展的一个重要因素，我们要生存下去就必须对大学的发展予以支持

4. 报批

在体制内创作，报批是必不可少的环节。如果审批不成功就不能开始后续的工作。

一般栏目内的电视专题节目要求在拍摄前向制片人及领导进行选题的报批；涉及重大人物、事件的特殊电视专题节目，其申报、审核则更为严格。1999年国家广电总局颁布了《关于制作播出理论、文献电视专题片的暂行规定的实施办法》，其中第六条规定：中央和国家机关各部门以及中央电视台组织制作理论、文献电视专题片（含电影纪录片），事先应将制片计划（包括片名、主题、集数、每集主要内容等）报国家广播电影电视总局审批。审批同意后，国家广播电影电视总局将批复件抄送中共中央宣传部。第七条规定：根据中央办公厅、国务院办公厅转发的《中共中央宣传部、国家广播电影电视总局关于制作播出理论、文献电视专题片的暂行规定》，省、自治区、直辖市党委宣传部组织制作理论电视专题片应事先将制片计划（包括片名、主题、集数、表现方式和主要内容）报本省、自治区、直辖市党委审批。审批同意后，省、自治区、直辖市党委将批复件抄送中共中央宣传部和国家广播电影电视总局。因此，申报材料要准备得尽可能充分。

三、　　拍摄前的调研

前面所讲的策划应该是在你初步调研的基础上通过的。此时你已经和电视台责任编辑或是资助者达成了共识，也对片子的内容了如指掌，也已经考虑过观众的问题。接下来的工作是围绕主题展开更深入的调研工作。

在这个阶段，我们应该成为研究人员，要有好记者的洞察力和研究员的钻研精神。在此之前，对于片子的主题你可能还很不了解，但经过几天或者几周或者几个月的调研，你必须成为片子方面的专家。

片子的选题和主题是调研工作的指南，你需要在选题和主题的范畴内想方设法去挖掘每一件戏剧性的、引人注目的和有意义的事情。

在调研步骤中，我们需要在以下几个方面展开：

第一，做好背景资料的收集和分析工作。背景资料大致包括：展示事物之间相互关系的资料、人物必要经历的资料、数据性的事实等。收集并分析这些资料对今后的创作有着巨大的推动作用，包括帮助你（或记者）获得采访机会、迅速进入采访角色并取得被采访者的信任。

第二，通过网络资源、图书馆资料查阅、与当地相关部门交流、实地调查等方法，了解相关地域的宏观情况，包括社会、历史、地理、政治、经济、文化背景。这一点很重要，我们必须在拍摄前预先考察当地的自然环境，拍摄计划日期内的天气状况、交通状况、物资供应、生态环境、民情民俗等。比如特异气候对拍摄器材有很大的挑战性，不便利的交通状况会很大程度上影响拍摄进程，特殊的民族禁忌也会对拍摄造成影响。如果这一部分调研工作做得不到位，在拍摄时可能会遇到许多意料之外的问题，甚至危及生命。

第三，前期采访。由于我们最初的判断常来自于简略、有时还不太有代表性的材料，因此需要通过采访来验证我们的推论是否正确。我们需要尽可能亲临现场与被摄者做面对面的交流，或者与这方面的参与者和专家进行交流。由于时间的限制，我们需要根据重要性、权威性、知识面和开放性评估一下被采访人员。至少你要找的人应该与片子主题相关。他们可以是技术专家、权威人士、相关的普通百姓，只要符合片子主题的需要。比如，你要拍摄一部关于第二次世界大战的片子，在片子里，你也许需要和历史学家、将军、普通士兵以及遭受战火的受害者家属交流。

（1）在前期采访阶段要尽可能多的收集大量不同的观点。一些人生活经历丰富，他们能够帮助我们筛选出一些可靠的信息。

（2）有时针对同一件事，从不同的人那儿会得到完全不同的答案。偏袒一方或存在偏见都是在所难免的。特别是对于有争议的问题，只依赖于少量的采访结果很有可能作出偏颇的结论。最理想的做法是扩大采访范围，这样就可以比较各种不同的观点，并依据自己的判断力和常识来甄别各种消息的可靠性，知道他们为什么要这样说。这样可以避免做出肤浅的或者主观的判断。

（3）当我们与被访人交谈时，最好能把片子的主线简要地做个介绍，但不要涉及具体的细节，并争取他们的帮助，说明他们的合作对片子是至关重要的。这样介绍有两个好处：一是从他们那儿得到消息，二是试试他们上镜的可能性。

通过前期采访，我们熟悉了被摄人物和事件，搞清了事件的来龙去脉以及与周围环境的关系，对拍摄的题材和对象都有了更全面深入的洞察和了解。

第四，勘察外景地。你应该到现场去感受一下了。这是设计拍摄场景、安排拍摄日程的前提。

调研对于大部分好片子是最根本的工作，但你要知道你所收集的大量资料最终只有极少一部分会被用于片子中，就像海明威所说："我总是按照冰山原则来写作，那就是浮出水面的只有八分之一，还有八分之七藏在水下。"我们的调研工作也是如此，八分之七是隐藏在水面之下，是看不见的。

做完以上调研工作之后，通过全面审视收集到的资料并归纳总结，编导能够解答这些问题：我能表达什么？我对这个选题了解多少？他们说的是真实的吗？是否有足够的影像资料来成就一部片子？我还剩下多少时间用于拍摄制作？这是重新全面审视的最佳时机，如果有必要，在投入拍摄之前你还可以重新调整片子的重点甚至主题。

四、　构思

调研完成之后，你还需要考虑片子的创作手法、风格、结构等，使片子具有逻辑性、富有感染力，能够深深打动你的观众。这里你要考虑的问题有：

1. 创作手法

当你要拍摄的内容逐渐明朗之后，你就要面临创作手法的选择。你打算像《西藏的诱惑》《大国崛起》一样使用解说词来构造整个片子（阐释型）？还是像《幼儿园》《八廓南街16号》一样用旁观拍摄的方法不干预、不介入事件（观察型）？或是像《望长城》《夏日纪事》一样作为制作主体参与事物的进程（参与型）？抑或是像《圆明园》一样利用搬演、情境再现、特效等手段替代片中的角色或事物？（依据美国学者比尔·尼克尔斯对纪录片的分类）。创作手法的选择很大程度上影响着拍摄阶段的工作。

当然，选择一种主要的创作手法并不意味着你只能用这一种手法，作为创作者，你可选择手法是多种多样的。《大国崛起》虽然主要用解说词来进行阐释，但还加用了许多采访段落。《圆明园》虽然主要用特效来展现这个皇家园林烧毁前的盛况，用情景再现展现历史故事，也不可避免地运用了解说词。《幼儿园》主要是采用旁观纪实手法的，也在其中贯穿了一条访谈的副线。因此，如果你在片中想采用一些戏剧性或者充满幻想的画面，应该勇往直前。

2. 结构

在专题节目，尤其是纪实性专题节目中，有时会忽略结构问题。然而，和故事片一样，结构是制作一部好片子的关键。它能够确保所叙述故事的趣味性和完整性，并按照一定节奏展开。

3. 切入点

最重要的是寻找专题节目表述的最佳切入点。只有对主题有了深刻理解，对主题背景有了宏观把握，对表现主题有了细致入微的了解之后，才能找到最佳切入点，以便由点及面，展开篇幅，进入片中的叙述。

例如，为建军 60 周年所摄制的 12 集电视专题节目《让历史告诉未来》，就采用了一群活泼可爱的小朋友扮演瑞兔的舞蹈来引出兔年(1987 年)，随后运用解说词转场至 60 年前的另一个兔年——中国工农红军诞生的 1927 年，全片主体——中国人民解放军波澜壮阔的 60 年风雨历程就此展开。

五、 创作编导文案

接下来的任务就是要把你对专题节目的主题、内容、结构、形式的完整构思落实到纸上，形成编导文案或叫编导阐述。编导文案没有统一或固定的样式，其创作的主要目的是为了给将来的摄制组统一思想，因此，要简明、易懂、有说服力。

六、 拍摄前的准备

1. 采访提纲

在正式开始拍摄之前，根据编导文案的要求，如果有采访段落，需要拟出初步的采访提纲，如采访哪些人物？采访哪些内容、话题？在哪些环境下进行采访？以及采访的形式：出镜采访还是不出镜采访？

以反映北方某山区新农村建设情况的某专题节目为例，大致可以形成这样的采访提纲(表 4-2)。

表 4-2　采访提纲

采访地点	被访人	问题	备注
乡村道路	县长	1. 我县开展新农村建设的总体思路是什么？	
		2. 取得了哪些阶段性成绩？	
		3. 开展新农村建设的下一步打算是什么？	
菌类种植大棚	菌类种植大户	1. 蘑菇种了几年？	
		2. 县委县政府给了哪些帮助？	
		3. 今年收入如何？去年呢？	
		4. 新农村建设还给你的生活带来哪些变化？	
田间	移民(3—4 人)	1. 如何看待县委县政府的移民扶贫政策？	
		2. 搬出山区后，政府提供了哪些帮助？	
		3. 搬出山区后，生活与之前有哪些变化？	
果林	果树种植农户	1. 种植了多少果树？什么时候开始种植？年收入多少？	
		2. 对于退耕还林的林业种植户，政府有哪些优惠政策？	
		3. 进行新农村建设以来，在衣食住行方面还有哪些变化？	

采访地点	被访人	问题	备注
建设中的旅游景点	旅游开发商	1. 正在建设的是什么项目？开发这个项目的思路？	
		2. 如何带动周边居民共同致富？	
		3. 有没有新的旅游开发项目？	

该采访提纲是在创作者充分研究该县新农村建设的相关资料的基础上形成的，一般情况下，专题节目的记者需要按照编导设计的问题去进行采访，但绝不是要求记者在采访过程中照本宣科，在采访时可以围绕主题或者根据被访对象的回答临场发挥。

2. 设计拍摄场景

设计采访提纲的同时，还要设计拍摄场景。拍摄场景的设计，要求编导与摄制组相关工作人员进行沟通，特别是摄影师。编导需要将片子的主题、风格、画面效果、场景等同摄影师交流，进行拍摄规划，摄影师有时会对拍摄提出一些合理建议，这样有助于编导及时修正拍摄场景文案。

仍然以上述片子为例，在设计了采访提纲后，大致可以形成这样的拍摄场景文案：

(1)县委

(2)新农村改造之后的乡村

(3)菌类种植大棚

(4)移民前的生活环境

(5)移民后的生活化境

(6)果林、果农家

(7)旅游景区

(8)旅游带动的产业(农家乐住宿、餐饮)

(9)大景别、特写转场镜头

采访地点的设计有两个原则：第一，所选择的拍摄地应该是让被采访者感到非常放松的地方，可以是被采访者的家、工作的地方或者其他安静的场所。你必须认真对待，实地勘察。因为想当然的场所可能并不是最好的地方。领取救济金的父亲也许不会选择在妻儿所在的家里接受采访，可能更愿意在公园里和你交谈。第二，要考虑的是背景的重要性。如果采访内容是有关科学研究的，你也许应该选择实验室作为背景；如果片子相关现代大学发展，那么轻松愉悦的大学校园可能比枯燥的教室或者办公室要好得多。有时候片子里的故事会迫使你选择拍摄的场景。比如，你需要搬出深山的农民带你回到山里的故居去讲述过去山里的生活。第三，如果有可能，尽量在室外进行采访，这样不仅可以省去复杂的灯光设置，还可以让采访镜头更加灵活，不仅仅是顺从地坐在椅子上接受采访，你可以让被采访者融入场景，或者边走边谈。虽然这样的拍摄有些难度，也不一定能够总是这么做，但这种拍摄方式能够增加场景的动感与活力。

选择好背景后你还需要对此问自己3个问题：第一，所选的背景是否会给故事增加情绪和戏剧性？第二，在来往人群和干扰较多的外景地，被采访者是否会感到放松？第三，是不是存在背景过强而淡化采访效果的风险？

拍摄场景的设计尽量要考虑全面，考虑到后期编辑的需要。如果在外地进行拍摄，镜头补拍的成本会很高，因此，要尽量多拍一些镜头，这样后期剪辑时才有更大的挑选余地。

按照以往惯例，除同期声采访画面外，固定镜头的编辑要求大概每个镜头4秒。现在电视作品节奏普遍加快了，要求每个镜头3秒。因此，在场景设计、镜头设计的时候就要有镜头意识、编辑意识、调度意识。当然，场景设计与现场拍摄之间一定会存在一些出入，因此，摄影师不能只以场景拍摄文案为教条，在拍摄现场可以有所发挥。

3. 安排拍摄日程

在设计完采访文案和拍摄场景文案之后，你可以和被采访人及采访地点工作人员沟通，并根据实际情况安排拍摄日程了。

拍摄日程表的写作应由编导或者导演和制片人一起负责。在表中应该体现要拍摄的内容、对象、时间和地点。（如表4-3 拍摄日程表）

表 4-3　拍摄日程表

时间	地点	拍摄场景	采访对象	拍摄要求	备注

在制作拍摄日程表时，你应该有确切的信息。假如你的预计拍摄天数是14天，从5月1日开始，你应该了解这些信息：

- 外景地的距离。
- 外景地的天气情况。
- 人物是否同意接受拍摄或采访？
- 是否有节假日影响拍摄？
- 被摄对象特殊事件发生的时间，如典礼、会议、考试等。

拍摄日程表是一项拍摄工作计划，理论上应该包括摄制工作所面临的问题，并提供最简单、最实用、最经济的解决办法。你还可以在表上列出能想到的拍摄时的特殊要求，包括技术上的要求和实际操作的要求，比如所有要用的资料、物品等。

4. 准备拍摄设备

要使电视专题节目在拍摄过程中保持连续、顺利的状态，我们要根据拍摄计划准备相应的设备。设备的选择应该是摄制组讨论的问题，不仅仅是导演独自能够决定的。导演需要告诉摄制组成员片子的风格、形式、问题和目的等，然后由他们商讨决定设备的选择。目标是根据片子的特点和经费选择最简单、最有效的设备。

在摄像机的选择上，需要依据拍摄要求来讨论：基本上是固定拍摄、运动拍摄，还是大部分采用手持拍摄？是否需要特殊镜头？是否需要推移导轨或者稳定器？是否要配置副机？是否有必要带一台视频监视器？摄像师还要知道拍摄的照明条件，是采用自然光还是人工光？

图 4-5　摄像机

　　录音师需要知道你要录什么？在什么地方进行录制？依据这些信息，录音师会选择相应的录音设备和相应的话筒。

　　灯光设备必须事先做好准备，因为这些设备体积大且笨重。大部分情况下灯光是由导演、摄影师和灯光师一起协商决定的。

　　还有一些诸如电池、充电器、磁带或存储卡、三脚架、连接线、便携插座，等等，是一定要配备齐全的。

5. 制作预算

　　实际上你从策划一部片子的时候，就开始考虑制片经费预算的问题了，那时只是经费的概算，而现在则是确定实际经费支出的时候。

　　如果你的片子制作规模小，也许不需要制片助理；如果不需要高速摄影、水下摄影，也用不到专用摄影设备；采用胶片和数字拍摄材料费有很大不同；就算你拥有自己的设备，也应该把设备费纳入预算，这样能够帮助你收回设备的投资；有时候被拍摄对象的劳务费也需要在预算中得以体现；如果你的作品既想在影院放映又想在电视台播出，胶转磁可以使影片在编辑阶段转换成电视片。因此，具体到每一项的预算可以根据经验来估算。

　　版权费是不可忽略的一项重要内容，在使用音乐、照片和视频时，常常需要支付相应的版权费。如果在使用前未经许可，一方面会使自己面临可能被诉讼的风险，另一方面电视台也可能因为没有版权许可而不播出你的片子。

6. 选择摄制组成员

　　如果你为电视台或者和电视台一起制作片子，这个环节可以略过。如果你是制片人，你就有摄制组的选择权。摄制组的好坏会直接影响到片子的成功与否。组建了一个良好的团队，在你开始工作时就有了很大的保证。选择摄制组成员要考虑规模和成员素质。

　　我们是否应该使用一支较大规模的职能完备的摄制组？我认为应该选择一个与所承担的拍摄任务相当的摄制组，并不是规模大的摄制组一定比小摄制组好。如果拍摄有关情感等隐秘的片子时，你应该选择一个小的摄制组。比如荷兰纪录片导演皮特·拉塔斯特和妻子佩特拉·拉塔斯特·彻斯 2013 年拍摄的作品《噩梦惊醒》，片子把几位女性治疗乳腺癌的整个看病过程全部如实地记录下来，包括她们和丈夫的互动。他们的摄制组只包括导演（佩特拉担任）、摄影师（皮特担任）、录音师。因为很多人都会对拍摄产生敏感和警觉，面对此类私密性的话题，一个大规模的摄制队伍会拉远人和人之间的距离，破坏隐秘性，不易相互沟通。

图 4-6　《噩梦惊醒》及其导演皮特·拉塔斯特夫妇

第二课　拍摄阶段

拍摄阶段是指为获取图像素材和声音素材所进行的一系列现场拍摄工作。拍摄一部电视专题节目是一项系统工程，拍摄无疑是制作过程中最重要的一个环节。摄制人员要根据电视专题节目的构思和预先考察的情况，并结合现场实际情况接设备、布光、架话筒，然后有针对性地进行取景、构图，获取真实的图像素材和声音素材。

一、　镜头拍摄

镜头拍摄之前，摄影师必须熟悉画面语言叙述的规律，掌握镜头之间组接的逻辑关系，了解所拍摄的专题节目的主题和主要内容，包括有哪些主要拍摄对象？如何将一个场景分成几个相关的镜头组？决定事件中每一个部分需要用哪些镜头？每个镜头应该使用哪种拍摄角度？等等。根据电视专题节目拍摄的实际需要，除了需要记录人物行为、人物语言等，我们还总结了一些特别要注意拍摄的常规镜头。

1. 必须要拍摄的常规镜头

（1）特写镜头

特写镜头是各种景别的镜头中最具视觉表现力的，也是最细腻、最丰富的。也是表现细节最好的方式。细节是使故事生动的利器，缺乏细节的故事就会变得平淡空泛。一个事物的细节往往具有象征性或特殊意义，特写能够在视觉方面将其突出，使细节脱离背景，强调信息，揭示出事物的本质特征。

在电视专题节目中，特写镜头可以使作品真实、生动、有血有肉。因此，在拍摄时一定要有意识地捕捉特写镜头。

（2）转接镜头

有时前期拍摄的一系列镜头在后期剪辑过程中会出现视觉上或技术上的不衔接，画面不连贯。这时就需要另一个镜头，插在两个采访镜头之间，从而使镜头过渡比较顺畅，这个插入镜头被称为转接镜头。

摄影师在拍摄时必须有意识地拍摄转接镜头。

例如，处理人声断点的转接镜头。电视专题节目往往会用到大量人物同期声，为了使人物语言内容完整、精练，不可避免地会出现一个或几个剪辑点，但是画面就会出现跳动的现象，使观众产生不舒适的感觉。这就要求摄影师拍摄一些镜头来处理声音断点造成的画面抖动现象。比如人物动作的特写镜头、记者的反应镜头、现场环境的全景或场景中景物的特写镜头等，都可以作为后期处理声音断点的转接镜头。

又如，处理时空转换的转场镜头。一部专题节目中，时常会出现时空的转换，尽管后期可以运用技巧转场来形成明显的段落感，但是也会带来人工雕琢的痕迹，因此，使用无技巧转场往往更为适合。

无技巧转场是指利用上下镜头在内容、造型上的内在关联来转换时空，连接场景，使镜头连接、段落过渡自然流畅，无附加技巧痕迹。经常使用的转场镜头有场景的远景或全景镜头、场景中景物的特写镜头、变焦镜头等。比如天空中白云快速移动的镜头、日出、日落镜头、钟表、日历等，都可以不落痕迹地制造转场效果。

（3）长镜头

长镜头作为一种特殊的蒙太奇，一个镜头往往就是一个段落，它能够在一个连续的镜头中完成一组分切镜头的任务，从而保证时间的连续性和空间的统一性，不仅使镜头所表现的内容更具有真实性，承载的信息量更大，同时也在很大程度上影响影视创作的叙事观念。

镜头内部的蒙太奇无论在变换景别还是变换角度时都不打断事件的自然流程，同时，能够在运动过程中实现空间的自然转换。尤其是利用斯坦尼康等稳定器拍摄的长镜头，摆脱了对移动导轨和三脚架的依赖，使画面构图变得自由潇洒，因此，我们可以在拍摄中有意识地使用长镜头。

（4）空镜头

空镜头是指只有景物而没有人物的镜头，又称景物镜头，有写景、写物之分。前者即风景镜头，往往用远景、全景来表现；后者即物体细节描写镜头，一般用近景、特写来表现。在专题节目中，除了采访镜头和被摄对象的行为镜头外，大部分是空镜头。

空镜头能够交代事件发生或人物所处的时间、地点；能够展现环境；能够转场；能够营造气氛、制造意境；缩短时间进程，推动情节发展；丰富画面信息；给解说词留出时间。因此，我们可以在拍摄中有意识地多拍摄空镜头。

2. 拍摄时对光的运用

在电视专题节目创作中，往往采用自然光。需要人工补光的原因主要有三：一是环境太暗，光圈开到最大时仍无法正常曝光；二是没有足够的景深；三是现场光源反差太大，画面有黑影或亮点。

在大多数专题节目中，自然光效都是首选的照明风格。因为这种照明风格比较接近日常生活。这类照明手法的关键在于，光线看起来必须是从画面中真正的光源而来，这些光源包括路灯、室内照明灯、太阳光等。这些光线通常被称为有源光线，是一种带有纪实美的用光方法，它强调写实，追求光线的视觉真实，讲究写实风格。

戏剧光效有时也会用到，它能够有助于为画面制造特定的气氛、情绪，能够揭示人物的内心情绪，抒发创作者主观情感，画面较自然光效更加精美、华丽。

3. 拍摄时要有编辑意识

电视专题节目的摄影师在拍摄时必须树立编辑意识，即在拍摄时考虑后期编辑的需要，考虑画面之间如何剪辑，这是判断一个摄影师是否专业的标准。编辑意识主要体现在：

(1)运用蒙太奇思维

在电视专题节目的创作过程中，镜头的组接是按照创作思想，根据一定的剪辑规律连接在一起的。镜头的组接涉及镜头的匹配、镜头调度、轴线规律、景别衔接、角度选取等多方面的因素。因此，在前期拍摄时，不能只考虑单个镜头的拍摄，还要运用蒙太奇思维指导具体拍摄，考虑每一个镜头前后的相互关联，使画面成组，形成蒙太奇句子。

(2)懂得镜头调度规律

镜头调度是场景调度的组成部分，是指运用不同拍摄方向、不同拍摄角度、不同拍摄景别和运动方式，获得不同视角、不同视距的画面，并尽量使画面表现更加真实、自然、丰富、有创意，从而活跃并推动观众的联想和想象。

在电视专题中，镜头调度是摄影师应该掌握的，它是摄影师塑造形象、进行画面造型的重要手段，作为一种造型语言，直接影响着镜头内容的表达。

首先，拍摄必须遵循轴线规律。其次，拍摄必须遵循三角形原理。否则就会影响后期剪辑，容易造成视觉上的混乱。

(3)寻找镜头剪辑点

每一个镜头的剪辑完成都是由两个因素来决定的：一是剪辑点，二是镜头长度。在后期剪辑时，只要确定了每个镜头的剪辑点和镜头长度，也就确定了这个镜头在屏幕上呈现的部分。

剪辑点是指镜头与镜头组合过程中，通过一定的技术手段来完成声画转换瞬间的技术接点。一般来说，画面的剪辑点分为动作剪辑点和节奏剪辑点。摄影师应该在拍摄的时候考虑到剪辑点的因素，做到有的放矢。

二、 声音采集

影视艺术是视听结合的艺术，声音在一部专题节目中具有不可替代的作用。现实生活中，人的存在与活动，事物的存在与运动都是以"声形一体化"的完整形态进行的。电视以其形象逼真的画面，生动统一的人声、动作声、环境声以及音乐的烘托，最大限度地还原了现实世界的本来面目，最大限度地满足了人们的视听感觉，给人以身临其境的真实感。在这种真实感的还原和再现过程中，同期声起着举足轻重的作用。

目前，各类型的现场声效和人物同期声逐渐取代不必要的冗长解说已成为电视纪录片的新时尚。而穿插在现场纪实画面之间的同期访问谈话，直接向观众叙述，不仅提供了背景材料，发表了议论，又避免了编导的主观介入，使作品更加客观、公正和可信。

因此，在电视专题节目的制作中，能否录制到优质的同期声，在一定程度上决定了节目的成败。特别应当引起注意的是，摄像机的录音系统与人的耳朵有一定差别，我们应当学会用话筒聆听现场的声音。

采集同期声时应注意以下几点：

1. 拍摄前把摄像机的录音系统调整到最佳工作状态

机器的工作状态直接影响录音的效果，一体化录像单元的内调部分有＋4db、－20db、－60db等不同的音频灵敏度选择，同时还有摄像机、麦克、线路三种音频输入选择，根据音频输入的不同通道和特性把上述开关拨到相应位置，音频方能正常显示。拍摄前，应检查话筒、采访线接头、音频显示屏是否处于良好状态，把录像机灵敏度开关、话筒灵敏度开关拨到相应位置。无论是指向性话筒、普通话筒还是无线话筒，都应戴好防风罩，尽可能用手动录音。如果用自动录音方式采访人物，会发现外界环境的噪声（如蝉叫声、车鸣声等）会在被采访人说话的瞬间突然压低，又在谈话停止时陡然升高，这给后期制作带来很大麻烦。重要的同期声录制必须使用耳机监听，并根据外界音量的变化随时调节录音音量。

2. 掌握话筒的使用技巧

首先，要根据声源的频率响应带宽、创作要求，选择合适的话筒。录制乐器声音时，应选用频带宽的带式话筒或电容式话筒；录制人的谈话声时，佩戴式或台式的动圈式话筒就可以了；录制大型集会、体育比赛，则应选用耐用、灵敏度高、指向性强的动圈式话筒。

其次，将话筒放在合适的位置。声音，尤其是高频声，通过空气时，其响度（振幅）锐减，这种能量损耗与声音穿越空气的距离的平方成反比，所以，安放话筒时，一是确定距离，二是确定方向，确保声源传出的声音都在话筒的拾音范围内，降低声音的损耗。我们经常使用的话筒，大致分两类：一类是指向性话筒，包括单向和双向话筒；一类是全向话筒。单向话筒的拾音角度一般在80度左右，80度以外声音被明显抑制。全向话筒的拾音角度为360度，可以均匀地拾取来自各个方向的声音。在新闻采访类节目中，普遍使用的是单向话筒，不论是在喧闹的街头，还是在人声鼎沸的新闻事件现场，只要把单向话筒对准声源，就能把所需要的声音录得清晰响亮，有效地滤掉周围的噪声。在使用单向话筒时，切记要靠近并对准声源，如果话筒偏离声源80度以外，就完全失去了对声音的控制，音质音色会明显变差。所以，要精心地使用单向话筒，确保录到优质自然的声音。

拍摄一个完整片段时，尽量使用同一只话筒。不同类型话筒的音质、音色相距甚远；同类型的话筒之间，音质、音色也有一定差别。制作一个节目时，为保持声音的统一性和完整性，应选用同一只话筒，使采访段落的音质、音色保持一致。特别是在后期编辑时，根据节目谋篇布局的要求，常把同一时间录制的较长段落分拆成若干小段落，穿插在片子的不同部分，或把不同地点不同场景的声音组接在一起，若全片选用的话筒不同，就会使相邻段落的音质音色差距太大，影响全片的协调和完整。

图 4-7 声音采集

3. 室内录音时，应避免反射的声音进入话筒

声音是沿直线传播的，在传播过程中遇到障碍物就会被反射，如果声源发出的声音与反射声同时进入话筒，录制的声音就含混不清。因此，所有演播室和配音室的墙壁都不是平滑的表面，而是均匀地分布着无数个小孔，这些小孔的作用就是减少声音的反射，达到混响的标准。在外景节目的拍摄过程中，录制现场的环境各种各样，室内往往有平滑表面的墙壁或家具，在这种条件下录音，就要选择合适的位置，使话筒和声源躲开大面积的反射平面，或者在声源的周围挂一些幕布，减弱声音的反射。

4. 避免人为噪声

摄像机固定在某一点拍摄时，为了录到优质的同期声，也应把话筒从摄像机上取下，接上加长线，手持话筒或使用吊杆话筒录音。但是，手持话筒录音时，切忌手与话筒防风罩摩擦，也不要快速抽拉话筒线。为了录制到更丰富的现场声，拍摄时可以同时使用两个话筒，一个机载话筒固定在摄像机上，用于拾取现场的自然声；一个单指向话筒或无线话筒，用于有目的地拾取现场的采访声，两个话筒的声音分别记录在两个声道上，后期制作时可以灵活使用。

5. 注意声音的空间透视效果

声音也是有景别的，当画面是近景镜头时，声音听起来应比远景大而清晰。镜头中，当人物向摄像机走近时，声音应逐渐加强；当他远离摄像机时，声音应逐渐减弱。当镜头是特写时，声音的表现应十分精细，使观众感觉如在耳边。声音的这种空间透视效果，只调节接收器的音量大小是不可能获得的，话筒与声源的距离、方向的调节至关重要。

6. 外景录音时，注意防风

空旷的田野里不易觉察的风声常给后期制作造成很大的麻烦，因为耳朵对风声的敏感程度远远低于话筒，即使话筒上装有性能优越的防风罩，也很难避免风打话筒产生的噪声。所以，应仔细观察风向并利用现场的各种工具，如草帽、反光伞等屏蔽遮风进行录音。

第三课　编辑阶段

完成了拍摄工作只是为片子提供了加工的素材，一部真正电视专题节目的构架工作是在后期编辑阶段完成的。后期编辑将直接决定一部电视专题节目是否能够成型。在这个阶段，要做的工作包括熟悉并整理素材，根据素材和报道对象的变化具体构思或对原来的构思进行修订，筛选素材并写出编辑提纲，粗剪、插入解说词，精剪，加入声音、混响等。

如果你的片子在拍摄之初故事主线已经有了，构思已经比较成熟，有很完善的拍摄提纲或者剧本，你的编辑是非常明确的，也比较容易上手。而在某些纪实性很强的专题节目中，例如《彼岸》，拍摄之前创作者只有一种感觉，90％的工作要在编辑台上完成，编辑的创造力就显得尤为重要了。

一、　熟悉并整理素材

如果在拍摄过程中，始终做好场记工作，或许熟悉素材这一步骤可以略过。但是拍摄结束后与摄制组完整地看一遍素材仍然是非常有用的，它能够让你对拍摄到的原始素材进行了解和鉴别，知道现有的素材是否能够满足脚本内容所需。如果不能，还需要补拍哪些镜头或寻找什么图像资料。

熟悉素材的同时还需要对素材进行整理（见表4-4）。

表 4-4　素材登记表

bata 带			
卷号 1			
#1	场景 4	01:00:00—01:19:00	教学楼外观
#2	场景 7	01:27:00—02:06:00	教室内部
#3	场景 9	02:15:00—03:25:00	大学生面部

　　素材登记表的作用是确保在剪辑时能够快速找到相应的素材,采用的记录和分类方法可以随个人的习惯进行修改:可以为某一个单独的镜头加上一小段注释,比如特写镜头的说明,片中人物的衣着等;也可以为一组关联的镜头写一段总的注释。

　　还需要登记的有:照片、视频资料、音乐等素材。登记方式和素材登记表类似,照片在登记时要列出档案片和来源和版权费等信息,音乐登记时要注明来源。

二、　具体构思

　　若没有新颖的构思、集中的主题、巧妙的结构、恰当的表现手法,一部专题节目就会前功尽弃。在制作过程中,要本着形式为内容服务的宗旨,在"以视为主,以听为辅"的原则指导下,协助和处理好画面、同期声、字幕、解说词等各方面的关系,使电视专题节目诸要素之间优势互补,形成合力,共同为主题服务。

　　古人在论述文章写作时曾有"凤头、猪肚、豹尾"的说法,电视专题节目的构思也可以借鉴。

1. 开头新颖

　　电视专题节目的开头是否新颖,其关键在于如何选择切入点。"万事开头难",切入点的选择是电视制作者最为费神、棘手的问题。那么如何选择切入点呢?

(1)以事件最突出的兴趣点为切入点

　　电视专题节目有很多是近日重大事件的补充和深化,较重视实效性,因而在选择角度切入时多开门见山,集中再现特定场景。例如广东卫视摄制的《九江大桥上的英雄》,就是选取断裂的九江大桥场景作为开头,以当时关注度广泛的重大新闻为开头,场面震撼人心,夺人眼球,很快把受众带入到节目中,去感受危难时刻舍身拦飞车的英雄壮举。

(2)把事件中有特殊意义或富有寓意的物体作为切入点

　　在事件类专题节目、人物类专题节目创作中,很容易捕捉到推动情节发展、富有寓意的物体,以这个物体作为切入点也能收到开头新颖、引人入胜的效果。例如人物类电视专题节目《谢希德》就是把象征谢希德献身科学事业的闹钟作为切入点,由此去挖掘、叙述谢希德的感人事迹。

(3)寻找富有特别意义的场景和片段作为切入点

　　有些精彩的、富有意义的场景和片段是专题节目精彩的切入点。如孙增田的《最后的山神》,以主人公孟金福在树干上画山神像并虔诚祭拜为切入点,展现了鄂伦春这一游牧民族的内心世界。

(4)选取事件的某个侧面或某一点为切入点

电视专题节目的切入点越小，材料越集中，越容易把问题说透彻。选取事件的某个侧面或某一点作为切入点，继而引发开去，能使片子结构紧凑、简洁明了，吸引观众。例如大型电视系列专题片《河之南》第三集《大河之都》，开头的解说词是：在一片麦浪之中，二里头不动声色地潜伏着，像一条酣睡的巨龙，一旦醒来，必将震惊世界。配合的画面是航拍的偃师二里头文化遗址。相对于《大河之都》的选题，开头的切入点虽很小，却生动鲜明。

2. 中间丰满

电视专题节目的中间部分是内容的主干部分，直接关系到事件叙述是否完整，人物性格是否鲜明，如何支撑主题，如何抒发情感，如何营造意境，如何开掘哲理等。尽管开头新颖很重要，如果中间部分不够充实、丰满、生动、具体，就无法打动观众。要使主干部分丰满生动，可以从以下两方面入手：

(1)讲故事

如今的电视专题节目，为了提高其可视性，越来越重视讲述的故事性，重情节、重冲突成为构思的要点。除了人物类、事件类专题节目越来越注重讲故事外，一些文献类、科普类专题节目也越来越重视可视性。比如中央电视台《走近科学》栏目中《天池怪兽》《神医啄木鸟》《古宅玄机》等科普性电视专题节目，故事性成为这个栏目收视率居高不下的重要原因之一，悬念、巧合、误会等叙事手法成了常用的手段。

(2)抓细节

细节是影视作品中构成人物性格、事件发展、社会情境、自然景观的最小组成单位，是对表现对象的局部或细微变化的展示。讲故事要有核心情节和精彩的细节。事实上很多人看完一个电视专题节目，能记住的一定是为数不多的几个精彩细节。

3. 结尾精练

电视专题节目的结尾也需要创作者重点设计。好的结尾能够让观众感到有余味，有意境。原则上结尾不宜拖沓，要简洁精练。

温馨提示

在构思之前，与编辑一起看素材是必要的环节，特别是刚刚介入的编辑，对拍好的素材没有任何偏见，他们就像是未来的观众，用的是专业的批评眼光，看到的只是银幕上反映的东西，而非头脑中想要表达的东西。大部分情况下，编辑更容易发现素材中的优劣之处。因此，要多听听编辑的意见。

三、　写编辑提纲

构思之后，你在屏幕上想要表达什么就比较明晰了，接下来要做的是写编辑提纲，即从原始素材中找到需要的镜头并登记下来。

编辑将利用这个提纲作为工作指南。编辑提纲和分镜头剧本大同小异。因为是给编辑看的，所以可以插入对编辑工作有帮助的所有注意事项或注释。

虽然建议找一个专门的人员来进行编辑，但是如果自己进行编辑也未尝不可，编辑提纲会使你在编辑台上的工作变得更加轻松。

四、 编辑

编辑过程一般分四个阶段：组合编辑、粗编、配写解说词、精编。

1. 组合编辑

组合编辑是对素材的第一次组合汇总。在这一阶段，你要选择最佳的镜头并对它们进行初步排序，采访镜头要和相应的同期声组合在一起。这种尝试是为了得到一部片子最初的认识和感觉，得到整部片子的结构。因此，在这一阶段，可以用一系列镜头来表达同一观点，不必为片子的长度去考虑缩减镜头，可以在粗编时再决定更喜欢哪个镜头，也不必对片子的节奏过多考虑。

2. 粗编

粗编不是粗糙的编辑，而是对镜头进行初步剪辑。它是指在构思、组合剪辑的基础上，按照编辑提纲的要求对拍摄内容进行大致的编排。粗编阶段的主要工作有：剪辑画面、剪辑同期声、设置转场。

如果你的成片要求 20 分钟的话，粗编编排出的内容可能是 20 多分钟，也称"毛片"。在这个阶段，你要建立最有效的镜头排序，要验证表述是否清晰，故事是否有逻辑性，情节情绪是否有戏剧性，开场是否吸引人，高潮的出现是否恰到好处，片子的结论是否有意义。

3. 配写解说词

需要注意的是，由于创作风格及创作方式的不同，有些专题节目，例如"画面＋解说"的"格里尔逊式"专题节目，配写解说词在"创作编导文案"这一环节；有些专题节目的解说词写作在编辑工作基本完成之后进行。笔者认为，二者配合起来做，互为修改互为依托效果更好些。随着粗编工作的展开，写一些临时版本的解说词对编辑工作是很有帮助的，你可以自己录制下来将其作为画面编辑的引导，也可以配着画面来朗读，这样有助于建立片子的逻辑性和确定一组镜头的长度。编辑工作基本完成之后，才开始进行正式的解说词的写作。

（解说词写作的要求详见第八单元）

4. 精编

精编是在粗编的基础上对作品进行修改，并且加上最终确定下来的解说词、音乐，加字幕、添加特效、添加片头、片尾、片花，最后生成输出。

配音和混录合成等工作一般会由专门人员来做，但编导绝不应是旁观者，而要向播音员和录音师阐述创作意图，并提出创作要求。

五、 检查

　　检查阶段主要的工作有：意义表述是否有问题；叙事是否符合真实性的原则，是否符合生活逻辑、是否条理清晰、顺畅连贯、结构是否完整匀称，内容之间的联系是否合理自然，各种结构因素的比例是否得当；意义表达是否准确，是否具有相应的效果等；检查画面的剪接是否有问题，剪接点的选择是否恰当，有无技术失误；运动的把握是否流畅，场面过渡是否自然等；检查声音是否有问题，声音的质量是否符合技术标准，声音是否连贯、完整，声画同步是否准确，等等。

思考与练习

　　1. 电视专题节目创作流程各环节的主要工作是什么？

　　2. 你最适合哪一个环节的工作，为什么？

拓展训练

　　1. 以"我的家乡"为主题，写一份电视专题节目的策划文案。

　　2. 请为上述专题节目设计一个精彩的切入点。

第五单元

电视新闻专题节目的创

学习目标

☐ 通过教学使学生了解新闻专题节目的分类及特征。

☐ 学会新闻专题节目的选题策划及拍摄技巧。

☐ 掌握新闻专题节目的镜前采访及后期编辑准则。

☐ 培养并提高学生对新闻专题节目的兴趣与制作能力。

　　电视新闻专题作为电视专题节目的一个主要类型，是新闻事件的深度报道与发掘，在尊重新闻真实性的前提下，利用电视视听语言手段，将新闻事件的来龙去脉、意义、社会影响力呈现出来，给受众以启迪。

　　从传播学角度来说，电视新闻专题具有较为广泛的受众群体，这同电视媒体的大众传播性质及优势密切相关。此外，电视新闻能够结合视听语言的形象性叙事优势，给受众全面了解新闻事件的感官体验。

　　本单元从电视新闻专题的概念界定、特征、分类、传播优势、制作方式等方面进行论述，力求达到对电视新闻专题全方位系统的理解。

导入案例

　　案例1：《新闻1+1》
　　案例2：《焦点访谈》
　　案例3：《新闻会客厅》

第一课　电视新闻专题节目界说

　　电视新闻专题节目是电视新闻深度报道惯用的一种电视节目形态，从电视节目形式的角度来对其进行划分，电视新闻专题节目被划分到电视专题节目范畴，与文艺片、剧情片、广告片等电视节目形式并列。从内容的角度上进行划分，电视新闻专题节目则以新闻为主要内容，真实可信，反映当下发生的重大新闻事件及全社会普遍关注的热点问题，具有鲜明的时效性及纪实性风格。同普通电视新闻相比，电视新闻专题节目同时注重讲究艺术性，在事件真实的前提下，允许视听语言在一定程度上遵循电视艺术的创作手法，提升节目的艺术审美形态。

一、　电视新闻专题节目界说

　　电视新闻专题节目，是报道纪实新闻类型的电视专题节目，电视新闻的深度报道经常采取此种形式。由于这一电视节目类型存在多种划分属性，因此对于它的概念界定还存在多种说法。但可以肯定的是，电视新闻专题节目所运用的是电视视听化的表现手段，对某一重大或具有社会影响力和新闻价值的事件或人物进行拍摄、深度报道，进而追求体现时效性的新闻事件或人物的历史、文化及社会价值，同时兼具顽强的艺术生命力及现实意义。

　　为了更好地理解电视新闻专题节目的定义，需要对两组概念的基本内涵及外延进行划分与解读。

1. 新闻与新闻专题节目

　　同样作为电视节目的主要构成形式，新闻与新闻专题节目在制作手段、受众群体、时效性上均存在一定的差异，从某种意义上来说，新闻专题节目比新闻更加讲究艺术创作手法。电视新闻专题节目拍摄及制作的主题、时间长度、反映内容同新闻相比，受限制的幅度较小。具体来说，两者之间的差异主要分为如下几个方面。

第一，从拍摄及制作的主体层面来说，常规意义上的电视新闻均由新闻事业单位，即电视台来完成新闻点的探寻及采编；而电视新闻专题节目的拍摄及制作主体则不仅包括新闻事业单位，较为专业的影视制作机构也可以参与电视新闻片的拍摄及制作，但成片需要通过新闻事业单位的播出平台进行严格把控及审核。

第二，由于拍摄和制作的主体存在差异，导致常规新闻与电视新闻专题节目的内容也存在一定的差异。这一差异体现在两个方面。

一是内容所包括的元素上。常规意义上的新闻由于时间长度及时效性的限制，所强调的新闻事件是实时发生的，仅针对一个事件、一个新闻点进行报道；电视新闻专题节目则侧重于重大的、有影响力的新闻事件，对其进行全方位、立体化的介绍，甚至结合社会环境进行评述，所涵盖的内容元素更为丰富，报道层次也更为深刻。

二是控制内容的主题上。由于两者的拍摄及制作主体存在差异，那么对内容的控制主体方也存在相应的不同。常规新闻的内容决定权在新闻事业单位，对真实、时效性的追求十分重视，因此很少受到被拍摄对象意见的影响；电视新闻专题的拍摄及制作方有可能是商业化的制作公司，同时存在艺术创作的空间，因此内容上的限制在一定程度上会少于常规新闻。由此带来的另一差异则体现为常规电视新闻与电视新闻专题节目的艺术性及表达手法上。常规电视新闻的拍摄与制作手法是写实性的，对新闻事件的真实性和纯粹性十分重视，一旦将新闻事件进行深度发掘，以专题节目的形式呈现出来，其拍摄及制作手法就会或多或少体现出艺术创作的元素及功能，尤其在后期制作环节，特效、渲染以及节目包装，均能体现专题节目的艺术价值。

第三，电视新闻与电视新闻专题存在着时效性的差异。对于电视新闻来说，实时播出、报道，甚至现场直播才能在最大程度上体现出新闻的时效性，使受众在新闻事件发生后的最短时间内，获取有价值的信息；新闻播出后，就不再具有传播价值，换句话说，电视新闻的消费通常对于每一个受众来说，是一次性的。一旦将有社会影响力的电视新闻制作成专题，则新闻的时效性会被在一定范围内延长，只要在社会范围内存在影响，具有特定时期的特定代表因素，电视新闻专题的时效性就不会消失。也就是说，电视新闻专题的存在意义在于通过对有社会影响力的新闻事件的充分、深度报道，在一定历史时期内给受众以思考和启迪，是让受众在已经知道某一新闻事件的基础上，对事件本身进行深度解读。

第四，电视新闻同新闻专题节目的受众群体也有不同之处。电视新闻作为日常事件的实时报道，受众群体并不具有针对性，任何电视观众都或多或少具备一些收看新闻的习惯。新闻专题节目则受众人群相对狭窄，集中于对某一事件有具体了解诉求、某一同新闻事件密切相关的特定群体以及专业人士等。

2. 专题节目与新闻专题节目

从包含属性上来讲，新闻专题节目是专题节目的一个类型。专题节目运用现在或过去的纪实手法，对社会生活的某一领域或某一方面，做集中、深入的报道，内容集中于某一个主题，但形式表达手法尽量运用多样化的视听语言，同时允许创作者直接阐述自身观点，真实性介于电视新闻和电视艺术之间，既要具备电视新闻的真实性，同时也要具备电视艺术的审美性，是一种常见的电视节目形态。

专题节目具有多种分类方法，常见的主要有如下两种。

第一，从风格上来进行划分，专题节目被分为纪实性专题节目、写意性专题节目与写意写实相结合的综合类专题节目。电视新闻专题节目由于其真实性的题材制约与对真实新闻事件深度挖掘的创作意图，属于写实性纪录片。

第二，从内容上来进行划分，专题节目被分为新闻专题节目、纪实专题节目、科普专题节目、文艺专题节目、广告宣传专题节目。

新闻专题节目同纪实专题节目相比，均具有讲事实、发掘道理的功能，但新闻专题节目的内容通常取自于热点深度新闻事件，纪实专题节目的内容则只需要源自于真实事件，是否是新闻事件并不是其必需要求。

科普专题节目同新闻专题节目相比，同样具有真实性，但新闻专题节目强调的不仅是真实的内容，还包括具有写实性特征的拍摄及制作手法。科普专题节目所涉及的真实性则通常是自然科学原理下事物的发展规律，强调的是科学真实，制作手法并不一定写实，任何能够有助于强调科学真实的创作手法，即使是夸张的特效手段，仍然可以在纪录片制作过程中大规模应用。

文艺专题节目和广告宣传专题节目则同新闻专题节目的差距较大。从内容真实的角度来看，新闻专题节目强调内容的绝对真实性，而文艺专题节目强调的是创作者主观意图的真实表达，只要不违背拍摄事物原本的真实性规律，在尊重客观规律的前提下，进行一定程度上的夸张渲染，甚至采用艺术化的表现手法，均不违背文艺专题节目的创作原则。换句话说，文艺专题节目的创作意图是对所拍摄、所描述事物审美理念的表达。

具有广告宣传性质的专题节目由于其商业意图的需要，更注重艺术化表达，甚至为了达到宣传效果及商业目的，不惜破坏原有事物的真实性。这种类型的专题节目仅仅采取的是专题节目的拍摄手段、结构形式，本质上更倾向于商业化行为的广告片，同新闻专题节目的创作意图大相径庭。

综上所述，新闻专题节目的制作目的在于通过视听化的叙事手段，对具有一定社会影响力的新闻事件进行深度调查分析，使受众产生思索，同时引发更广泛的社会关注。事实上，新闻专题是某一新闻事件或雷同新闻话题的专题性整合，在时效性的基础上，通过专题使其中心思想被深度挖掘并全方位解读。通常以跟踪报道的形式出现，是电视新闻的延续。

二、　电视新闻专题节目的特征

电视新闻专题节目兼具电视专题节目和电视新闻的双重性质，因此，对电视新闻专题节目的特征进行考察，首先要对电视新闻及电视专题节目分别进行特征上的归纳与梳理。

图 5-1　国际时讯

1. 电视新闻的特征

电视新闻是利用电视媒介，将已经发生或正在发生，甚至是早已经发生，但是却在当下刚刚被发现的、有价值的事件所进行的实时性报道。其特点主要包括真实性、实时性、舆论引导性等几大特点。

第一是电视新闻的必备属性——真实性。真实性是电视新闻存在的必要条件，丧失了真实性，新闻将不复存在。电视新闻的真实性主要表现在如下几个方面。

首先，新闻的五要素必须准确真实。也就是说，新闻的时间、地点、人物、新闻事件的经过以及新闻事件发生的原因必须是准确无误的。

其次，新闻事件发生的自然环境、社会环境、经过以及相应的细节都应当通过电视媒介进行客观翔实的报道，而不能掺杂想象因素，更不能盲目进行主观判断。

再次，新闻当中一旦出现数据、引用、采访等相关资料，都必须有明确的出处，而不能任意附加。

最后，经由电视媒介报道的新闻，在客观还原其真实面目的同时，尽量不用夸张、渲染的视听语言去表达，以免将新闻的真实性抹杀。

第二是电视新闻的传播属性——实时性。如果说电视新闻是对当下或具有当下意义的事件所进行的报道和评述，那么新闻就必须体现出其及时性特征。及时捕捉事件、及时采访、及时报道，才能够使新闻的时效性发挥出来。

第三是电视新闻的传播迅速与广度。由于电视新闻通过电视媒介进行传播，电视媒介又具有现场直播、受众性广的特征，这使得电视新闻同时也兼备了传播迅速与广泛的优势。它能够对现场正在发生的事件同步面向广大社会进行新闻内容的发布，进而引起社会的广泛关注，产生深远的影响。

第四，电视新闻由于其视听语言的手法应用，还具备形象生动而立体的特性。经由电视媒介进行新闻传播，必须利用电视化的视听语言进行新闻创作，这样，传统意义上的平面新闻就具备了画面、声音、文字符号等多重表现形式，全方位、立体化的向受众传达正在或已经发生的新闻事件。

也正是因为电视新闻表现形式的多样化，使得电视新闻能够传播十分丰富的内容，任何事件经由电视新闻进行传播，均能够通过不同的感官形式传达给受众。

第五，电视新闻的流动性与变化性强。由于电视新闻所反映的事件以实时发生为主，因此，电视新闻从传播出去以后，就一直处于一种实时变化的态势之中，也就是说，电视新闻所反映的是变动过程中的事实，且这一事实是线性过程，无法逆转。例如在报道汶川地震的新闻中，每一分钟的灾情都存在着同上一时刻不相同的变化，在实时发生的变化过程中，人、事件与物所经历的时间是线性的、一次性完成的，无法倒叙或回溯。也正是因为新闻的这一特质，才使得电视新闻报道的真实性更为鲜明。

第六，电视新闻打破了空间的束缚与限制。只要存在广播电视信号，世界的任何一个角落，均可以通过新闻事件来了解其他时空范围内正在发生的事情。这是新闻利用电视传播的优势所在，生活在不同地域的人们打破了空间的束缚，通过新闻报道，将视角集中在大事、要事上，拥有了共同关注的目标。

第七，电视新闻具有鲜明的舆论导向。鲜明的舆论导向是社会主义电视新闻的特征，坚持马列主义观点、立场和新闻报道方法，也就是要正确对待新闻事件的报道立场，密切结合我国当下国情、任务，有的放矢地提出新闻中的敏感问题，同时探寻解决途径。

2. 电视专题节目的特征

电视专题节目通常内容来自现实生活，将现实生活中的人物、事件、情感等作为创作者所表现的对象，通过拍摄对象所体现出的社会意义与情感价值，引起受众群体的思索。作为电视节目的一个重要类型，电视专题节目的特征主要包括如下几个方面。

首先，电视专题节目仍然遵循真实性创作原则，强调现实主义创作手法，排斥虚构与夸张的艺术加工，甚至杜撰情节、人物。在拍摄过程中，电视专题节目都尽量保持拍摄对象原有的自然形态，利用其真实的人物、事件、情感来激励和感染着广大受众。

其次，电视专题节目在创作之前，就已经存在一个既定的、明确的主题思想。也就是说，电视专题节目针对某一话题、某一现象、某一特定需求而进行创作，在此基础上，利用视听语言将拍摄对象与中心思想之间的关联体现出来，也就是说，电视专题节目并非即兴式的灵感创作，它具有主题前置的功能。电视专题节目主题前置功能的体现主要集中在文本的撰写上，在拍摄之前，先有文本，在已有的文本框架下进行拍摄内容的选择，或者直接将素材的来源取自于已有的历史资料，进行有逻辑、有准备、有组织的编排。

再次，电视专题节目存在多种多样的表现手法及美学呈现渠道。同电视新闻不同，电视专题节目具有一定的创作空间，尽管需要以真实性为大前提，但表现手法则可以进行视听创作，将电视技术与艺术的手段充分利用起来，既能够为电视专题节目的真实性表达服务，也能够提升电视专题节目的艺术表现力，这是电视专题节目对生活纪实加以超越和升华的特征。例如，电视专题节目可以在拍摄真实人物、事件或情感的前提下，运用音乐艺术渲染情绪氛围，这不同于新闻完全的再现客观现实。电视专题节目也可以在后期进行蒙太奇剪辑、特技等技术应用，以增强其艺术性，不同于新闻完全线性的还原事情的经过。

最后，电视专题节目能够对所拍摄对象进行细节刻画或情绪、氛围上的渲染，以利用真情实感打动观众。这是电视专题节目与新闻另一不同之处，新闻由于其播出的时效性和实时性，很有可能没有机会对事件或人物进行细节上的刻画，电视专题节目则不然。

也就是说，电视专题节目是十分重视细节的使用的。在真实的基础上，利用细节对人物、事件进行塑造，不仅增强了艺术感染力，还能够更充分地表达创作者的心灵感应。细节的强调，能够深化电视专题节目的主题，也能够表现人物的情感，还能够渲染周围的社会环境、增强电视专题节目存在的真实性，使电视专题节目更加丰满，打动受众心灵。

3. 电视新闻专题节目的特征

综合电视新闻及电视专题节目的制作方法及创作意图，可以看出电视新闻专题节目所具备的特征主要体现在如下几个方面。

第一，电视新闻专题节目一定要以真实的新闻事件或新闻人物为创作对象，切忌夸张、虚构与不恰当的编排。这是电视新闻专题节目得以存在的灵魂。

第二，电视新闻专题节目可以在一定程度上进行艺术创作，但创作元素仅体现在视听语言所建构的影片形式上，在内容上则尽量不要进行过于艺术化的、脱离实际的表现。换句话说，电视专题节目的表达方式可以利用艺术手段，这样能够增强电视专题节目的审美趣味及感染力，画面的特技、剪辑手法，声音的旁白、独白以及音乐的使用，均可以存在于电视新闻专题节目的创作过程中，但前提是不影响所拍摄事件及人物的真实性及真情实感。

第三，电视新闻专题节目是电视新闻事件的深化和延续，因此必须在具备相应的主题思想的前提下，具有启迪受众、引发思索的功能。也就是说，电视新闻专题节目的存在意义不能单纯停留在使观众对新闻事件进行充分了解或简单对某一种电视节目进行休闲式的体验欣赏，而在于引发思考，在全社会寻找共鸣，使新闻事件或新闻人物的存在更有价值，影响更广泛的人群。

知识点：电视新闻专题策划——体裁选择

电视新闻专题策划的题材选择可根据下表内容进行详细探讨。

题材	角度分析	深度分析	受众分析
时政	官方	生动细节	普通受众
民生	大众	最新进展	领导层
灾难	精英	上层态度	目标受众
专题	对立	民众态度	潜在受众
庆典	其他异同	特殊点	其他

可根据上述表格中的内容，选择其中一种题材对新闻题材进行详细策划书的撰写。

图 5-2　焦点访谈

第二课　电视纪实性采访

电视纪实性采访的理论基础是电视新闻采访学，电视采访是"面对面"的沟通，是心灵的碰撞，思想的交锋。电视采访展现了现代电子采访的新潮流，促动了即时进行的全球性信息传播。采访是新闻报道的基础，而电视采访还可以成为报道的表现手法，节目形态的突出特征，在报道方式中起到结构作用，构成特有的电视节目样式。

电视纪实性采访在电视采访的基础上，利用写实手段，原生态、真实客观再现被采访者的心路历程及变化，成为构成电视专题的一个有机组成部分。

一、　什么是电视纪实性采访

电视纪实性采访是电视记者及电视新闻作者认知客观事物、采集发掘真实的、可靠的、原生态信息的调查研究活动。在这一过程中，采访者所利用的媒介是电视媒介，通过声音和画面进行视听传播，采访过程是一次性不可逆的，但除现场直播外，制作可以利用后期手段进行不违背真实性的画面编排。

综上，电视纪实性采访可以被概括为：电视新闻工作者或电视纪实性节目制作者利用电视媒体及电视技术资源，为进行电视新闻报道或电视纪实性节目而进行的画面及声音素材采集活动。

电视采访主要由四个内容构成：采访提纲的拟定、影像的拍摄、采访者提问与访谈、非采访内容的采集。这四个方面各有功能，相辅相成，缺一不可。

1. 采访提纲的拟定

采访提纲对于一个完整的电视采访来说，具有不可忽视的作用。它是电视采访进行之前必须要做的准备。如果没有一个较为有计划、有逻辑的采访提纲，电视纪实采访就会陷入盲目状态，无法完成电视新闻工作者的要求，更无法发挥电视新闻的价值和作用。

较为完善、成熟的电视采访提纲主要包括如下几个方面的内容。

第一，采访目的，也就是此次电视纪实采访究竟意义何在。在进行电视采访之前，一定要清楚自己的采访动机，这样才能将采访素材有效的运用到电视新闻节目中去。

第二，具体的采访时间及地点，不同的采访时间和采访地点可能会对采访效果造成不一样的影响。也就是说，在采访的具体过程中，可以根据时间和空间进行采访前有利于采访效果的准备工作，设计采访场景、巧妙根据时间安排采访节奏。

第三，对采访对象进行周密、细致的了解，关系到电视采访的成功与失败。这包括采访者的身份、性格、履历等基本内容。对采访对象越是熟悉，就越能制定合适的采访问题，获得越好的采访效果。

第四，制订具体采访计划。在对上述问题有了一定程度的了解之后，可以根据采访对象及采访者双方的便利条件进行采访安排。包括所要采访的步骤、采访的具体方式、方法、采访的部门或采访人员名单的先后顺序，同时对采访稿最后的成文风格、字数等进行一个宏观规划。

第五，拟定具体采访问题。这是对所要提问的大纲细目进行的拟定，在这一环节中，需要注意的问题主要有：

首先，要根据不同的采访对象设计不同的问题，即使是同一单位、同一部门、同一领域的几个采访对象，也会因为人物的工作内容、身份有所不同而面临不同的工作重点。

其次，采访问题一定要有具体内容，不能虚无缥缈，使被采访者无法明确回答，模棱两可。

再次，务必将问题用简练、明确的语言传达给被采访者，这样对方才能清楚详细地回答采访问题，以免对问题产生迷惑。

最后，在提出采访问题时，还需要使问题通俗易懂，不能仅仅停留在被采访对象的理解上，电视机前的受众也应该对问题一听即懂，这样，采访拍摄出来，才能得到受众的共鸣。

2. 影像的拍摄

纪实影像的拍摄希望在传达客观信息的同时，使人们能够通过真实的影像认识到社会的某一层面。

1940年，美国纪实摄影家多萝西娅·兰格（Dor other lange，1895—1965）为英文"纪实摄影"概念确定了理论意涵。观点：纪实摄影反映当下，为将来作影像实证。纪实摄影反映的是人与人，人与自然的关系；主要记录人的活动；描绘人类社会生活中的制度、习俗等；揭示影响人类行为的生活方式；不仅需要专业工作者参加，而且还需要广泛的业余摄影爱好者参与。

这是对纪实摄影最早的，有理论、有体系的定义。根据这一定义，众多纪实影像拍摄者又通过实践对该类影像的特征进行了新的解读。

首先，从拍摄画面的出发点来说，纪实手法的拍摄，需要摄影师具有献身精神，终极目的不在于呈现画面的形式美，而是在于获取人类生存的现实状况及本质，体现人类生活的真实状态与环境，不论这种环境及状态是好是坏，均需要通过写实的画面进行呈现。

其次，纪实影像在拍摄的过程中，需要体现一种人文关怀，拍摄者对被拍摄对象所体现的是一种关心，同时表达对被拍摄对象的尊重，不论画面的形式是否美好，画面均展现的是一个真实的情感世界。

电视新闻专题影像的拍摄由于时效性的限制，一定要选取典型的人物、环境及视角，影像内容一定要完整，这样才能将所需要传达的信息，同时所拍摄的信息必须具有价值的主题，并能够深入挖掘事物的本质。总的来说，电视新闻专题节目画面的拍摄一定要符合两个基本要素：真实性与人文主义关怀。

3. 采访者提问与访谈

对采访者进行访谈或提问，是电视新闻专题节目拍摄的重要环节，在此环节按照采访提纲的准备与采访者进行交流，能够获取有逻辑、有条理的访谈效果。

在采访或访谈过程中，还需要注意几个问题：一是要注意根据访谈者谈话的具体内容进行下一个问题的适当调整，并不是所有的问题都一定要按照访谈提纲来进行交流，现场一些即兴的发挥与表现有助于电视新闻专题的主创人员获取更好的灵感。

在采访或访谈过程中，要将话语空间尽可能大的留给受访者，而不能用大量的篇幅表达记者的观点。记者的观点通常用来引出话题或给受访者一定的提示，不应喧宾夺主。

另外，在与受访者进行交流的过程中，一旦遇见不善言谈的交流对象，可以为交流对象提供拟定提纲，或与交流对象进行一个采访前的沟通，待双方建立交流信任，且熟识后，沟通起来会变得十分顺畅。

最后，拍摄采访画面的过程中，一定要多景别、多角度拍摄，这样可以使较为枯燥的采访或访谈画面看起来更加生动，富于变化。

4. 非采访内容的采集

非采访内容的采集在电视新闻专题创作中，主要被划分为如下几个类型：

一是根据采访内容所表达的情感，由电视新闻专题节目编导设定的空镜头。这种空镜头通常由景别和运动速度来配合采访语境。例如蓝天白云、绽开的花朵、宁静的花园、暴风雨等。

二是根据采访内容来寻找与采访内容相契合的空间元素。例如当采访者涉及某一建筑时，有条件的电视新闻专题节目主创团队可以寻找到这一建筑的具体画面，即使不是实时拍摄，也应当尽量从其他影像视频资料里去寻找相应的、与采访内容相契合的画面。

三是与采访内容相关的文字、图片等元素的拍摄。合适的文字、图片等元素能够进一步加深受众对采访或访谈内容的真实性的认知程度。例如被采访者在谈论某一个人物时，在没有机会拍摄到真实人物影像的同时，可以利用资料和人物照片进行替代，尤其是照片,甚至能够起到再现人物原貌,还原人物真实状态的作用。

图 5-3 新闻会客厅

二、 电视纪实性采访的要求

在电视纪实性采访过程中,需要最大限度地将被采访者的积极性与能动性调动起来,规划采访进程,在不违背真实性的前提下按需求设定采访大纲,以便获取更好的创作效果。具体来说,电视纪实性采访的要求主要分为:

1. 在有条件的前提下尽力做好预采访

预采访的目的主要在于对正式采访拍摄或直播进行演练,以保证采访者与被采访对象之间沟通的顺畅,使采访顺利进行。对于电视新闻专题节目的采访记者来说,有相当一部分采访被称为"镜前采访",这些采访被记录下来,以后用做节目的素材参与到节目的制作过程中,称为节目的重要组成部分。新闻现场的播报、人物的专访均是这种形式,这种形式不仅能够增加电视新闻专题节目的可看性,还能够加大电视新闻专题节目的真实程度,采访过程越完整,上述优势就越容易显现。换句话说,镜前采访是电视新闻专题节目最具有特色的元素。

做好镜前采访,预采访的工作是必要的。在预采访过程中,无须电子设备的介入,采访过程也不可能进行直播,仅仅是为了更好地完成镜前采访所做的前期准备。预采访有时并不一定要采访对象和被采访对象进行交流,资料的准备、相关理论知识的准备、心理上的准备甚至与采访相关的事物性工作的准备,都是预采访的过程。上述内容能够对镜前采访起到充分的保障作用,因此,有条件的镜前采访,务必要最大限度做好预采访。

例如，在进行采访之前，新闻记者需要进行收集素材和同采访内容相关的调研工作，试图做到采访人性化，创造一种和谐、自由、平等、融洽的交流气氛。例如意大利著名女记者、作家奥莉娅娜·法拉奇在谈到对邓小平的采访时曾经说过：采访十分深入、详细，虽然仅仅用了两天的时间，但是却很有意思，对于一名记者来说，那是一次很成功、很完美的采访，双方进行了很好的交流，采访前想问的问题全部问到，且获得了良好的采访效果。

这与采访前奥莉娅娜·法拉奇充分的准备密不可分，首先对与邓小平相关的资料进行了详细的查阅，其次是对相关问题进行详细罗列，甚至罗列到上百个，再比对进行筛选。

2. 营造一个良好的交流环境

良好的交流环境对于新闻采访来说，能够给记者与采访对象之间一个融洽的沟通氛围。而双方是否能够进行良好的沟通，则取决于采访者的人际沟通水平。

采取恰当的方法来拉近与采访对象的心理距离十分必要，这需要记者在采访之前对采访者进行尽可能多地了解，然后再经由他有可能熟悉或感兴趣的话题来作为采访开篇，这样能够在一定程度上获得被采访对象的信任。

如果没有机会或没有时间对被采访者进行了解，可以从被采访者所处的行业话题来作为采访开篇，或者尽量将采访提纲交给被采访对象，这样有助于将整个沟通的时间放在一个可控制的范围。

一旦在采访过程中出现了意外的采访线索，良好的交流氛围还能够使交流双方在放松的情况下进行即兴的、富有灵感的沟通，此刻，采访内容可能被深刻发掘，更具有电视新闻价值的元素才有诞生的语境。

例如在斯诺的妻子海伦·福斯特·斯诺对毛泽东进行采访时，就恰当地拿出了一张斯诺珍藏的毛泽东的相片，同时将相片比作桥梁，将自己与毛泽东联系起来。在采访王震时，也利用了王震和歌曲《南泥湾》的联系，活跃了采访的氛围。

总之，在进行采访时，切忌一定要与采访对象建立融洽的沟通渠道，创造良好的交流语境，这样才能获取足够充分的新闻素材，圆满完成采访任务。

3. 设置具体而有针对性的采访话题

采访话题设置的恰当与否，直接决定着采访效果能否呈现出最佳状态。设置恰当的采访话题主要包括如下几个方面。

第一，采访话题一定要包括至少一个具体提问信息。作为电视新闻专题，最生动的来源之一便是对事件细节的把握，只有具备具体的提问信息，才能够更为深入的了解事物，如果没有具体翔实的数据或材料，受众基本无法体会到新闻的真实性，大而宽泛的采访问题也会使被采访者陷入空洞的泛泛而谈。

第二，在提问的过程中，尽量让所设置的话题的主动权掌握在记者手中。不能出现被采访对象反问记者，控制谈话进程、节奏与整体局面的状态。因为这样的采访状态会使采访目的性不明确，无法完成事先预定的采访计划，甚至会使采访在形式上流于表面，有价值的采访信息无法发掘。

第三，采访提问一定要有指向性和针对性。根据不同采访对象设定不同问题，或者根据不同问题选择不同的采访对象，均是采访提问有指向性和针对性的具体表现。在涉及全局性问题时，管理者通常被视为最佳采访对象；涉及具体情况时，基层工作人员是采访对象的不二选择。

4. 尊重采访对象、尊重自己

在采访的过程中，对采访对象的尊重及对自我的价值认同一样重要。记者表面的言谈举止会对被采访对象产生不同的影响，同时深深影响着采访效果，礼貌是必要的，注重自我价值在采访过程中的发挥也必不可少。这些内容主要体现在采访工作中的两个层面。

首先，尊重采访对象具体体现在对采访对象的风俗习惯、身份地位和隐私的尊重。在采访过程中，认真倾听、不打断、尽量不接听手机，也是尊重采访对象的一个重要体现。

其次，面对不同的采访对象，礼仪举止及采访态度也需要有不同的对待方式。

例如，当我们面临的采访对象是社会中的强势群体，具有较多的政治、经济资源时，采访的姿态应当是平等的，不论高官、富商还是企业家、社会名流，他们通常容易呈现出一种固有的优越感，希望在百忙之中用最短的时间结束采访。因此，记者在采访之前需要做十分充分的准备工作，细致了解被采访对象的各种信息，详细拟定采访提纲，对采访问题有独到的理解，在采访过程中，才能直接提问，不拖泥带水，切中要害，以获得对方的尊重和重视。

当我们面临的采访对象是社会中的弱势群体时，则要体现出一种人文关怀，不论是对农民工、残疾人士还是下岗工人，他们对社会的尊重和认可的期待程度是十分高的，对于这一群体，谦和、委婉、和善的采访态度就十分必要。

另外，在采访时还需要考虑采访者与被采访者的立场和价值观是否一致。从根本上来讲，采访题材、采访者与采访对象的人生经历、性格和职业等决定了双方的价值观和立场是否趋于一致，采访题材的影响往往最为直接。一些采访题材是能够轻易符合被采访对象价值观和立场的，这样的采访进行起来就比较顺畅，同时能够受到被采访对象的欢迎与礼遇。此刻，一定要顺势而为，正面、直接的提出问题，使采访进程具有效率性。一旦采访题材与采访者的利益和价值观发生冲突时，采访会遭遇重重瓶颈，被采访者很有可能怠慢记者，甚至出现刁难、拒绝采访的现象，此刻的采访则需要旁敲侧击的进行，甚至采取暗访的形式。

总之，不同的采访题材，不同采访对象的性格、人生经历、专业、工作领域等因素，都使得采访本身的规则处于一种相对变化的状态之中。采取不同的采访技巧，准确预估采访对象的心理，会使采访进程十分顺畅，获得电视新闻专题节目应有的拍摄效果。

5. 遇见采访瓶颈时应沉着、冷静应对

在进行电视新闻专题节目采访的过程中，经常会出现采访对象不配合采访，或有难言之隐不想面对采访的情况。此刻，记者一定不能产生不耐烦、急躁、焦虑的情绪，耐

心地说服、等待以及巧妙的对采访话题进行引导，增进与参访对象之间的融洽感觉，能够有效消除采访对象心中的隔阂。常见的方式包括如下几种：

一是暂时放弃对采访话题的追问，将两个人之间的交流纳入日常聊天，建立亲切感；二是将采访话题换一种说法进行提问，使话题本身不那么尖锐或有指向性，通过婉转的方式让被采访者间接说出同采访事件相关的真实内容；另外也可以采取激将法，来使一些比较强势、比较固执的采访对象在不得不应对采访者的语境下，回答记者提出的问题。

通常来讲，采访经常会遭遇一些不顺利的瓶颈，但作为电视新闻专题节目的工作者，绝不能因为遇见采访瓶颈而放弃一些非常重要的采访对象，也不应为此而错过一条重要的新闻，这是新闻工作者必须坚守的职业准则及素养。

图 5-4 采访现场

三、 电视采访技巧

作为新闻采访的一个亚类型，电视采访利用电视作为传播媒介，为广大受众提供正在发生的、有社会价值、有时效性的事件经过及有影响力的人物事迹。从宏观角度上来看，电视采访遵循新闻采访的一般性规律，但由于电视媒介有其特殊的属性，因此电视采访也遵循电视所特有的视听语言创作规律。

也就是说，电视采访发挥了电视媒介的技术特性，在其追寻事件真相、探究心理的过程中，自然体现了电视媒介自身的技巧和采访特点。我们在学习这些技巧的时候，应着重注意这样几点：

1. 电视语言技巧从属于新闻内容

要尊重电视的视听语言技巧，但不能抹杀新闻内容的主要地位。也就是说，技巧是手段，技巧是服务。事件与人是中心，电视采访技巧只是为刻画事件和事件中的人所服务的手段。直观形象的画面表现（声画一体）、细节的展示与刻画、非语言符号的表现和访谈中的交流技巧等都是为了更好地获得信息，更真实地还原事件真相，更深入地体察人的心理。试想有多少次重大的突发事件报道，正是由于电视记者沉迷于技巧，而丢失了对事件的真实抓取。类似案例有1997年香港回归直播报道中英军队交接管辖权的场面，由于记者在现场过多地推拉摇移镜头，使一个具有历史意义的事件场面变得琐碎而模糊。这个案例告诉我们，当新闻事件发生时，记者要思考谁是新闻的主角。在真实的事件与人面前，任何一种多余的技巧都是苍白与无力的。忠实地用摄像机记录下事件，就是最大的成功。

2. 技术手段要简洁

在电视新闻采访的过程中，需要运用视听语言的技术手段对所拍摄新闻的画面及声音进行呈现，尽管技术手段在某些时候能够有助于逼真、生动的展示被拍摄对象，但技巧的使用仍然不宜复杂，不宜添加太多的人为痕迹。正如曾祥敏老师曾经说过：对采访技巧的把握是从无到有再从有到无的过程，是从简单到繁复再到简洁的螺旋式上升的过程。

在进行电视新闻专题节目采访时，应该将电视采访技巧进行恰到好处的运用，但技巧是手段而不是目的，技巧是拍摄好电视新闻采访的基础，但技巧背后的新闻理念、新闻中所包含的人文精神，才是电视新闻采访更应该关注的对象。

3. 利用现代化信息手段进行新闻内容传输

电视采访离不开现代化的信息采集手段，活动的图像、影像等素材需要被现代化的采访设备记录下来，再经由后期编辑再现出来，现代化的硬件采集传送设备对于电视采访来说，是其必备的硬件基础，而传统意义上的平面媒体采访则不需要。

4. 独特的表现手法

电视采访具有自身独特的表达方式及手法。例如，在电视采访的时候，经常会有固定的背景作为采访空间，给受访者、观众一个对电视新闻节目的基本印象，甚至能够代表某一档电视新闻节目的风格。另外，由于电视传播利用的语言系统是生动、直观的视听语言，因此，对采访过程的细节能够进行实时捕捉，同时通过现场的特定环境氛围带出发放信息，给观众以身临其境的感受。

5. 画面报道新闻形象生动

电视采访能够通过形象的画面对新闻内容进行直观报道。影像的活动与现场的采访同期声是电视新闻得以传播的语言基础，它能够增加文字叙述的信息量，同时为文字叙述的新闻内容进行感官诠释。这要求记者在进行电视采访的时候，能够迅速捕捉到有价值、有新闻点的电视画面，树立一种电视屏幕思维，对电视画面的构图、角度、景别等有一个大致的判断，能够大体上预测出观众通过电视屏幕所观看到的是什么样的新闻画面。这是视听思维的主要内容，只有掌握完善的视听思维，电视新闻的采访者才能够全方位调动视听语言的力量，拍摄到有形象特征的画面，使画面与文字解说融为一体，获得最佳采访效果。

6. 电视化的思维方式

电视化的思维方式要求在进行新闻采访的过程中，一定要注重新闻的连续性。不同于幕后的平面媒体新闻采访，电视新闻采访由于画面处于一种连贯状态，因此新闻记者的思维也必须跟着连贯起来。这并不一定要求画面的拍摄不出现间断，而是利用电视的蒙太奇思维，使观众在观看新闻画面时，产生连贯的感觉。

这要求在进行电视新闻采访时，要对画面进行连贯性考虑，在确定主题之后，对需要什么样的新闻画面，做到心中有数，同时掌握好画面与画面之间的衔接，脑海中要提前预想下一个画面；甚至对每一个画面的长度、构图、景别等都要有一个大致的提前设定。

电视新闻专题节目的采访通常不是现场直播，在画面拍摄结束以后，后期编辑也要注意剪辑上的恰当处理，每一个画面与下一个画面之间的衔接要具有时间或空间上的逻辑。

除了上述画面内容以外，电视思维还意味着一种综合性思维，画面、声音、文字均是这种综合思维的呈现。对于画面来说，背景画面、图表、照片等均可以用在新闻采访的过程中；对于声音来说，同期音响、甚至恰当渲染氛围的配乐同样是电视新闻专题制作的参与元素；对于语言来说，现场的采访交流以及场外的提问，都是丰富的电视新闻专题语言，甚至字幕也可以是文字的一种可视化表达形式。

7. 团队协作的工作方法与既定的工作流程

电视是一门视听综合艺术，因此，电视新闻专题采访从指定采访计划到最终的成片，也需要团队协作、积极配合，才能获取最好的工作效果。

对于平面媒体来说，新闻记者的独立性较强，采访、撰稿均由一个人来完成，但电视新闻记者则不然，摄像、后期采编团队均是整个电视新闻专题主创人员的共同力量。有时，为了画面更为精致考究，灯光、录音人员也需要加入到电视新闻专题创作团队中去，以更专题的技术手段为电视新闻专题服务。有些电视新闻专题节目记者和主持人会由两个人分别担任角色，这更增加了电视新闻专题团队的人数。因此，对于一个成熟、稳定的电视新闻专题团队来说，通力协作、分工有序，是专题节目制作成功与否的重要标志。

这就要求每一个工种、每一个个体一定要坚守好自己的岗位职责，并对其他工种的分工有一定的了解，通盘考虑大局，配合其他工种完成工作，在合作过程中一旦发生意见分歧或冲突，要以电视新闻专题节目最后的效果呈现为终极目标，做到个人利益服从全局，处处为专题作品着想。

例如，新闻采访记者不能破坏一段新闻画面的连续性而去一味地抢镜头；也不能完全依靠配音来完成新闻采访，记者并不参与画外描述，甚至在画面中没有露脸，这样会抹杀电视新闻的真实性。

综合各部门、各工种的工作性质，可以发现电视新闻专题节目在创作上具有一个既定的、有规律的工作流程，每一个环节与下一个环节之间不可分割，衔接紧密。策划、准备、观察出现在正式采访之前，采访过程中的交流与事件报道是电视新闻专题的核心环节。而采访之后的稿件撰写、画面编辑、后期节目包装则关系到电视新闻专题在观众面前的呈现质量。

也就是说，确定报道方针、报道意图、报道方式方法、制订采访计划、选题规划、现场采集新闻内容、新闻稿撰写、画面编辑、配解说词、整体编排与后期包装、播出是电视新闻专题节目制作的基本流程。

知识点：新闻专题的内容构成

影像	图片	现场采访画面	空镜头	新闻事件
声音	同期声	解说	音乐	音响

请根据上述新闻专题的内容构成框架，分析某一新闻专题的脚本设计。

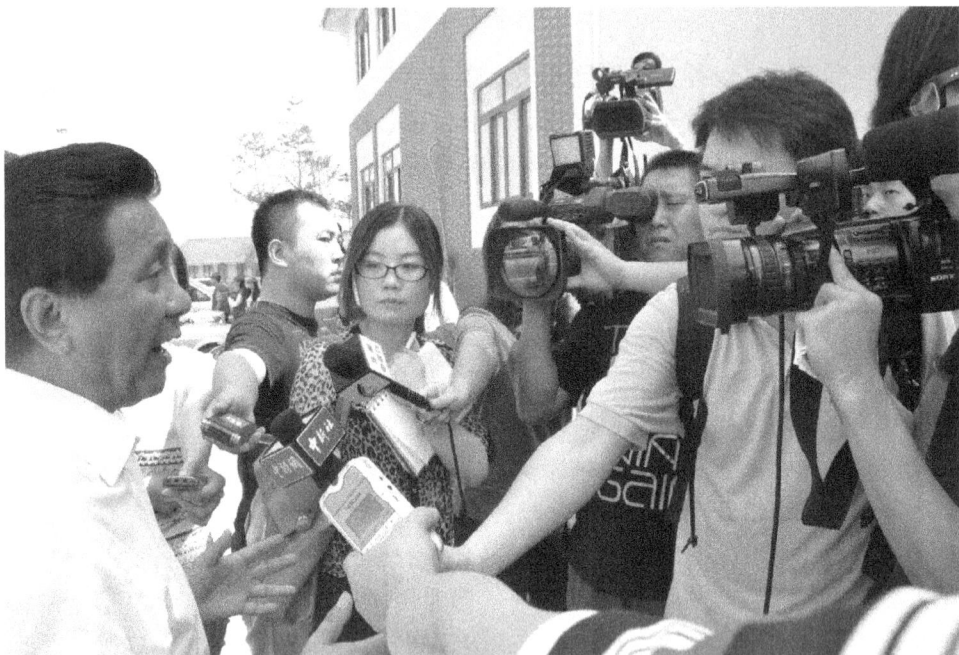

图 5-5 采访现场

第三课 电视新闻专题节目的人格化处理

拍摄电视新闻专题节目的目的不仅在于对一个有社会影响力的新闻事件进行深度报道，以获取更广泛、更深度地传播效果，还在于将这一新闻进行一种具有人文精神的叙事化陈述，从设置悬念开始，注重新闻当事人的内心世界以及性格特征的展现，用一种富有人文情怀的理念唤起受众关注新闻事件中的人物及命运。

对于新闻类节目来说，人格化处理的主要节目类型即是电视新闻专题节目，因为常规意义上的新闻由于时间长度及实时播出的限制，很难对新闻中的具体人物进行深度挖掘和报道，往往由于受到新闻篇幅的限制，仅仅能够简单地将新闻事件的经过简单地叙述清楚，即使是现场直播的、具有足够时间长度的新闻，也由于实时性播出而来不及对发掘新闻人物的思想精髓进行充分报道。

　　对于电视新闻专题则不然，充分的节目时长、本身新闻专题所具有的深度发掘新闻事件的使命就赋予这类电视新闻专题节目有能力、有责任去将传统意义上的新闻事件做人格化处理，使电视新闻专题在传播新闻事件的同时，具有更大的社会人文价值。

　　电视新闻专题节目的人格化处理方式主要包括如下几方面内容：第一，编导思维的人格化；第二，题材内容的人格化；第三，新闻专题在传播过程中的人格化处理；第四，主持人访谈及出镜记者的人格化交流。这四个环节是电视新闻专题人格化实现的基本环节，同时也构成了电视新闻专题社会意义的基础。上述四个要点共同彰显电视新闻专题的人文关怀及时代精神。

一、　编导思维的人格化

　　首先，编导是整个电视新闻专题节目的主创核心人员，他不仅要对电视新闻的真实性、思想性与时效性等特征负责，同时也决定着电视新闻专题的人文精神及社会价值能否顺利实现。因此，作为电视新闻专题的编导，需要具有丰富的人生阅历及关注社会的情怀，同时也需要在整个创作过程中，能够将所有体现人文情怀的元素灵活应用到电视新闻专题中去，从而使电视新闻专题从宏观整体上来看，具有人格化特征。

　　人与社会、人与新闻事件在一定程度上的统一是编导思维人格化的最直接体现，编导理想中的新闻传播效果的实现及新闻事件在广大电视观众心目中的认识深度都同编导思维的人格化密切相关。

　　做到编导思维的人格化需要编导在日常生活体验及工作实践中，不停加强对自然界和人类社会的认识，进而对新闻专题内容的认识程度加深，具备充分的舆论引导能力和深度挖掘新闻的手段。实际上，编导自身人格化塑造的越完善，就越有可能实现整个新闻专题的人格化布局，把控好新闻专题的每一个有可能实现其人格化呈现的细节。

二、　题材内容的人格化

　　电视新闻专题的题材和内容同样需要人格化处理。尽管有些新闻因为当下的政策原因必须深入做专题报道，题材以政策指令为主，缺乏生动鲜活的叙事元素，但是，一旦制作成新闻专题，就必须进行人格化处理，才能在深入报道的专题节目中，具有可看性。

　　第一，电视新闻一旦做成专题，不论是何种题材，一定要具有叙事精神。叙事精神是电视新闻题材和内容人格化的直接彰显，因为我们每天都生活在多样化的故事或事件当中，经历着自己或他人的人生点滴，将新闻中的叙事元素提炼出来，在不违背新闻真实性原则的基础上，做叙事处理，使新闻具有可看性。

　　第二，电视新闻被深度报道，以新闻专题的形式出现，还需要其内容具有一个核心人物。某些新闻事件并没有一个突出的核心人物，但叙事化的新闻专题却需要一个核心人物将事件的各个环节及组成部分进行串联，即便这个人物并不是新闻事件的参与人或主要亲历者，但仍然需要设定一个"虚拟"的人物存在来将电视新闻专题的每一个环节进行组接，较为常见的做法是将主持人或记者设定成一个新闻事件的追溯者，通过叙事化的语境来架构新闻专题，使新闻专题实现人格化处理。

从这一角度来说，新闻专题所叙述的对象应该是一个以人为本的世界，所有的新闻事件一定与人密切相关，是人的自我精神与外化世界之间建构联系的纽带，从而体现出人类的自我发展与自我进步，也能够折射出生活在社会中的人们的普遍理想和希望，这从另一个层面来说，是有利于人们进行自我生活环境及发展空间的改造和提升的。

图 5-6　小莉看世界

例如在对汶川地震的电视新闻专题进行人格化处理时，成千上万的灾民和解放军都是新闻专题中的主要人物，没有哪一个人的作用与力量是大于其他人的，如果一味地陈述事件、平铺直叙一些数据、灾情，会使整个专题显得空洞而枯燥，无法从根本上震撼电视观众的心灵。但是，如果以一个普通人的亲历者身份来讲述在汶川地震过程中所经历的所有感人事件，则能够最大限度地增加电视新闻专题的真实感及可信程度，从真实性的角度上，从人物自身的感染力上打动广大受众。

综上所述，电视新闻专题人格化的过程，实际上就是每一个人物个体与社会共同体之间共同通过电视新闻媒介引发共鸣的过程。

三、　新闻专题在传播过程中的人格化处理

电视新闻专题的人格化处理同样离不开新闻内容经由电视媒介的人格化传播。这其中包括传播手段及传播模式的人格化。

从传播手段上来看，电视新闻的镜头语言一定要进行人格化处理，一些亲历现场的镜头可以采取主观镜头进行拍摄，以体现人物对新闻的亲历，同期声的使用也能够从声音上体现出电视新闻专题的真实性。换句话说，有利于表现电视新闻专题真实性的要素，均能从电视受众的感官体验上提升他们对电视新闻专题人格化传播手段的认同。

例如在对两会进行电视新闻专题报道时，现场话筒的运用使新闻专题本身出现了大量的同期声，代表们参政议政的主人翁地位通过现场的同期声进行了有效的人格化传播，使新闻专题有血有肉，充满能量。

从传播模式来看，尽管电视新闻专题是对新闻事件所进行的深度报道，大部分要通过后期编辑和制作来完成对相关素材的剪接，但电视新闻专题报道同样也可以将现场直播的有关素材利用起来，运用大量同期声，使声画同步的优势体现出来。声画同步的优势还可以靠现场交流的同步录音录像来呈现，同步的交流不仅能够通过声音来体现人格化传播，画面中的肢体语言、表情等因素同样也能够作为电视新闻人格化传播的助推力量。

同样是两会新闻电视专题报道的例子，每一次专题报道都有大量的记者和代表之间的提问与互动交流，代表们利用电视新闻的传播空间，将自身对国家建设的意见畅所欲言，向广大受众公开发表了自己的感想。此刻，电视新闻专题所立足的角度就是一个个人性化生动、鲜活的个体，电视作为官方主流媒体的代表，从这一角度来看，电视媒体用人格化传播的模式，发出了广大人民群众共同的声音。

中央电视台的多次重大会议新闻报道，均围绕着以人为本精神做文章，现场同期声与采访交流画面共同发挥作用，体现了电视媒介人格化传播的有利优势，同时也凸显了电视新闻专题的人格化精神。

四、　主持人访谈及出镜记者的人格化交流

尽管主持人和出镜记者同普通社会群体一样，都是生活在社会中的一分子，但对于电视节目主持人和出镜记者来说，他们的身份又有许多特殊之处，尤其是比较知名的主持人和出镜记者，更像是电视文化或某一电视栏目、电视节目的标志。从这一角度来看，主持人有两重性质，一是自然属性，二是社会属性。对于电视文化的标志来说，主持人更偏重的是其社会属性，而对于一个社会生活个体的自然人来说，主持人侧重的则是自然属性。

要做到主持人访谈及出镜记者的人格化交流，应做到自然属性及社会属性的和谐统一。

1. 主持人与出镜记者要做到自身的个性化彰显

若要做到主持人访谈及出镜记者的人格化交流，主持人及出镜记者自身要达到个性化彰显，主持人和出镜记者都是电视台中以某个个体身份在摄像机前的播讲者，需要进行有能动创造性的临场发挥，这样才能保证新闻专题在真实性的基础上具有一定的节目魅力，通过个人的魅力，获取一部分固定的节目收视群体。一味地照本宣科按照台本行使主持人或出镜记者的职能，显然已经无法适应新时期广大电视观众的需求，主持人或出镜记者必须充分发挥自己的主观能动性，使电视新闻专题节目人性化、人文化，完成

自身人格化的塑造。也就是说，电视新闻专题节目的主持人或出镜记者的人格化过程，实际上就是借助电视媒介手段，将自身与节目融为一体，形成某种品牌形象，具有一定的社会影响力及号召力的过程。但需要注意的是，有影响力和有名气并不意味着人格化的完成，一定要和社会主流价值观保持一致，而不能为了搏出位一味用夸张的言论或行为来吸引观众的注意力。

2. 完成电视新闻专题节目中某种角色身份的塑造

在电视新闻专题节目中，主持人或出镜记者参与节目叙事，同时也承担某种角色身份的塑造功能。这其中主要的呈现方式有两种：一是作为新闻事件的参与者和见证者，二是以某种公众形象面对受众的电视媒体、甚至整个社会媒体的发言人，其言行举止都具有典型性和示范性，从一定程度影响着受众对电视新闻节目的认识程度。

在完成角色身份塑造的过程中，主持人或出镜记者需要利用强大的人格魅力塑造形象，目的在于树立新闻节目的权威性，增加新闻节目的水准。人格化的节目塑造要求主持人或出镜记者要富有人情味，同时在交流上体现人文精神和人文关怀的思想，用这种思想来增加节目自身的感染力，最终将注意力倾注在对节目理念的深刻把握和价值的挖掘中，同时坚守节目把关人的职责，将正确的舆论导向通过人格化角色的塑造传达给受众，最终传播思想，潜移默化地提升广大电视观众的审美品质。

3. 传达人格化的交流理念

主持人和出镜记者务必遵守职业道德标准及正确的新闻观，才能树立正确的人格化交流理念，运用正确的舆论导向给受众呈现出真正意义上的、客观的、真实的、具有社会价值水准的电视新闻专题作品。也就是说，人格化的交流理念需要主持人或出镜记者牢记新闻舆论是"党的喉舌"的宗旨，在传播新闻内容的过程中，时刻把握时代信息脉搏，传播正能量，提升新闻媒体的公信力，使新闻媒介与广大电视受众进行深度交流，使受众取得共鸣。

利用最朴实、最恰当的表达方式，做到对观众心灵的打动，在电视新闻专题节目的制作过程中，把"人格化"的传播方式加以运用，提升节目质量，将成为主持人或出镜记者是否具备人格化传播理念的重要标志。

4. 做好人格化传播新闻的标志"符号"

作为电视新闻专题节目的主持人或出镜记者，首先其自身应该是符号化的，既充当着新闻专题舆论的把关人，同时也将新闻内容传播出去；既如实报道新闻事件，同时又可以加上自己适当的评论，为观众提供理解新闻内容的相应依据。

因此，从某种程度来说，电视新闻专题的主持人或出镜记者具有一定的话语特权，代表着某个公众群体的立场，但是从符号的角度来说，主持人或出镜记者则是媒介舆论的发言人，新闻、媒体、政府以及社会公众利益，均需要靠他们在电视新闻专题节目中与受众的交流中呈现出来。也就是说，不论主持人或出镜记者以何种姿态出现，从外貌到话语表达，均会产生一种符号化的传播效果，因此他们必须对自己在电视屏幕上所呈现出的一切负责，同时遵守相应的职业道德及新闻舆论传播规范。

符号传播需要借助人格化手段来得以实现，在媒介技术高度发达、电视新闻制作实力相当的情况下，电视新闻节目的竞争实力从某种程度上来讲，并不完全取决于新闻内容，主持人或出镜记者能否通过人格化手段进行符号传播，同样关系到新闻内容的成败。处理好符号化与人格化的关系，在符号化的基础上建立起的人格化，应该是新闻节目主持人或出镜记者未来的发展方向。如果只注重符号化而忽视人格化，主持人或出镜记者工作起来只是一个纯粹的"媒体从业者"，受众则会感到他很机械，因此对他敬而远之。如果只注重人格化而忽视符号化，势必会陷入煽情与庸俗的泥潭，损害节目的权威性和新闻性，甚至影响到整个节目的格调与水准。

主持人或出镜记者不仅是个体的表现，更是广播电视媒体的象征，代表媒体发言，代表舆论与导向，其言行举止都具有典型性和示范性，对受众产生着影响，甚至成为受众潜意识的心理参照系。如果主持人或出镜记者能处理好"符号"与"人格"的关系，接近受众心理上拟定的那个理想角色，就会受到爱戴和认同。

知识点：新闻专题策划的内容

选题意义	内容架构	拍摄计划	拍摄准备	拍摄过程
时效性意义	文字提纲	事件	预算	拟定采访提纲
典型性意义	画面	资料	室外气候	划分拍摄对象
舆论正能量	声音	空镜头	采访对象档期	留足后补镜头

图 5-7　采访现场

第四课 电视新闻专题节目的编辑和制作

电视新闻专题节目的编辑和制作是电视新闻专题节目创作的核心环节,编辑和制作的每一个步骤均关系着电视新闻专题节目效果能否完好呈现。同时,电视新闻专题节目的编辑和制作首先要遵循电视编辑的基本原则。成功的电视编辑必须精心安排镜头拍摄计划,录制一切必要的素材和指示信号;依据制订的编辑方案;选择素材,确定编辑点,运用编辑模式,按操作编辑系统进行编辑。电视编辑是依据编辑点重新创造的一项工作,电视编辑是否成功的关键,一方面取决于编辑工作者对电视设备,电视制作技术原理的熟悉,另一方面则是需要有较高的艺术鉴赏能力,使电视语言明晰易懂、电视画面赏心悦目,让观众感受到健康高雅的审美情趣。

在电视行业里,编辑一词通常有双重含义,既指代一个创作环节,又是一项工种名称。作为工种而言,编辑通常被称为编导,是创作的主要参与者和领导者,负责整个节目的构思、采访、后期剪辑、合成等一系列的工作,在节目创作中有着举足轻重的地位。在电视创作中,在绝大多数情况下,导演和剪辑的责任难以分开,因为电视的素材基本来源于现实,对这些真实的但缺乏情节的零散的素材进行加工处理并且提炼主题,是十分细致的工作,无论是在前期采访拍摄还是后期剪辑过程中,创作者个人判断的影响至关重要,所以,编导必须承担后期剪辑结构的任务。同时,他又必须参与前期的策划,在采编合一的情况下,他还须参加现场拍摄工作,既是记者又是编辑。作为创作环节,编辑工作主要是指电视创作的后期阶段。电视创作是一个较复杂的系统工程,包括了策划、选题、采访、拍摄、剪辑、合成等多个环节,后期阶段主要完成与整合零乱的前期素材、建立完整节目形态相关的一系列工作,在这一阶段里,编辑的主要工作是围绕"剪辑"进行的。剪辑就是按照视听规律和影视语言的语法章法,对原始素材进行选择和重新组合。一部影视片只有视听语言准确流畅,才能很好地讲述事件、表达观念和情绪,而视听语言的形成与表达效果,主要依赖于画面组接的质量。

要对电视新闻专题节目的编辑和制作的要点和流程进行了解,具体则主要需要从电视新闻专题节目的结构、叙事节奏以及视听语言三方面来考虑。

一、 电视新闻专题节目的结构

电视新闻专题节目的结构概念需要从影视结构的概念说起。所谓影视结构,是影视创作者根据对生活的认识,按照对人物形象、事件发展经过以及主题表达的需要,运用电影创作思维及创作手法,主要体现为蒙太奇思维和视听手法,对语言、画面动作等诸多艺术元素进行有机组织与合理安排,以达到最佳的视听传播效果。

电视新闻专题节目的结构同影视结构相比,具备相同的视听语言表现手法和蒙太奇创作思维,但题材却主要集中于以事实为依据的新闻事件,不能为了设定巧妙的结构而抹杀叙事内容的真实性,因此对于电视新闻专题来说,新闻专题内容的真实性是必要的,而结构仅仅为内容服务。

电视新闻专题节目的结构可以按照不同的角度进行类型划分，每一种结构类型的电视新闻专题节目，都各具优势特色，同时也存在一定的不足。根据专题节目的内容、题材以及需求来选择恰当的结构形式，是电视新闻专题节目创作成败的第一步。好的电视新闻专题节目结构应该有利于主题思想的表达、有利于事件内在的关联、有利于新闻传播效果的宣传。同时，好的电视新闻专题节目结构还应该符合逻辑，层次清晰，过渡自然顺畅，各个段落之间协调一致。

1. 按照新闻事件的连续性所进行的结构划分

按照新闻事件所发生的时空连续性所进行的结构划分，可将电视新闻专题节目划分为段落性结构、连续性结构两大类型。

段落性结构指的是在一部电视新闻专题节目中，一个片段与另一个片段之间在叙事上没有紧密的联系，可以独立成章，每一个段落能够说明一个较为完整的新闻事件或阐述观点，但是人物、事件背景等具有同质性，且每一个段落与另一个段落之间都具有相同的主题，相同的叙事线索。

连续性结构同段落式结构刚好相反，需要每一个片段的内容情节具有连续性，这种连续性体现在事件的连接上，上一个段落的结尾能够影响下一个段落的开头，承上启下。

2. 以时间和空间为依据的电视新闻专题结构划分

按照时间和空间对电视新闻专题节目进行结构划分，可将这类片子详细分成时间结构、空间结构和时空结构。

按照时间先后顺序所进行的对新闻时间的纪录通常被称作时间结构。也就是说，这种电视新闻专题节目有着比较鲜明的时间顺序，客观的按照时间进程来再现或表现新闻事件。时间性结构的新闻专题，采取的是线性的叙事手法，脉络及逻辑十分清晰，比较符合大部分观众的审美心理，也是电视新闻专题最常使用的结构方法，因为在客观现实社会中，新闻的发生也遵循时间顺序，这能够最大限度保障新闻事件进行的真实性。

按照不同的空间地域来进行电视新闻专题的版块排列，通常被称为空间结构。这种结构的电视新闻专题，通常有一个既定的核心内容，但是需要在不同空间范围内同时发生，很多仪式、庆典类新闻经常采用这种方式，例如在记录全国各地民众欢度新年时，此类电视新闻专题很有可能采取空间式结构来分版块进行报道。空间式新闻结构所涉及的地理位置是比较多的，因此比较适合宏观的大型题材，对同一新闻不同侧面的重视也是空间结构的优势所在。

结合时间结构和空间结构，进行时空复合结构叙事，在时间和空间这两条线索上同时展开电视新闻叙事，被叫作时空复合结构。例如在记录新闻时，事件在按照时间的顺序向前发展，当时间到达一个结点时，空间也伴随改变。

3. 以新闻事件中的某种逻辑关系所设计的结构方式

有些新闻事件，在制作成电视新闻专题节目时，所涉及的人物、环境比较多，大主题下的小事件也比较复杂，因此需要按照某种特定的逻辑关系来设立新闻专题的结构形式，以达到电视新闻专题的传播效果。

环形结构就是当所拍摄的新闻专题波及的人物、场景过多、过于分散，又需要让多人物、多场景的新闻专题衔接顺畅时所使用的结构方法。例如拍摄来自不同地区的代表进京开会，分组调研的新闻专题，所面临的就是人物多、场景多的局面。在这种题材的新闻专题创作过程中，可以寻找一个人物对应的事件和另一个人物对应的事件的共同点，首尾相接。

复调结构则是两条新闻线索或两条以上的新闻线索同时叙事，相互交叉又相互关联，进而表现同一个既定主题。这种结构模式通常依靠后期剪辑来完成，通过剪辑所呈现出来的复调式结构，主线则会更加清晰，节奏上也不拖沓，能够紧紧吸引受众，造成一定悬念，引发浓厚的观赏兴趣。

通过电视新闻专题记者采访问答的形式来设置专题节目的结构则是问题逻辑结构。在电视新闻专题中，经常会出现一问一答的访谈情形，同时根据访谈情形配合所拍摄画面，进行专题叙事。这种方式最有利的是将本来没有密切联系的画面通过语言问话组接起来，过渡自然流畅。

例如在拍摄高考题材的电视新闻专题时，可以通过如下问题将不同场景、情形的画面串联起来：考试心情如何、从家里到考场的交通是否便利、题目难易程度如何、考场条件如何，等等。

4. 根据叙事特点所进行的结构分类

叙事特点所进行的结构分类主要是将电视新闻专题划分为有相对完整情节的叙事结构和无完整情形的零散化叙事结构。

图 5-8 采访现场

当电视新闻专题围绕一个较为完整的新闻事件进行创作时，这类电视新闻专题被称为有相对完整的叙事情节性新闻专题。它将情节内容、人物关系直接按照事情发展的先后顺序或根据某种逻辑叙述出来，结构影片，使情节重点突出，主题思想明确，观众易于理解。

无情节的零散化叙事结构需要将没有必然线索联系的不同版块、不同画面串联起来，形成一个统一的电视新闻专题节目，这就需要大量的解说词，根据解说词的内容，将没有必然逻辑联系的画面串联起来，以形成一个统一的整体。这种类型的结构形式多用于议论性较强的电视新闻专题以及带有理念宣传形式的新闻专题。

二、　电视新闻专题节目节奏的形成

"节奏"是电视新闻专题创作最为重要的要素之一，不仅如此，社会生活及活动的运转仍然离不开节奏，节奏存在于一切事物中，也是促进社会发展的必要条件。对于电视新闻专题来说，镜头的运动及表现方式、剪辑规则、主持人或出镜记者的台本设置、音乐编辑等内容，均能体现出电视新闻专题的节奏感，只有具备了和谐统一节奏的电视新闻专题，才能使整个新闻的叙事性更加完整、流畅，同时使其观赏性达到最佳状态。

1. 节奏及电视节奏

节奏，源于希腊语 phtmoc，其原意是表示程度，程序、匀称活动之意。英文中"节奏"一词为"Rtythm"，是从"Rhin"（流动）一词引申出来的。在中国古籍中，"节奏"，原指乐音的高下缓急。《礼记·乐记》写道："乐者，心之动也。声者，乐之象也。文采节奏，声之饰也。君子动其本。"随着中国文化节奏的不断发展，节奏不再仅仅指乐音，而且与法制和舞蹈有关。比如《荀子·王制》："案平政教，审节奏，砥砺百姓，为是之日，而兵劲天下劲矣。"

通过上述古代中国及西方的文献，可以看出，节奏这一概念历史悠久，普遍存在于人类社会生活中，是一种客观存在的现象，泛指一切有规律的运动或有规律的事物发展变化。

作为电视艺术，同样存在节奏，不同的节奏能够表现出不同电视节目的情感和主创人员的情怀。电视艺术节奏的最明显呈现方式是视听语言在时间和空间中的变化。此外，叙事的起承转合也能够从内部体现电视艺术作品的节奏分布，也就是说，电视艺术作品的节奏可以被划分为内部节奏和外部节奏。外部节奏是上文所说的视听语言及蒙太奇语法的呈现模式，内部节奏则是时间、空间、主人公情感的变化。从某种程度上来讲，任何一个电视元素，均能够从一定程度上影响节奏模式。

针对电视专题节目来说，内部节奏和外部节奏是相互统一的，在电视专题节目的制作过程中，表现手法井然有序，有章法、有逻辑，才能使片子的独特魅力获得彰显。尤其是电视新闻专题，节奏能否把握好，关系到新闻能否鲜明体现社会价值及意义，也是新闻专题主创人员所必须关注的创作要点。

2. 电视新闻专题节奏的把控要领

要掌握好电视新闻专题节奏，需要在如下几个方面进行领会：镜头运动效果、声音配置、剪辑手法以及情绪渲染元素。

第一，镜头运动效果。在电视新闻专题节目拍摄的过程中，镜头运动的节奏主要包括摄像机运动、被拍摄物体运动以及两者的同步运动。其中，被拍摄物体的运动节奏是客观上的运动节奏，通常无法改变；而摄像机运动的节奏则可以通过一定的拍摄方法进行控制，这是电视新闻专题的主观节奏。在新闻专题拍摄过程中，客观上的运动节奏会被首先考虑，同时结合主观节奏来控制整个电视新闻专题的影像节奏。摄像机自身运动及摄像机功能的调节，都能够改变新闻专题的主观节奏，例如推、拉、摇、移和变焦镜头的使用等。一旦电视新闻叙事出现了情绪上的转折，有效控制镜头运动节奏，能够迅速适应新闻事件的发展，同时也起到了抒发情感的需要。

第二，声音配置。在电视新闻专题里，声音的运用主要以同期声语言和音响为主，这是体现电视新闻真实性的必备要素，音乐作为声音的另一种人为形式，可以从其他层面增加电视新闻的感染力。在一般情况下，快节奏的电视新闻专题利用现场同期声能够增加新闻事件的紧迫感，而慢节奏的电视新闻专题则更多地采用画外旁白，体现一种抒情的力量。

第三，剪辑手法。剪辑手法对电视新闻专题节目节奏的控制通常在素材拍摄之后实现，不论是镜头的编辑组接还是特技的使用，均能够从一定程度上影响整个电视新闻专题的节奏。对于主创人员来说，剪辑节奏的把控需要由电视新闻的选题来确定，民生新闻和战争新闻的节奏一定存在很大差异，连续特写的应用通常能够使新闻专题节目的节奏变快，而每个镜头的长度则更能够直接影响新闻专题的节奏。

第四，情绪渲染。情绪节奏在电视新闻专题中主要是指情节发展的节奏或人物内心情绪起伏，以及因创作者的思绪波澜而产生的节奏，还包括观众欣赏的情感接受节奏。把握好电视新闻专题节目的情绪节奏，才能相应地调整好电视专题节目的编辑节奏和其他语言节奏。电视新闻专题节目中的所有语言节奏都依托情绪节奏而展开，可以说，情绪节奏是整个电视新闻专题节目的节奏核心。在电视新闻专题节目中，情绪节奏因事物发展状态、人物内心状态的不同而产生起伏。在创作过程中，情绪节奏还因创作者的认知角度以及创作者的思想、文化、修养的差异而产生不同的效果。[1]

3. 影响电视新闻专题节目节奏的外部因素

从内部因素来讲，上文提及的电视制作的一系列手法都能够直接影响到电视新闻专题节目的节奏发展，但是伴随着整个电视媒体的不断发展和进步，一些外部因素也在逐渐对电视新闻专题的创作理念进行渗透，从而间接影响着电视新闻专题节奏模式。

第一，电视新闻专题自身的不断发展是其节奏出现变化的首要因素。作为政府的舆论宣传工具，电视新闻专题有着强烈的政治和经济色彩，其主要的题材内容及创作思路要同整个社会政治、经济、文化生活发展密切结合，为社会主义经济建设服务。因此，电视新闻专题需要时时刻刻把握时代的主要思想，使受众在潜移默化中受到启发，从而彰显新闻的魅力。传统时代宣教式的电视新闻已经无法通过直接灌输来使受众了解其价值和意义，当下叙事性强、具有讲述功能的电视新闻专题则因为其更具有可看性，受到了广大受众的青睐。这些电视新闻具备新闻深度，从人物或事件开始叙述，注重细节和

---

① 隋雪：《中国电视专题节目的节奏分析》，东北师范大学硕士学位论文，2011.5.

事件的转折，真正意义上将节奏要素运用到了创作中，使节奏富于变化，一改早期电视新闻节奏单一的现象。

另外，电视新闻专题的传统制作手法多偏重于对真实的原封不动的拍摄，而当下，在不违背事件真实性的基础上，进行艺术再现，能从形式上使电视新闻的视听语言更加生动可看。尤其对于历史题材的电视新闻专题，尽管事件已经过去久远，但仍然对现实社会有积极重要的影响，这种类型的电视新闻专题就更需要进行艺术包装，在忠实历史的基础上进行艺术创作，同时采用现代化的科技手段，把控电视新闻节奏，将较为平淡枯燥的历史新闻资料进行再现，这种进步，对于电视新闻专题来说，也需要对节奏要素的无比重视才能达到其艺术效果。

第二，电视新闻专题主创人员业务素质及观念的变化是影响其节奏要素改变的另一原因。

主创人员是电视新闻专题的业务核心，主创人员业务的进步伴随着电视事业的蓬勃发展及整个国民素质的提高而日趋明显，这使得电视新闻专题的制作水准和质量也越来越高。这一改早期电视新闻用非专业人士进行创作的局面，专业化的电视新闻专题从业队伍正逐步扩大，以满足受众的审美需求，对电视新闻专题的节奏把控也就变得十分精准而熟练，讲究起伏、高潮、落点的电视新闻专题节目，才会受到业界及观众的一致好评。

主创人员观念的变化也使得电视新闻专题的节奏被愈加重视。党的十一届三中全会后，随着改革开放和社会主义现代化建设步伐加快，党的工作重点的转移（由以阶级斗争为核心转移到以经济建设为核心的社会主义现代化建设上来），以及在解放思想、实事求是的方针指引下，我国全面掀起了社会主义现代化建设的新高潮。在如火如荼的改革开放和社会主义现代化建设的大潮中，作为舆论宣传最主要的工具之一的电视新闻专题节目的创作思想也随之发生质的变化，服务经济建设和宣传改革开放的大好形势使电视专题节目的创作主题有了更加多元化选择。[1]

早期政治新闻类型的电视新闻专题不再是其选择的唯一题材，民生新闻、社会新闻、甚至娱乐新闻均可以做成新闻专题，为广大受众所喜爱。不同的新闻题材使电视新闻专题的节奏也不尽相同，主创团队也分工细致，善于利用各式各样的创作手法进行新闻专题的叙事建构，也就是说，这一系列变化带来的是不同新闻题材所直接引发的创作观念的变化，利用节奏来营造新闻事件的叙事氛围，有助于从形式上打动观众，以达到主创人员预期的效果。

4. 受众欣赏水平及审美诉求

从电视新闻专题的角度来讲，受众是一个庞大的观众群体，年龄、身份、喜好呈现出多元化状态。伴随着人们生活水平的提高及生活节奏的加快，广大电视观众对电视新闻专题的审美也提出了更高的要求，宣教式、讲述式、平铺直叙的电视新闻专题已经无法吸引受众的注意力，对快节奏新闻事件的追求是当下电视新闻专题受众的普遍需求，

---

① 隋雪：《中国电视专题节目的节奏分析》，东北师范大学硕士学位论文，2011.5.

这样才能从电视新闻专题中获取更多的信息量，跟上社会发展进步的步伐。

从这个角度来说，受众对电视新闻专题节奏的要求是日趋加快的，只有满足了受众的需求，才能获取更广泛的电视新闻专题影响力。

正如张海潮在《眼球为王：中国电视的数字化、产业化生存》一书中所描述的，中国电视业的基本问题，中国电视重要的战略资源并不是节目生产、资金和设备，而是电视观众。有了观众，才能够有市场，才能够得以不断地发展壮大。百姓是电视节目的最直接观众，是电视节目最广大的市场。目前随着我国电视事业的发展和农村广播电视"村村通"的实施和有线电视、数字电视的普及，电视节目的收视范围有了更广阔的空间，观众选择电视节目的自主权也大大增加，电视节目市场化形势日趋明朗。电视新闻专题也不例外，在日益竞争激烈的形势下，只有做出有可看性的电视新闻专题节目，把控受众欣赏节目的节奏规律，才有可能获得受众的认同。

图 5-9　采访现场

思考与练习

1. 新闻专题节目的类型有哪几种？
2. 新闻专题节目的社会意义及价值体现在哪些方面？
3. 新闻专题节目镜前采访有哪些要求？
4. 谈谈新闻专题节目的舆论引导功能。

拓展训练

以小组为单位，以时下备受关注的新闻事件为基础，策划一档新闻专题节目，以台本的形式呈现出来。

【实训】参与拍摄一档新闻专题，时间不少于15分钟

1. 目的：通过对新闻专题的拍摄训练，能够熟悉新闻专题的制作过程，同时能自主解决在拍摄过程所遇见的问题。

2. 准备：

硬件设备：摄影器材、录音器材、轨道、反光板

人员：摄像、录音、场记、主持人或记者、场务

3. 步骤：

选题策划

分场制订拍摄方案

实拍：空镜、资料、采访、事件

后期剪辑与制作

节目包装

4. 反思：

此次拍摄的最大困难和障碍是什么？

通过拍摄，你觉得最大的收获又是什么？

作为一名新闻专题的创作者，你认为在新闻专题的制作过程中，最重要的是哪一个环节，为什么？

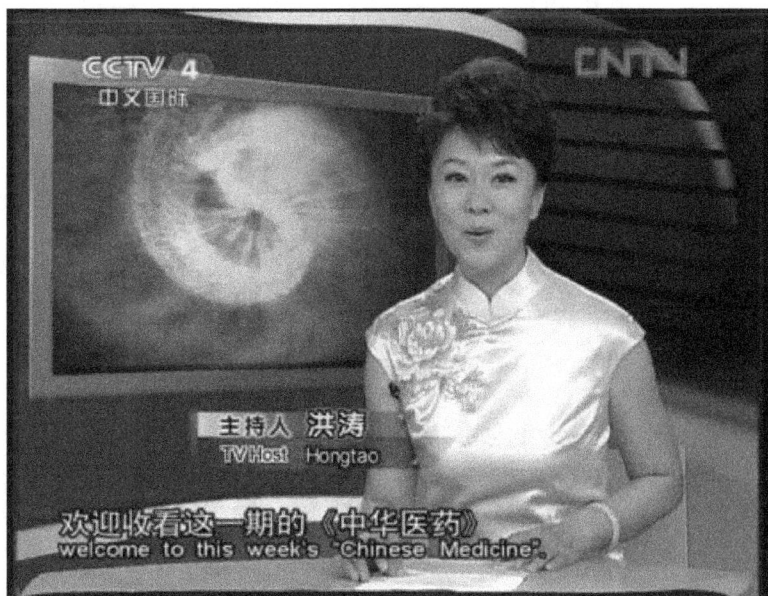

图 5-10　中华医药

第六单元

科普性电视专题节目创作

学习目标

☐ 通过教学使学生充分了解科普性电视专题节目的发展历程。

☐ 能够熟练策划科普电视专题节目。

☐ 掌握科普电视专题节目的视听创作规律。

☐ 培养学生利用现代网络媒体对科普性电视专题节目进行广泛传播的意识。

科普性电视专题节目主要通过电视媒介传播科普知识，使科普知识在最大限度内向广大受众传播，获得较高的普及率。利用电视对科普知识进行传播，具有形象性、生动性、大众化的优势。

视听化的科普知识可以有效利用台词对抽象的知识系统进行逻辑化叙述，也可以利用各种各样的画面手段将抽象的知识具体化呈现，即便是音乐元素，也能够成为烘托科普性电视专题节目氛围的有力元素。

但是，一定要明确的是，科普性电视专题节目的创作一定要遵循科普知识的客观规律，在尊重客观规律的前提下，进行电视视听化的艺术创作，以保障电视对科普知识进行传播的优势体现。

导入案例

案例1：《中华医药》
案例2：《养生堂》
案例3：《百科全说》

图6-1　采访现场

第一课　科普性电视专题节目概述

科普性电视专题节目最初被定义为科教片，全称为"科学教育片"，是传输科学文化知识、推广先进技术经验、传授工艺方法，为广大群众的生活、工作、学习等进行服务的电视节目形态。

从宏观角度来看，科普性电视专题节目同科教片并不完全一致，科教片是科普性电视专题节目最早的一种类型，伴随着电视制作手段、电视节目形态以及电视艺术创作手法的不断发展，科普性电视专题节目突破了传统的科教片样式，开始朝多元化渠道发展。

对科普性电视专题节目进行概念上的阐释，首先要对其发展历程及类型进行界定。不同历史时期的科普性电视专题节目有着不同的界定方式及特征呈现，同时也由于特定历史时期的制作水准、制作流程以及创作手法等不同因素，使得科普性电视专题节目的划分归属也存在相应不同。

一、 不同阶段的科普电视专题节目创作

1. 新中国成立之前的科普性电视专题节目雏形——科教电影

之所以将科普性电视专题节目的创作历程由新中国成立之前的萌芽时期开始论述，主要原因有两点：

首先，尽管在这一时期内，电视艺术尚未诞生，但的确利用电影手法及电影工艺制作出来的科教片具备当下科普性电视专题节目的特征：传播科学知识以及尽量利用客观现实的创作手法进行拍摄及制作。这一时期的科教电影基本奠定了未来科普性电视专题节目整体的创作基调。例如，1923 年拍摄的科教电影《驱灭蚊蝇》，就是以直接讲述驱灭蚊蝇的方法来向广大受众提供相关的知识和经验的。1934 年拍摄的《饮水卫生》也同样以直接告知的方式来向受众强调一种健康生活的方式。[①]

其次，在此之后，科教电影向科普性电视专题节目发展的脉络过程中，均存在一个不变的创作理念：即以纪实性的创作手法来解决人类在生产和生活过程中所遇见的科学难题，或者使人们掌握科学知识，或者使人们掌握某类生存技能，以便获得更为舒适、方便的生活，具有强烈的生产及生活需求。

2. 新中国成立后的科普性电视专题节目——科教片

新中国成立以后到改革开放前，是传统科教片较为兴盛繁荣的一个历史发展时期，尽管在制作上依然以电影的手段及形式为主，但已经开始有意识利用电视媒介这一平台，对科教片进行传播。知识型科教片是这一时期科教片的主要题材，一些影像也被应用在拍摄过程中，以便发展生产力同时提高人们的生活水平。例如 1948 年拍摄的《预防鼠疫》、1951 年拍摄的《预防传染病》《农村卫生》《工厂安全卫生》，都紧密配合着当时的国家安全生产及社会主义建设的需要。

在这一时期，科普性电视专题节目之所以仍然以电影艺术的方式出现，原因主要在于电影艺术诞生早于电视艺术，在其诞生之后的几年时间内，迅速在中国传播，早期的中国电影人对电影艺术的发展进行了一系列探索和尝试，因而积攒了一定的电影创作经验，能够较为娴熟地利用电影来表现各种各样题材及形式的电影作品。[②]

到了电视艺术发展起来后，科教片开始在电视媒介上播出，但借鉴的仍然是电影的

---

① 熊皇《中国大陆电视健康节目发展历程研究》，中国传媒大学博士学位论文，2015.6
② 熊皇《中国大陆电视健康节目发展历程研究》，中国传媒大学博士学位论文，2015.6

形式，并没有将电视的连续叙事性以及实时现场直播的性质呈现出来，也没有充分利用符合电视节目发展规律的视听语言。

也就是说，这一时期的科普性电视专题节目创作是根植于电影艺术的，以科教片的形式出现，利用电影的制作及拍摄手法，向受众传播科学教育知识，制作的形式也十分朴素，很少对影片进行艺术想象及加工，目的性单纯的体现为对疾病、自然灾害、生产及生活过程中的科学问题的解答。

3. 改革开放初期的影视合流——大规模采用电视化的创作手段

早期的科教片发展到 20 世纪 80 年代以后，伴随着人们消费能力的提高，电视逐渐走入家庭，开始正式朝电视化制作手段迈进。即使存在原始电影制作科教片的观念，但电视制作的手段已经开始逐渐使用了，这是科教片影视合流的重要标志。

此外，在这一时期，比较重要的时代背景是国家政策的鼓励。邓小平同志提出的"科学技术是第一生产力"促使科普性电视专题节目的制作大规模兴起，受众希望通过大量的科普知识来提高自身的生活水平。同时，电视的大规模普及使其拥有了大于电影的媒介市场，科教片的传播显然更适合电视媒体。于是，真正意义上的科普性电视专题节目在这一时期诞生了。利用电视制作手段进行创作的科普性专题节目的优势主要体现在如下几个方面。

首先，由于电视制作成本低，周期短，因此能够使科普性电视专题节目的题材多样化，不断涉猎新型学科，介绍最前沿的科技知识。

其次，电视制作手段的不断进步使科普性电视专题节目的表现方式也呈现出诸多丰富的种类，不论是放大摄影、高速、慢速摄影以及相应的特技手段，都能够对相应题材的科教片的影响表达提供恰当的方法。

最后，电视在成为每一个家庭的必备后，越来越以家庭成员的方式参与到家庭日常娱乐休闲生活中去，这使得科普性电视专题节目由生产内容向日常生活内容贴近，受众面广泛，尤其是在人们日趋注重自身生活方式对健康所带来的影响时，对医学健康领域内容中的科普性电视专题节目具有了较大的诉求。另外，全社会所普遍关注的问题也成为这一时期科普性电视专题节目的重要创作题材，例如《增长的代价——人口与经济》，就是从人口增长所带来的负面效应对受众进行控制人口、计划生育等相关卫生健康问题进行普及的。

4. 科普性电视专题节目的探索发展时期

人们物质生活水平的提高与电视媒介的广泛应用，促使大家越来越重视科技知识的传播效率，在尽可能广泛的传播空间中大量传播科普知识，是这一时期科普性电视专题节目的需求。为了响应这一需求，科普性电视专题节目从单级开始向系列形式发展。1996 年，中央电视台科普性电视专题节目首次以栏目的方式出现，《健康之路》的开播正是科普性电视专题节目栏目化的标志。电视化的制作手段全面应用在科普性电视专题节目中，专家现场讲座，与观众互动，场外观众实时连线，均称为电视制作科普性专题节目的有效手段。

2003 年，非典的大规模爆发使广大群众对科普性电视专题节目有了更为细致、精确的要求，物理、化学、数学、生物、天文等单纯理论意义上的科普性电视专题节目不再大受欢迎，受众更为关心的是科普性专题节目是否能够有效解决日常生活中的问题，例如对某种疾病或健康隐患的预防与治疗。

依托于电视栏目自有的传播优势，科普性电视专题节目在贴近人们日常生活的选题中不断提升制作水准，形成了有一定模式的创作、播出及接受环节，大幅度提升了科普知识的传播效果，同时也推动全民在热爱科学、学习科学的道路上向前迈进。

5. 全媒体时期的科普性电视专题节目

根据不完全统计，截至 2014 年，我国网民总数超过了 6.5 亿，增幅迅猛，数量趋于饱和。移动客户端的用户和普通 PC 用户的数量均对科普性电视专题节目产生了巨大影响。中国移动互联网用户平均每天启动 APP 时长 116 分钟，接近 2 小时。同科学相关的 APP 的不断出现，在一定程度上影响了日常收看科普性电视专题节目的受众数量。科普类电视栏目如何同新媒体融合，实现与受众之间的全方位互动，是新时期科普性电视专题创作所要突破的发展瓶颈。

图 6-2　地理中国

二、　我国科普性电视专题节目的分类

将科普性电视专题节目进行创作目的及创作意图视域下的类型划分，是厘清科普性电视专题节目属性和特点的重要前提。

对科普性电视专题节目进行分类，可以从如下几个角度进行考虑。首先是依照内容所进行的科普性电视专题节目类型划分，在此基础上，科普性电视专题节目被划分为数理、生化、农业、医学、机械、天文等几个类型，每一个类型的科教片所涵盖的内容同学科本身密切相关。

按照科普性电视专题节目的呈现形式所进行的分类，是本单元重点论述的内容。不同形式的科普性电视专题节目同时具备不同的特征与优势。基于这一角度进行的科普性电视专题节目分类，主要包括：栏目式科普性电视专题节目、课程式科普性电视专题节目、电影式科普性电视专题节目、叙事性科普电视专题节目、宣传广告式科普电视专题节目、新闻式科普电视专题节目。其中，栏目式科普性电视专题节目及宣传广告式科普电视专题节目是当下较为受欢迎的科教片类型。

1. 栏目式科普性电视专题节目

栏目式科普性电视专题节目兴起于单集电视科普片，但是却解决了诸多单集电视科普片所无法解决的问题。最为重要的是栏目式科普性电视专题节目能够使某一受到关注的科教话题形成连续性播出规律，同时充分利用了电视媒介能够长期播出某一节目样式，形成较为固定的受众群体的优势。

栏目式科普性电视专题节目出现的原因同电视媒介的日益发达密不可分，但更为重要的是广大受众对科学知识的诉求与渴望。当某一科学知识为较为广泛的受众群体所需求的时候，就必须以栏目的形式进行科教知识的大众传播，电视恰好充当了大众传播的最有利媒介。

20 世纪 60 年代初期，中央电视台的《医学顾问》率先尝试了利用电视来传播医学知识的途径，尽管由于电视的低普及率使这一栏目没有获得预期的收视效果，但这种栏目式科普性电视专题节目的制作方式却十分值得借鉴。

20 年后，20 世纪 80 年代中期，科普性电视专题节目再次尝试栏目化制作，上海电视台的《健康与长寿》、山西电视台的《卫生与健康》均在利用栏目化运作来完成科普性专题节目的大众传播，获得了一定的收视效果，广大观众的来信充分说明了受众对这种类型电视节目的关注。

到了 20 世纪 90 年代，伴随着知识经济的到来，广大受众对科教知识的诉求达到了一定高度，传统意义上的、通过科普性电视片所进行的知识传播已经无法满足受众的长期需要，且受众的审美也对电视节目提出了多样化的更高要求。因此，新时期的栏目式科普电视专题诞生了，其代表作品是 1996 年中央电视台的栏目式科普专题节目《健康之路》。从内容上来看，新时期的栏目式科普电视专题的最大特点是对人们日常生活的无限贴近，因此，医学养生类科普节目获得了最大范围的关注。在日常生活养生方法与树立科普思想意识并重的观念下，一系列栏目式健康养生类科普节目应运而生。

栏目式科普电视专题节目的制作手法及表现方式主要有如下几种：

第一，多重角色及多种元素参与创作。这主要体现为主持人、嘉宾、遭遇到科普问题的典型案例、普通观众四类角色共同参与科普性电视专题制作。这就使此类科普性电视专题有了更多的叙事角度及人物积极参与，更具有可看性。

第二，具有可看性的叙事元素。栏目式科普性电视专题节目通常需要一个可看性的故事元素作为背景，进行科普知识的传播。这主要由于电视作为大众传播媒介，为了获取可观的收视率，必须存在可看的叙事元素，增加相对来说内容枯燥的科普专题节目的可看性。但是，可看性的叙事元素一旦存在，会使节目本身的知识含量减少，为了将科普知识完整的传播出来，就不得不增加节目时间长度，这也成为促使科普类专题节目由单集播出转向栏目播出。

第三，具有丰富多元的视听语言表达手法。电视作为一种综合性的视听传播媒介，在进行科普知识传播的过程中，需要使用符合自身特色的传播语言，将画面和声音共同结合使用，这样才能更为生动、形象、全面的对科普知识进行传播，尤其对于抽象化的科普理论时，电视具象的画面及声音语言能够使科普知识传达的更为通俗易懂。丰富多元化的视听语言表达手法主要包括动画演示、特技制作、具有叙事性画面的人物活动、生动的音响及音乐等内容。

第四，栏目式科普专题节目创作十分注重现代电视节目的综合化表现方式。尽管栏目式科普专题节目的内容局限于科学技术知识，但是为了获取更广泛的收视率及受众群体，这类栏目也在注重利用其他节目类型中的有利元素，借鉴及融合，将栏目打造成集娱乐元素、科学元素、故事元素等多样化节目形态，不断推陈出新，使科普技术知识的传播效果越来越好。例如，医学养生类栏目同脱口秀的结合，用综艺节目的表现方式来介绍医学知识；现场就诊看病同谈话类节目结合，外景拍摄、历史文献资料使用、典故引用等方式均使科普类栏目深入浅出。

第五，栏目式科普专题节目必须要树立服务大众的理念。既然科普专题节目以栏目的形式出现，就说明这种电视节目的播出时间形成了一定的规律，在每周，甚至每天的固定时间同广大观众见面，因此其栏目的宗旨一定是服务于大众的，而不能仅仅停留在理论系统的对科普知识的描述上，将知识体系描述并应用到生活实处，解决好百姓日常生活中所遇见的种种问题，才是栏目式科普专题节目制作并播出的最大意义。

2. 宣传广告式科普电视专题节目

宣传广告式科普电视专题节目主要以宣传某种科普观念、某项科普活动以及某种同科技相关的产品、企业等内容为主要拍摄对象，希望通过电视专题节目的表现手法，获得良好的理念或商品传播效果。宣传广告式科普电视专题节目又可以被详细划分为公益科普理念宣传、商业产品宣传两大类别。

公益科普理念宣传是为公共谋求利益同时提高公共福利待遇而特别定制的科普宣传片，用来表现科普意识及科普对整个社会的责任感，主要特征在于无盈利目的，一切从受众需求出发，体现一种积极向上、大众责任的传播意识，是社会效益与科普公益主题的双重实现。换句话说，公益科普性宣传片的特征在于它的社会性，它所传播的一定是全社会共同关注的科普理念，例如戒烟、戒毒、空气污染等科普专题的制作，不论是直接同上述行为相关的受众，还是普通受众，都能够引起共鸣，因此，这种类型的科普宣传是社会性和公众性的。

成熟的宣传广告式科普电视专题节目需要具备如下特征：对所宣传科普观念的本质

进行深刻准确的揭示，不能模棱两可。例如，中央电视台曾播过一条警告吸烟危害生命的公益广告。电视画面中，在醒目的位置上显出"吸烟"两个大字，背景上是吸烟危及健康的组合画面，"烟"字半边的"火"将一支香烟点燃后熊熊地燃烧着，烧出了一连串惊人的数字：全世界每年因吸烟所引起的死亡人数达 300 万，占全年死亡人数的 5%；世界上每 10 秒就有 1 人因吸烟而丧命；我国 15 岁以上男性吸烟率平均为 61%；深沉的画外音进一步作了本质的揭示：吸烟是继战争、饥饿和瘟疫之后，对人类生存的最大威胁。

　　一组惊人的数字，一句振聋发聩的警告，从本质上道出了吸烟的危害，让人们看后胆战心惊，利害自明，从而收到了良好的宣传警示效果。

　　另外，宣传广告式科普电视专题节目还需要节奏紧凑，禁止拖沓，将所要表达的观念进行艺术浓缩，给人留以深刻印象，这样才会有强大的感染力和说服力。在不违背科普知识的客观性与科学性的前提下，这类宣传广告可以进行适当的艺术渲染及夸张，甚至进行精妙的比喻，这种比喻既可以通过台词来体现，也可以通过画面来体现。

　　例如在讲述节约水源的科普知识时，可以将最后的一滴水源比喻成人类自己的眼泪，画面也能够进行有效配合，让受众明确体会到一种触目惊心的感受。

　　商业产品宣传式科普电视专题节目注重的则是同科普相关的产品的经济效益。因此这类电视专题节目要在尊重科学事实的基础上，注重画面及声音表达的艺术性及审美性，这样才能最大限度地从形式上吸引客户，获取经济效益。

　　树立科技产品或企业的品牌形象，准确表达产品功能及作用、引导消费者进行适当购买，同时满足消费者的生活需求，才是商业产品宣传式科普电视专题节目的最大意义所在。

图 6-3　采访现场

三、　科普性电视专题节目的概念及特点

综合上述科普性电视专题节目的创作历程及分类，可以将科普性电视专题节目的概念总结为：科普性电视专题节目是科学教育片电视化、专题节目发展成熟后的产物，其目的在于传输科学文化知识、推广先进的技术经验、传授工艺方法、健康常识，为广大群众的社会生活、工作及学习服务的电视节目类型。它所采取的形式是电视专题节目的制作形式，利用视听语言及蒙太奇手段呈现专题节目内容。

对科普性电视专题节目特点进行归纳总结时，首先应先明确一个前提，即本书所涉及的科普性电视专题节目指的是当代具有栏目性、娱乐性、综合性特质的，符合现代电视观众欣赏品味及传播模式的科普专题节目，与传统意义上的科教电影、科教片所呈现的特征相比，更加多元而复杂化。

现代科普性电视专题节目的特点可以归纳为如下几个方面。

1. 兼顾科学性、思想性与艺术性

高度的思想性和科学性是科普性电视专题节目存在的基础，也就是说，科教片的存在必须解决生活问题，同时又具有一定的主题思想。这在早期的科教片中，该特征就鲜明地体现出来，是科普性电视专题节目发展至今一直贯穿的创作理念。对此观点，学者洪林在《更高的思想性、更丰富的科学内容》一文中提出："科教片中的思想性与科学内容不只是不可缺一，同时还应是不可分割的。如果叙其所叙，议其所议，二者互不相关，不能吻合，那么影片也就不会成为完整统一的了。"

也就是说，科普性电视专题节目的主要任务是将科学性理念传播给广大电视受众，充分利用的是听话的电视语言，将抽象的科学用具象的声音及画面进行传播。不论利用何种手段，从本质上来说，都是展示科学技术、科学知识、科学思想、科学文化及科学精神的媒介产品，媒介产品的艺术性即使是面对科普性电视专题节目这样内容的节目类型，同样需要具备。

2. 科普性专题节目的时代特征较强

既然科普性专题节目讲述的是科学知识，而科学知识的发展也会伴随着时代的发展、生产力的发展、人类知识积累的发展，甚至人们对电视艺术审美需求的发展不断更新。因此，科普性专题节目具有超强的时代精神，这一特征具体体现在如下两个方面：

首先，科普性电视专题节目的内容在不断更新，例如早期的科教片所涉及的多是一些恶性传染疾病、自然灾害、工业生产等内容，而伴随着生产力的不断发展，人们的基本生存及生产条件已经满足，开始转向对一些健康养生类知识的关注，于是当代的科普性电视专题节目的题材多为对健康知识的传播。而一旦发生自然灾害，例如地震、水灾等，同时又会出现一些和这些自然灾害相关题材的科普性电视专题。总体来说，科普性电视专题节目的内容一直以符合当下受众生活需求为重点对象，具有鲜明的时代感。

其次，科普性电视专题节目的形式也面临着电视视听语言手段的发达而不断产生变化。这同不断改变的电视观众的审美理念密切相关，同时也和不断发展的电视节目制作手段及多元化的电视制作理念不可分割。综艺化、娱乐化、访谈化、互动化的科普性电视专题越来越受到广大电视观众的青睐，传统意义上的科教片也在一改以往的表现形式，以适合现代观众的欣赏品味。只有充分调动起一切电视制作元素及呈现手段，才能给受众最广阔的联想空间，通过多元化的科普性电视专题充分调动电视观众的思维潜力和思想动力。

这也说明，科普性电视专题节目的主创人员要保持不断创新的思维理念，开拓创作视野，使科普性电视专题节目顺应时代发展的潮流。

3. 通过讲故事来普及科学知识

为了一改传统科普性电视专题节目的机械、枯燥、娱乐化、可看性不强的不利因素，将故事元素融入科普性电视专题中去，是现代化科普电视专题经常采用的手段。科普性电视专题的故事化手段，就是将科学内容融入故事中，通过视听化的叙事情节表达出来，这不仅能够提高科普性电视专题的收视率，同时也增强了科普性电视专题的观赏性和艺术性。也就是说，科普性电视专题节目在内容上的科学性本来就会让观众感到一定的严肃感和距离感，只有通过讲故事的手法来增强影片表达形式的亲切度，才能提升科教电视的可视性和审美体验，才不会使观众感到收看过程中的审美疲劳。

结构、叙述、悬念、节奏、细节等故事手法均可以大量应用到科普性电视专题中，在科普性专题节目中融入故事元素的方式主要包括如下几种：

第一，可以在某种科普知识理念中探寻其中的故事元素，通过合理的叙事编排技巧，将科普信息传播出来。虽然这类专题的本质在于客观、真实的科学知识，但如果并不影响科学知识的真实性与客观性，采取故事化手段对其进行渲染是可以被允许的。这不仅能够较为清晰、完整地将科学技术、科学知识和科学方法通过影像来展现，还能够让观众通过记忆深刻的故事更加深刻地了解科普性电视专题节目中的科学精神与人文内涵。

例如在讲喝醋与人体健康、血管软化的科学知识时，就可以将相关的科学理念同一个人物进行关联，这个人物可以在日常的简单生活中通过编导设定的一两个案例来阐释喝醋与血管软化。这样，较为枯燥、抽象的科普知识就和普通人的叙事结合起来，使其更具有观赏性和说服力。

当下，不少科普性电视专题节目很好地彰显了故事性特色，编导及主创人员充分发掘了科学理念背后的故事情节，通过有力的细节表现与精心编排的情节创作出一大批故事性强的科普电视专题作品，让科学内容成为故事情节的有机组成部分，以通俗生动的形式表现出来。

第二，利用视听语言建构叙事语境。早期科普性影视片固然存在创作观念和手法上以实用性为先、平铺直叙科普知识，没有考虑科教性影片的故事元素，但从形式层面上来看，早期科普性影视片的视听语言创作多采取对科普知识进行直接叙述的解说词方式，配合简单的画面，语言的论述化及说明化直接决定了科普影片的论述化及说明化。到了当下，伴随着广播电视叙事手段及视听呈现的多样化发展趋势，科普性电视专题节目的主创人员才意识到，适当地运用视听语言来增强科普性电视专题的故事成分，对于吸引受众，以更广泛的普及科学知识，具有十分显著的效果。

从语言入手，将科普性电视专题节目的内容植入于一个相对完整的叙事链条，配合有人物、有运动的画面以及具有客观音响和一定风格的音乐要素，则会从形式上增强此类电视节目的故事成分。

例如我们在拍摄预防流行性感冒的科教片时，如果不注重视听语言的表达，片中出现的可能就是一些空洞的，诸如病菌微观镜头、口罩、医院等元素和阐述流行性感冒病因的解说词；一旦将这些植入一个故事，从一个家庭成员经历流行性感冒的历程到在这一历程中的防范或治疗措施，再到远离流行性感冒，这就形成了一个较为完善而封闭的叙事性链条，使科普性电视专题节目具有了一定的生动故事性。①

第三，可以在科普性电视专题制作过程中产生灵感，找寻叙事性元素。在既定的科普性电视专题中，选题一旦确定，就需要对其中的故事进行挖掘或设定，即使已经存在了可选择的故事元素，仍然需要注意在制作过程中对情节点的发现，任何一个采访对象、任何一个拍摄场景，都有可能出现意想不到的故事，在这种情况下发生的故事，往往最为真实可信，加强了科普性专题的真实性程度。

4. 理性的科学常识与感性的人文情怀并重

作为人类自身向前不断发展的精神力量及活动方式的总结，文化在我们的日常生活中起着不可估量的作用，包括物质和精神上的成果、社会典章制度的形成、规范和日常习俗等，均是人类文化的彰显。不论是工业生产活动还是科学技术发明，都渗透着相应的文化内涵。对于电视艺术媒介来说，作为传播科学知识的平台，同样需要在理性讲述科学常识的同时，兼顾其中的人文情怀。《辞海》中将人文的定义总结为"人类社会的各种文化现象"。在科普性电视专题节目中，人文主义情怀体现为一种先进的价值观念，包括对弱者的尊重、对科学的尊重，在理性客观的基础上，具备一定程度的情感补充。

例如北京电视台的科普性电视专题节目《养生堂》，尽管以栏目的方式出现来传播科普健康知识，但是处处体现着对身体状况不佳的人群的关注，该节目每一期都选定一个或几个具体案例，讲述案例中的个体生病的原因，并进行中医文化理论上的解释，在简单质朴的叙事氛围中，传达了一种对处于健康困境中的人群的关爱。

5. 不断尝试新的节目制作方法

不断尝试全新的节目制作方法，是当代科普性电视专题节目的发展趋势。这同日益发达的电视节目制作手段以及电视观众审美理念的变化密切关联。同传统科教片时代的节目制作形式相比，当代的科普性电视专题节目最常见的节目制作手段主要包括直播及综艺化两个内容。

首先，采取直播手段进行科普性电视专题是科普信息利用电视媒介进行传播时所获得的最有利优势。但是，需要说明的是，采取直播手段并不意味着百分之百一定进行现场直播，而是巧妙利用直播手段，使科普知识在传播的过程中更有说服力。总结起来，采取直播手段所进行的科普性电视专题创作主要有两种方法：

第一，真正意义上的采取直播手段，将现场直播环节植入到专题节目中去。例如很多健康类科普电视专题，经常会根据每一期的既定主题，设计现场连线问答环节，让现

---

① 熊皇《中国大陆电视健康节目发展历程研究》，中国传媒大学博士学位论文，2015.6

场参与节目录制的专家来接受场外观众的电话或网络咨询，这就充分利用了电视节目直播的优势与实时导播切换，对于受众来说，有一种亲自来到现场，亲自参与节目的真实感，强化了节目的权威性。

第二，利用电视节目直播制作手段，营造现场氛围。为了使科学知识更加深入、准确、科学、直观的阐释给受众，枯燥的口头讲述已经很难满足受众欣赏电视节目的需要，解决这一困境的手段即是利用电视节目直播的方法，将相关科学实验的过程融入科普性电视专题节目中，电视观众在收看节目的同时，熟悉了科普知识的实验结论及依据，印证了节目的权威性，而实验过程本身尽管利用视听语言全程记录，但也会经过后期编排，与整个科普电视专题融为一体，并不是实时现场直播。

其次，新的节目制作手段还包括综艺化的节目呈现方式。综艺化的节目呈现方式离不开两个要素：一是娱乐，二是多元。

第一，从娱乐的角度来看，节目分为轻松、欢快，在间隔时间内有搞笑元素存在，有一定的看点是其基本条件，例如有些科普性电视专题会邀请一些明星偶像来参与其中，或者利用脱口秀的节目形式进行科普知识讲述，同时充分利用电视后期制作的技术手段，使演播室或节目录制场地显得与众不同。

第二，从多元化的角度来看，科普性电视专题节目所采用的节目形式是多种多样的，不论是谈话类节目、综艺节目、赛制真人秀节目，都有可能融入科普性电视专题节目中，很多现代化的传播手段，微博、微信等互动工具也成为科普性电视专题节目与观众互动的工具，这均从不同的角度增加了节目的娱乐性和可看性。

6. 节目受众划分越来越细致

科普知识是一个包含内容广泛的宏大概念，从分类的角度，就可以将科普知识进行诸多种类的划分。科普知识既包括专业领域的科技知识内容，也包括日常生活百姓所希望了解到的生活科技。按照学科的划分，也可以将科普知识划分为数学、化学、天文、医学、物理、农业科技等。但从电视节目的角度来说，科普知识的划分则应该充分考虑到电视节目的受众划分方式，职业、年龄、性别等均是电视受众划分所考虑的依据。在科普知识自身所存在的分类及电视受众进行分众划分的基础上，科普性电视专题也会被越来越细致的进行有针对性的内容创作。

有些科普类知识适合于儿童，有些则适合中老年人，有些适合的是特定专业的工作人员，明确目标，制作有鲜明指向性、针对性、专业性的科普性电视专题节目，十分有利于科普性电视专题的持续性发展。

伴随着中国电视产业的不断蓬勃发展，还有一些科普性电视专题的针对性是海外受众，例如中央电视台《中华医药》于1998年创办并开播，其中包含着三大板块，分别为《健康故事》《仲景养生坊》《洪涛信箱》，同常规电视健康传播类栏目不同，《中华医药》并不是在电视媒介上诊断病情或解答健康隐患问题，而是以传播中药文化为己任，向海外同胞及世界人民介绍中国传统医药文化的内涵及功能，是一档具有较高文化品位的服务性栏目，普及了中医知识，也传播了中医文化。[①]

上述科普性电视专题的创作特征充分说明，这类电视节目在制作的过程中，既要考虑到科普知识、理念的内容传播，也要充分考虑到同电视节目制作相关的法则，只有将电视制作的优势尽最大可能发挥出来，应用到科普知识的传播过程中去，才能出现越来越优秀的科普性电视专题作品。

知识点：科普性电视专题的制作流程

题材与内容	普通生活知识	行业专项知识	年龄分层知识	特定阶段性知识
表现形式	访谈	记录	综艺娱乐	讲座
制作流程	专家把关台本	依照台本内容拍摄	同期采访	特技制作

图 6-4　采访现场

第二课　科普性电视专题节目创作要求

一、　主题集中明确、内容通俗易懂

主题集中明确、内容通俗易懂，是科普性电视专题节目创作的基本要求。这一要求的提出，主要是由科普性电视专题节目的内容和传播方式来决定的。

---

① 熊皇《中国大陆电视健康节目发展历程研究》，中国传媒大学博士学位论文，2015.6

首先，从内容的角度上来说，科普性电视专题的内容主要以传播科学技术知识为主，科学技术知识必须要明确简单、直接深入的阐述出主题，然后再围绕主题进行科学原理的具体论述，这样才能使观众在第一时间明确节目的主旨，从而在某一主旨的引领下，进入收看语境。因为从传统的电视节目相比，科普性电视专题的内容毕竟有相当成分的技术性，并不以娱乐和休闲为目的，是具有学习功能及实用性功能的节目类型，需要在有逻辑、有体系、鲜明的知识点的前提下，再利用电视制作手段，将其制作成易于大众传播的专题节目。

其次，从电视的媒介属性来讲，它属于大众化传播媒介，受众群体需要尽可能广泛，这样才能最大限度地普及科学知识。因此科普性电视专题节目的内容需要通俗易懂，为最普遍的受众所接受，这样才能显示出电视作为大众传播媒介的优势。

另外，电视的语言运用的是视听思维，视听思维的重要特征就是形象而直观，过于深刻、抽象以及复杂的科学问题并不适合利用视听媒介进行传播，因此从这一角度上来看，科普性电视专题的选题范畴就被限定为适合大众媒介传播的科学内容。

二、　　注重细节塑造

科普性电视专题节目的细节也至关重要，准确的细节把控能够准确生动地呈现科学原理，同时对专题节目的叙事发展起到一定的推动作用。科普性电视专题节目的细节表现要求真实性与生动性的统一，细节也为其中的叙事内容的真实性提供了坚实的基础。甚至从某种程度上来讲，细节的呈现是判断科普性电视专题节目成功与否的关键元素。

首先，细节对于科普性电视专题节目的知识点呈现作用重大。有些科普知识的知识点比较抽象，宏观的讲述无法让广大受众普遍理解和接受，融入细节后，会加深大家对某些知识点的印象，巩固记忆，使科普知识更加深入人心。

其次，科普性电视专题节目在创作过程中，需要一定的叙事能动性，这样才能够最大限度提高科普性电视专题节目的可看程度。叙事能动性的提升同时离不开人物和情节的发展，细节对于人物个性的表现与专题节目情节及环境的刻画都能够提供相应的帮助，甚至情感氛围、主题升华都能够从生动的细节元素中获取动力。

最后，科普性电视专题节目的生动性源于创作者对其中细节元素的正确把控。细节往往也能够在最大限度内吸引受众的注意力，营造科普专题节目的真实性氛围，从而触动观众，给观众留下更为深刻的印象，激发观众的认同感。

对于创作人员来说，具备一定的科普性电视专题节目的细节运用技巧，明确该类电视节目对细节运用的具体要求，才能使科普性电视专题节目的感染力与创造力更加饱满，也只有保证细节的真实性，才能弥补科普性专题节目情节叙事缺乏动力的不足。实际上，科普性电视专题主要以传达科学知识为目的，情节相对于其他题材的专题节目来说，相对简单，那么，这类电视节目对细节的要求就会更高，这样才能使观众产生较为深刻的共鸣，创造出生动鲜活的电视作品。

图6-5 帝企鹅

三、 充分发挥电视普及科学信息的功能及作用

　　最为当下受众所关注、话语权威最大、发布信息最为真实的大众传播媒介，电视媒体的功能和作用对于普及科学信息来说具有十分重要的意义。电视媒体属于事业单位，代表最广泛的公共利益，因此也就负有提高全社会成员日常生活水平、文化水平的责任，因此，必须进一步发挥电视作为大众传播媒介在普及科学知识过程中的积极作用。

　　1. 利用电视媒体的双重身份

　　电视媒体在科普性电视专题节目创作过程中，身份不仅仅是科普内容的传播者，同时也利用自身的视听语言语法规则，参与到科普电视专题节目的创作过程中。

　　电视媒体的身份体现为科普知识的传播者。作为科普性电视专题节目，电视媒体首先的任务就是传播科普知识，使广大受众通过电视节目对科学技术知识有所了解，提高自身的生活水平以及应对科学难题的技巧。一旦某种科普知识需要在公众范围内传播，电视媒体就应当义不容辞的承担起这一责任，其中，科普性电视专题就具备这样的功能。例如在非典大规模爆发时，预防非典的科普性电视专题节目成为收视率最高的电视节目，使民众的需求得到了最大限度的满足。此刻，电视的传播作用发挥的十分突出。

　　2. 电视媒体应积极同其他行业部门取得联系

　　电视媒体在传播科普知识的同时，还体现为联系其他有关部门的桥梁及纽带。科普知识的内容及题材经常会同其他许多相关部门发生联系，属于电视媒介传播内容中较为特殊的部分，同时还关系到广大人民群众的切身利益，不论是政府、医院、农业、化工、科研机构等行业部门，都有可能与电视媒体传播的科普内容密切相关。因此在进行科普性电视专题节目创作时，电视媒体需要同其他各个部门保持联系，做好采访对接、政策批示等相关工作。与此同时，科普性电视专题创作的主创人员还需要同其他行业部门的专业人员共同探讨科普电视专题的内容问题，以达到自由交流、碰撞思想，将科普性电视专题节目做到专业化与可看性同时兼顾的完善状态，最终满足全社会最广泛人群的需求，收到良好的健康传播效果。

电视媒体在进行科普性电视专题节目创作时，应经常联合其他行业部门机构，实现专题节目的联合创作。毕竟科普内容题材的专题节目需要一定的专业行业人士进行内容的提供及把关，因此相关行业机构一旦发现值得进行传播的科普知识，需要与电视台进行通力合作，以联合报道的机制，进行科普知识的传播，进而体现出不同行业部门资源共享的优势。

实际上，很多相关的科普性电视制作理念已经形成，甚至形成了较为特殊的电视行业与其他行业联合制作节目的部门，例如农业频道所针对的就是农业科普知识节目的制作，这对农业科普知识的传播来讲，十分方便快捷。

综上所述，科普性电视专题节目的制作，不仅仅是对科普知识的传播，而是在不同领域、各个部门之间所形成的联动合作关系，力图将电视媒体的多重身份功能最大限度地发挥出来。此类节目在多学科的背景下成长并发展，建立一个良好的媒介传播氛围，是电视媒体与其他相关部门机构共同传播科普知识的必要条件。

知识点：科普性电视专题的注意事项

题材内容	行业规范	受众传播	视听氛围	形式呈现
与时俱进	专家把关	避免软广告	恰当运用特技	切忌将娱乐化替代专业化

第三课　科普性电视专题节目的创作技巧

一、　增强科普性电视专题节目的亲和力

科普性电视专题节目由于其题材内容的特殊性，往往会因缺乏娱乐、放松的节目要素而显得可看性较弱。为了使科普知识有一个更好地传播氛围，增强科普性电视专题节目的节目亲和力尤为重要。这样才能从一定程度上，一改节目严肃、紧张的氛围，使节目的传播语境具有一定的大众媒介所应有的轻松及娱乐精神。例如湖南卫视的科普性电视专题节目《百科全说》栏目，就是用脱口秀的形式来进行健康传播内容的电视语言讲述，观众在获取健康信息的同时，获得了丰富的知识，并通过主持人和观众的互动，使节目形式活泼生动化。节目间歇时间，还播放一些短小、通俗的生活保健小常识，让电视明星来对这些常识进行讲解，不仅增加了可看性，还提升了这一电视健康传播栏目的收视率。

从这一例子可以看出，用电视进行科普知识的传播，才能够将电视所具备的大众传

播媒介特质与节目本身完好结合，获取更大的传播动力。

增强科普性电视专题亲和力的方法主要包括：

第一，通过主持人或出镜记者的交流互动与观众之间进行亲和力氛围的建构。主持人或出镜记者是连接电视节目与观众之间的纽带，其亲和力表现得恰当与否，关系到整个科普性电视专题节目的亲和力。只有主持人同受众之间进行共鸣性的沟通，节目的传播价值才能够体现，恰当的自我表现以及情感交流都能够使受众赢得对节目内容的信任与喜爱，这一切的实现途径离不开主持人或出镜记者的话语表达沟通。

第二，将科普性电视专题的内容尽量以贴近生活的方式进行传播，以身边的人物或事件为叙事线索，才能够使较为专业的科普知识变得通俗化、生活化，同时也避免了专业科普知识为受众带来的生疏感。

二、 注重科普性电视专题节目的叙事氛围建构

将本来严肃、枯燥的科普性电视专题节目融入叙事情境，将会大幅度增加科普性电视专题节目的可看性。另外，从电视媒介自身的特征来说，任何电视节目都存在一个叙事文本，不论这个节目本身是否具有叙事动力，是否存在必要的叙事情节，电视文本都应该将视听语言所带来的叙事氛围传达给受众，以此达到两个目的：第一，增加科普性电视专题节目的可看性；第二，使科普性电视专题节目更通俗易懂，获取更广泛的收视群体。

建构科普性电视专题节目叙事氛围的途径主要有两种方式：

第一，将科普性电视专题节目所要讲述的知识融入生活中的人物或事件，由一个人物作为科普知识的亲历者，来讲述科普知识的主要内容。例如，中央电视台的《中华医药》栏目，经常将医学科普知识植入到一个普通人身上，由他带领广大受众一同对某一科普知识进行解答。其中有一期科普性电视专题的名字叫作《我的健脑秘方》，由一位 79 岁的老人刘志鳌讲述自身的经历，使节目具备强大的叙事动力，观众解读得也更为通俗。

"他年纪最大却记性最好：我都能背，一字不漏地背下来。佩服得不得了，我们现在比他年轻了这么多，说什么话前面说了后面就忘。他巧动手指开启大脑：反正保证早上一次晚上一次那是雷打不动的。这是一个双向的调整，有清心明目，健脑安神，提高记忆力的作用。健康故事我的健脑妙方马上播出。"

这一节目的叙事点由老人的一次中风所导致的记忆力变差开始，揭开中风事件发生之后，刘志鳌老人如何强化记忆健脑的秘诀。专家在这一过程中，穿插其中介绍同健康传播相关的知识，并结合刘志鳌的实例，既有丰富的理论性，又具有生动的案例作为证明。

"小中风就是中风预兆，又叫暂时性缺血中风，临床表现有肢体不灵活、眩晕、语言困难、记忆力障碍等，引起这些症状的原因就是大脑慢性供血不足，由于缺血缺氧，致使脑功能衰退。而刘志鳌的担心也不是没有道理的，如果对慢性脑供血不足不加以重视的话，发展下去就有可能发生老年痴呆症或者是脑中风。可是节目一开始，我们明明看到刘志鳌在那儿展现他的好记性，当初的担心完全没有出现，难道他有什么健脑的好办

法吗？他说，的确有，而且很简单。"通过专家对中风危害的介绍同当下节目中刘志鳌老人的现状进行比对，观众自然希望能够通过案例所带来的悬念揭开他健脑的秘诀。

上述专家对中风知识的讲述，就显得不那么枯燥而抽象，因为其讲述的过程中，是伴随有刘志鳌老人自身所带来的叙事氛围及叙事语境的。在故事中学习科普知识，是科普性电视专题节目吸引观众的最好方式。

第二，直接将抽象的科普性电视专题节目通过台词进行讲述，同时插入具体人物范例，增加科普性电视专题的叙事性。一档具有丰富内容及形式的科普性电视专题，离不开生动的案例进行支撑，这一案例能够从某种程度上反映一个群体的问题，具有代表性，尤其对于一个原理上比较复杂的科普知识概念，案例的提供将更为清晰、通俗地将知识讲述出来，从案例入手，丰富科普电视专题的传播内容，在具体事件和具体人物的支撑下，科普知识的原理被一层层揭示出来，电视媒体的叙事功能也就充分发挥出来了。

依然以中央电视台《中华医药》栏目为例，这一科普性电视专题栏目利用每一期的一个当事人所亲身经历的故事，进而引出疾病的发病原理，向受众详细阐述与相应疾病相关联的预防或治疗知识。《生命之舞》通过癌症病人王晶利用舞蹈绽放生命的故事来传播给受众一个关于舞蹈养生的理念："有研究表明，平均每跳一曲拉丁舞，腰部的扭转就有160～180次，女舞者的最高心率可以达到每分钟197次，男舞者的最高心率可以达到每分钟210次。相当于运动员完成800米奔跑的热能消耗，对心血管、呼吸系统、肌肉、关节、脊柱都有很强的锻炼作用。特别值得一提的是，因为风格热情奔放，所以通过跳拉丁舞，能够逐步帮助练习者克服心理上的胆怯、恐惧，可以缓解情绪抑郁，培养自信、自强的心理素质。您想，李珍华本来就酷爱舞蹈，迷上拉丁舞之后，更是异常投入，而拉丁舞对生理和心理上的锻炼作用，恰恰对她癌症手术后体力下降、心情抑郁的问题有帮助……"

《灸去你的痛》中张女士通过中医传统方法"雷火灸"祛除疼痛、《生死九昼夜》通过张玉华肚子疼的案例来阐述治疗这种病痛的不寻常方法。通过一系列案例的讲述方式，可以看出，较为成熟的健康传播栏目离不开丰富的故事元素和讲述故事元素的叙事动力，这些都需要案例来对其进行提供，使整个原来只有理论知识的科普概念变得丰满、科学而具体。①

三、　充分利用电视视听语言语法

电视在传播科普性专题节目时，具有综合性的传播优势，这一优势的主要体现就是在视听语言语法的全方位运用上，这与传统的平面媒体仅能利用文字和图片传播科普知识相比，具有绝对的优势力量。充分调动广大受众感官系统的科普电视专题，才能够更为生动、形象、全面地使广大受众了解科普知识。

在进行科普性电视专题创作的过程中，充分利用视听语言语法进行创作至关重要，

---

① 熊皇《中国大陆电视健康节目发展历程研究》，中国传媒大学博士学位论文，2015.6

较为常见的几种视听语言语法主要包括如下几个方面。

1. 画面特殊手段的使用

将抽象、复杂的科普知识利用具象的画面呈现出来，离不开画面特殊手段的使用。动画、模型演示等十分适合科普知识的画面诠释。例如运用图像、动画等形式来解释复杂抽象的科普知识，比如细菌的繁殖、机械的运动，同传统的文字解释相比，更容易为受众理解和接受。

2. 充分利用画面讲故事的能力

画面的语言语法规则体现为蒙太奇的运用，蒙太奇则能够有效将不同风格、不同形式、不同内容的画面组合起来，形成叙事链条。将有叙事内容的画面组合运用到科普性电视专题节目中，能够使节目生动有趣，同时使节目更加通俗、可信，广大电视观众在观看科普性电视专题时，在叙事的氛围中，学习了科普知识，理解了科普知识电视媒介传播的理念所在。

3. 让画面形成对语言的有力补充

科普性电视专题需要用有逻辑、有体系、有理论深度的语言去向受众解读科普知识，这些语言构成了科普专题节目的台本，根据台本所进行的画面补充，则使语言讲述更加丰满，全方位调动受众感官，对科普知识进行立体化解读。

通常来讲，科普性电视专题节目的台词与画面的关系是声画对位的，台词讲述什么样的内容，画面就按照什么样的内容进行提供。如果台词所讲述的内容画面能够依靠实拍直接提供，这种画面将成为语言的有力补充；如果台词讲述的内容画面无法通过实拍提供，上文提及的特殊技术手法也能够对语言所讲述的内容进行模仿。总之，将画面形成的对语言的有力补充合理运用到科普性电视专题的创作过程中去，是这类电视节目视听创作最常见的使用方法。

4. 有助于实现节目真实性的音响手段

科普性电视专题创作的基础在于科学知识的客观性与真实性，一切有利于实现这两个元素的视听手段，均可以进行适当程度的应用。在视听语言中，音响元素本身的功能就在于营造真实氛围，因此，恰当的在科普性电视专题中使用音响元素，也有利于实现节目的真实性氛围。

在对音响元素进行运用的创作过程中，主要有四种方式：

首先，同期声音响可以在实拍的过程中直接应用，例如一些科普性电视专题节目经常会采取一些日常生活中的案例，这种案例对科普知识仅仅起到辅助解读的作用，并不关系到科普知识的核心内容，同期音响反而能够加深观众对科普知识的理解程度及信任程度，营造一个真实性的叙事语境氛围。

其次，对于阐述科普知识核心内容的画面，如果是实拍，适当添加音响，也能够使整个节目的视听元素更加丰富。例如在讲述有关于人口增长规律的科普性电视专题节目时，知识点配合的是密集人群在火车站候车的画面，同期音响可能会过于嘈杂，因此后期有选择、有规律的加入一些音响材料，同时不影响语言陈述，整个视听元素就变得更加多样而丰富，画面所应当出现的音响氛围也呈现了出来。

再次，还有一些阐述科普知识点的画面，是采用了特技或动画的手法，画面在制作的时候，就并不存在音响。可以根据现实生活中存在的画面实物音响对其进行加工，不论是机械运动的声音还是描述水位与河水上涨关系时应出现的水声，均应该成为画面视听元素的补充。

最后，尽管有些画面内容并不存在音响，但为了增加画面的生动性与感染力，可以适当加入夸张的音响，来营造讲述科普知识的氛围。例如在讲述心悸、心衰等心脏疾病原理的科普性电视专题节目中，加入模拟心跳的音响就非常有利于观众感受心脏在出现疾病或疾病隐患时的状态，同时也使整个片子的视听元素更加饱满。

5. 有助于营造叙事情绪及氛围的音乐手段

电视媒介在传播科普知识的同时，诉诸听觉的不仅仅包括介绍知识的解说词，还包括有助于营造真实叙事氛围的音乐的应用。尽管音乐作为一种纯粹的人为创造的艺术元素，并非自然界的客观存在，但音乐却与人类的情感相通，能够在一定程度上激起受众的情感共鸣，使电视受众对节目内容产生依赖及信任程度，这种情感上的跳动，依靠的便是音乐的旋律和节奏。在此需要说明的是，音乐在科普性电视专题节目创作过程中的使用，所涉及的功能通常体现为激发情感，音乐其他的表达主题、角色象征等功能，由于表现性因素太强，很少在科普性电视专题节目创作过程中进行使用。

知识点：科普性电视专题的几种呈现方式与适应内容

纪录片式	访谈类	娱乐综艺类	讲述类	动画特技呈现类
讲述某一个人或群体经历的与科普相关的事件	健康传播类科普节目	日常科普小常识	考试辅导	较为抽象、复杂的非大众性科普知识

第四课　科普性电视专题节目创作中的注意事项

一、　我国科普性电视专题节目存在的问题

科普性电视专题节目从诞生之初发展到今天，尽管取得了相当大的创作成就，但也面临着诸多需要解决的问题，不论是从创作角度还是从电视传播角度，模式化、商业化的操作使这类电视节目面临着一系列的创新瓶颈，甚至沦为某些产品广告宣传的平台。一些关键问题得不到妥善解决，科普性电视专题节目将难以突破发展历程中的瓶颈期。

例如，相当多的科普类电视专题大多数在创作机制上存在一些问题，内容单一、形态雷同、节目缺乏多样化及创新动力，都从一定程度上束缚了此类节目的发展空间。还应该注意的是，相当一部分科普性电视专题缺乏专业理念，在科普知识传播的过程中，盲目轻信一些网络上的、非官方提供的数据，不讲究科学，甚至误导观众。

对科普性电视专题节目创作所面临的问题进行具体分析，对于这类节目未来的健康、良性、科学发展，至关重要。

1. 节目内容形式单一

从题材上来看,科普性电视专题节目近些年来呈现出内容单一、形式相互模仿痕迹严重的趋势。

从内容角度上来说,科普性电视专题节目大部分内容为养生类节目所占据,全民养生成为一个社会上流行的趋势。这导致科普节目几乎等同于养生节目,具体所关注的多为中医养生、疾病预防、饮食健康以及一些生活健康上的科普知识。上述知识在科普性电视专题节目中频频出现,雷同化现象严重,鲜有经典作品。尤其对于一些卫视或频道来说,由于没有自主研发节目的条件,经常转播其他卫视的科普健康类节目,造成一档科普性电视专题多台播出的局面。

即便是针对健康养生类科普性电视专题,其内容也具有相当严重的同质性。例如从受众年龄层的角度上来说,这类节目所重点关注的是中老年人的健康养生,尤其是老年人,缺乏对青年群体的关注。但我们所面临的环境是随着社会的不断发展,年轻人处于一个紧张而高压的工作环境。他们全身心地投入到工作与学习中的同时,往往忽视了锻炼,越来越多的年轻人呈现出亚健康状态,老年疾病也不断趋于年轻化。年轻人不断受到健康问题的困扰,逐渐地开始关注健康,渴望汲取健康信息。根据问卷调查的结果显示,被调查者中,有91%的受众认为他们收看的健康类电视栏目在一定程度上对健康产生了积极影响。在这些调查者中,50%以上的人是年龄在35岁以上的青壮年受众群体,由此可看出青壮年群体对于健康信息的需求与热衷。但是这一现象与我们的习惯性意识并不相符,我们通常以为年轻人精力旺盛,并不会受到疾病侵扰,所以我们经常忽视这一年龄段的受众群体日益增长的对于健康信息的需求。

再如,从科普性健康知识节目的内容上来看,对生理健康的内容传播远远超过了心理健康,受众在观看此类节目时,很少找到同心理相关的节目内容,同心理健康相关的节目内容出现了大量的缺失。

从形式的角度上来说,科普性电视专题节目多以系列栏目的形式出现,采用栏目化的制作手段,运用综艺、娱乐等元素,力图获取较为广泛的受众群体。其中,谈话类科普性电视专题出现的比例最大,这也使得节目类型开发动力不足,缺乏节目创新观念及模式,影响了此类栏目的受众市场。

2. 科普性电视专题的专业化程度需要提升

在当下媒介发达的信息化时代,如何利用电视媒介向广大受众普及专业化、权威化的科普知识,是当下科普电视专题节目创作过程中所首要解决的问题。针对这一问题,我们不难发现,当下的科普性电视专题节目的制作水准及内容可信程度存在一定的问题。电视作为主流媒体,具有公信度和广泛的影响力,对于传播权威专业的科普知识这一职责,需要承担重任。

首先,当下电视媒介及相关部门之间的联动关系还尚未完全建立,即使电视作为政府的喉舌具有相当权威的话语体系,但还无法做到从各个相关部门第一时间拿到有效、可靠、真实的科普知识信息,信息来源多而复杂,没有对其统一进行管理的政府监督部门。

其次，科普性电视专题节目毕竟内容较为特殊，甚至很多信息关系到广大人民群众的生活安全及质量，因此需要一个健全的管理体系。电视在对科普知识进行传播的过程中，节目内容、节目种类繁杂，某些重大事件必须同政府职能部门及有关机构进行沟通与协商，确保传播内容的客观性与权威性，这离不开相关的、健全的管理体制。只有健全健康的管理机制，才能有效对科普知识在电视媒介中的传播进行监督，防止出现信息的误差。

建立完善的科普信息电视传播管理体系，可以从两个方面着手：一是同科技相关的行业部门联合，建立健全新闻发言人制度；二是与电视媒体建立良好的合作互动关系，使各个与科技行业相关的部门熟练掌握媒体工作方法及电视专题制作方法，甚至能够成立一支较为专业的宣传队伍，与媒体联合进行科普性电视专题的创作。

再次，各个行业部门应当广泛调动社会各界资源积极参与到科普性电视专题的制作过程中。与普通电视专题相比，科普性电视专题的首要目的在于对健康知识的普及，而并非盈利，因此，此类节目的制作离不开资金、人力和物力的支持。与此同时，科普性电视专题的任务还包括对广大人民生活质量的提升，因此每个社会群体都应该适当贡献一分力量，为节目的制作做出贡献。这种贡献可以体现在方方面面，资金、物品、专业知识、技术，都应当与电视制作部门及相关机构进行联系，实现社会资源的有效整合，将电视对科普知识的传播效果进行最大化发挥。

最后，科普性电视专题节目的专业化水准还包括对相关社会舆论的正确引导。以偏概全、片面夸大事实等传播方式使受众对科普知识的可靠性提出了挑战和质疑，一旦电视制作机构所创作出来的科普电视专题失信于观众，不仅片子本身的真实性会受到质疑，电视媒介的权威性以及知识的权威性都会受到质疑。营造一个健康的科普知识传播平台，净化科普电视专题传播的媒介环境，也是我国当下此类节目所面临的最大问题。

3. 缺乏合适的电视播出时段

科普性电视专题节目的播出时段以及播出方式对科普知识的传播与普及也存在一定的不利影响。此类专题节目在非黄金时间进行播出，很容易忽视潜在的受众群体。

同娱乐节目、影视剧和时效性强的新闻节目相比，科普性电视专题的确在收视率上不占据优势，因此播出的时间不是在早晨或上午，就是在深夜，这样观看的人群必然不多，科普知识的传播范围及力度也就达不到预期效果。

不仅如此，电视台对科普性电视专题节目的播出方式在安排上也有很多不足，很多科普性电视专题节目的播出时间、频率都不够稳定，科普知识的传播也需要不断巩固，本来收视率不高的此类节目，更加缺少重复播放的机会。品牌性专题节目的严重缺乏是造成这一现象的根本原因，也间接导致了科普知识传播效果的不尽如人意。

与其他相关媒体建构联合传播机制，大力推进科普性电视专题的传播效率，是解决上述途径的良好举措。尤其面对日益发达的媒体行业，人们接受科普知识的渠道也逐渐变得多而分散，网络媒介已经成为继电视媒体之后，第二大视听艺术传播的平台。科普性电视专题节目完全可以按照电视的制作手法进行创作，同时在网络上同步播出，网络资源不论从时间上来考虑还是空间占有量来考虑，都会比电视媒体多出更大的使用范畴。

尤其当科普性电视专题节目的播出时间无法达到受众的需求时，受众可以在错过电视播出时间的同时，去网络上点击科普电视节目资源，利用网络平台媒介收看电视节目，也方便查询往期节目。

例如，可以将近几年的科普性电视专题节目统一整合放在网络平台上，同时准确表明节目时间及节目名称，方便与受众进行查找检索，这是电视制作方同网络媒体进行通力合作便能够达到的收视渠道。在网络媒体迅猛发展的今天，上述手段能够有效缓解科普性电视专题在播出渠道及播出时间上的安排不足。

4. 科普知识传播效果差强人意

科普性电视专题节目不仅要面临节目自身存在的相关问题，还需要面对节目播出以后，对其播出效果所引发的一系列不良现象，尤其是对于节目播出之后的负面效应，更值得创作人员加以关注。即使是科普性电视专题的主要类型健康传播类节目收获了一部分良好的口碑，但仍然存在一些负面因素。例如养生节目由于顾及收视率的需要，邀请若干医学专家作为嘉宾，使得嘉宾因为出镜而带来知名度上涨，挂号难、看病难的问题仍然没有得到妥善解决。就现有的统计数据来看，中国人口占世界人口的22%，医疗卫生资源却只占世界的2%，而且这极少的医疗资源大都供应城市，科普性电视专题节目以名医作为嘉宾，更偏向于宣传城市医疗资源，这更加剧了城乡医疗资源的分化。这从传播效果来说，并不是节目制作方及相关部门所期望看到的。

例如大家所熟知的中医张悟本，他的出名很大程度上就是因为科普性电视专题的高收视率，他的出现给商家、电视制片方带来了相当的商业利益，但根本的养生之道却受到了权威专家的质疑，后来不得不使得《百科全说》在2010年6月7日停播。这进一步说明科普性电视专题的节目内容需要把关，同时更应该注重科普知识传播以后的社会效应。

在相关部门进行的调查问卷中，有数据显示，近乎有42%的观众愿意将科普性电视专题中的知识结合生活加以应用，指导自己的实践行为，甚至有15%的电视观众完全按照科普性电视专题的节目内容进行实践。这一数据充分表明，科普性电视专题节目在制作上要对节目内容负责，节目在电视媒介上进行传播之后，其传播效应更应当受到相应部门的监督与关注。

综上所述，科普性电视专题节目仍然有许多问题需要解决，科普知识的电视化传播需要制作专业、精良的节目内容，确保科普知识传播的准确性与真实性，加大节目内容的说服力，同时也需要一个健康、稳定的传播环境，将科普知识信息通过电视媒介向广大受众传播，需要科普电视专题更加合理、全面的发展。这些问题需要节目创作者及相关行业部门积极思考。

二、科普性电视专题节目创作中的注意事项

1. 内容为王是科普性电视专题的立足根本

从内容的角度出发，科普性电视专题节目在创作的过程中，最容易出现的就是选题无趣、解说词过于深奥抽象以及叙事悬念设置过度等问题。

事实上，任何一档科普性电视专题节目，不论其构成元素如何丰富，都需要优质的内容对节目形式进行支撑，以获取更广泛的受众支持。当节目内容博得了观众的青睐之后，科普性电视专题的收视率才有可能不断增长，例如北京电视台的《养生堂》栏目，在当下众多养生类节目的竞争压力下，仍然以客观、权威、真实、生动的内容树立了自己的品牌，培养了大量的受众群体。在栏目定位策划时，主创人员就给每一期栏目内容一个既定的主题，通过专家的专业验证，完善台本，同时广泛征求广大受众的需求意见，由于内容的准确定位，使该节目开播以来，收视率不断攀升，甚至被安排到黄金时间来播出，使关于养生的科普性电视专题节目获得了内容为王的立足根本。

2. 营造良好的节目观赏氛围

由于内容因素的制约，科普性电视专题节目在叙事过程中，会形成一种较为严肃、紧张的叙事情境，然而，电视作为大众传播媒介，却需要轻松娱乐的观赏氛围，给受众一个良好的节目欣赏空间。将节目内容加入叙事情节，利用一些具有娱乐精神的节目形式进行科学知识的阐述。湖南卫视所推出的科普性电视栏目《百科全说》就充分利用了脱口秀的形式来进行科普知识宣传，使受众在观看电视节目的时候，轻松愉快地获取了科普信息，丰富了知识含量，同时通过主持人和观众之间的互动，积极参与节目，对节目有了更深刻的认识，客观上提高了节目的收视率以及科普知识传播的范围。

多元化的节目创作及呈现手段以及娱乐化的节目精神，是当下科普性电视专题在创作时应当注意的问题。

3. 整合科普电视专题节目的传播渠道

由于科普性电视专题从制作手段、传播环境以及政策理念上，均面临一定的问题，因此，对传播渠道及资源的整合，能够从一定程度上缓解科普电视专题的创作及传播压力。

欧美一些发达西方国家在科普电视宣传上发展得较为成熟，例如英国自然探索频道专门针对的就是同科普性电视专题相关的内容传播，在这一频道下，专门的内容有了专门的播出平台，充分实现了频道资源的专业化利用。

然而，就我国当下状况来说，科普性电视专题较为专业化的播出平台是中央电视台10套的科教频道，其他卫视尽管有相当一部分科普性电视专题，但是内容和资源大量重复、浪费现象严重，一些优质的科普性电视专题，分散在不同的电视台及频道进行播出，收视时间没有形成既定的规律，使受众在观看时需要耗费大量精力进行搜索。急需整合的媒介资源需要从以下两个方面着手：

第一，各大卫视在科普性电视专题受众多，节目需求量大、制作规模大的前提下，尽量将节目资源整合到一个平台上进行播出，可效仿中央电视台频道专业化的改革举措。这样，具有科普知识需求的受众群体，就可以通过不同的频道资源进行选择。在平台资源专业化的前提下，还可以为此配备一个优质的制作及传播团队，以满足受众日益增长的科普知识需求，同时传播健康理念，提升全民的日常生活质量。

第二，利用其他媒介渠道扩宽科普性电视专题的传播空间。面对着日益发达的网络传播生态环境，科普性电视专题的成长也面临着不小的机遇与挑战。一方面，网络媒介上的科普资源可以为电视专题节目创作所用，另一方面，电视专题节目在完成成片创作以后，可以利用网络媒介进行传播，两者均能对科普性电视专题节目的发展起到推动作用。

但是也应当看到，同网络媒体相比，有政府机构进行严格控制把关的电视媒介，仍然具有不可替代的权威地位，充分利用自身的权威地位，整合其他媒介资源，是科普性电视专题节目未来所要寻找的发展道路。

三、 科普性电视专题节目未来的发展趋势

根据现有的科普性电视专题节目的生存状态，未来此类节目在发展的征途中，可能会出现信息多元化、渠道复杂化、分工细致化、内容专业化等趋势。

1. 内容越来越可靠

伴随着电视行业的发展及制作技术手段的升级，科普电视专题从创作的角度上来讲，呈现出多元复杂的发展空间。在进行科普知识传播时，知识本身、意识形态甚至传播者的立场，都应当恰当把握好尺度，尽量做到客观、公正、全面，在任何传播场域中，保证节目内容的可靠性。

2. 题材内容变化迅速

科学的不断发展使得科普性电视专题的内容也在不断发生着变化，也许昔日尚未解决的科学知识在当下已经不再是人类的难题，新的科学问题还会不断浮出水面。从这个角度上来说，科普性电视专题节目的内容更新是十分迅速的。紧随知识更新的步伐，不断开拓新领域、新题材，具有前瞻意识，是科普性电视专题未来必须遵循的规律。例如，现代化社会的生活节奏加快也随之带来了一些以电子科技文明为主的新的健康问题，例如电子产品为人们所带来的健康隐患，这不仅存在于电子产品的辐射，还存在于对人类关节、视力、心脏等器官的影响，这便是时代所赋予科普性电视专题的新题材、新内容。

3. 专业机构不断出现

由于科普性电视专题所涉及内容的专业性，普通电视节目制作者在进行科普性电视专题创作时，存在一定的知识面限制，因此一些合法化、专业化的节目制作组织可能会以制作方的身份出现，与电视媒介机构实现真正意义上的制播分离。在集中知识、资源的同时，给人们解决日常生活中的科普问题，同时提出应对方法，使科普知识传播正规化、系统化。

4. 媒介平台资源将得到充分整合

全媒体时代的到来，使科普知识的传播将不仅局限于电视媒介，即使是电视传播机构制作出来的科普专题节目，也会在不同媒介平台中播出，与此同时，科普性电视专题还可以充分利用其他媒介平台的科普资源，充实节目内容。在这一过程中，可能会使节目与观众之间的互动性增强，未来的数字电视、网络平台均需要个性化的节目定制与互动方案，这必将影响科普性电视专题的创作理念，对新媒体使用方式的掌握，势在必行。

思考与练习

1. 简述科普性电视专题节目的发展历程。

2. 科普性电视专题节目的视听语言特征有哪些？

3. 科普性电视专题节目所面临的问题有哪些？

4. 请展望科普性电视专题节目的未来发展趋势。

拓展训练

以小组为单位，策划一档全媒体时期的科普性电视专题节目创作，并提出营销宣传方案。

【实训】：参与拍摄一档科普性题材专题节目创作，时间不少于15分钟

1. 目的：通过对科普专题的拍摄训练，能够熟悉科普专题的制作过程，同时能自主解决在拍摄过程所遇见的问题。

2. 准备：

硬件设备：摄影器材、录音器材、轨道、反光板

人员：摄像、录音、场记、主持人或记者、场务

3. 步骤：

选题策划

分场制定拍摄方案

专家指导

实拍：空镜、资料、采访、事件、动画、特技制作

专家提出专业性修改意见

后期剪辑与制作

专家把关

节目包装

4. 反思

此次拍摄的最大困难和障碍是什么？

通过拍摄，你觉得最大的收获又是什么？

在科教专题的拍摄和制作过程中，内容与表现形式哪一个是更为重要的环节，为什么？

第七单元

纪实性电视专题节目创作

学习目标

- [ ] 了解纪实性电视专题节目的概念。
- [ ] 领会纪实性电视专题节目的创作要求。
- [ ] 掌握纪实性电视专题节目的创作技巧。

导入案例

观摩电视专题节目《藏北人家》和《西藏的诱惑》。

图 7-1　《藏北人家》

"一顶帐篷就是一个家庭"。纪实性电视专题节目《藏北人家》以生活在藏北的一个普通牧民家庭措达一家为例，真实地记录了藏族人们一天的劳作生活。很难想象在藏北那样一个生存条件恶劣的环境下，藏族人民却以他们独特的品格以及独特的生活方式与大自然达到一种平衡。

图 7-2　《西藏的诱惑》

专题片《西藏的诱惑》，主要讲述了 4 位艺术追求者和朝圣者面对西藏的诱惑而所做的追求。在片中编导刘郎充分体现了他对意境上的追求。

请思考二者的区别。并试着提炼纪实性电视专题节目的特点，以及创作手法。

第一课　纪实性电视专题节目概述

《中外广播电视百科全书》中，纪实性电视片是：通过非虚构的艺术手法，直接从现实生活中获取图像和音响素材，真实地表现客观事物以及创作者对这一事物的认识与评价。所谓"非虚构"就是指在真情、真景、真实的时间和空间发生在真实人物身上的真实事件——即"六真"。

在我国电视从业人员中有这样一个共识：电视是典型的"舶来品"，而电视专题节目却是地地道道的"国产货"。电视专题节目是从纪录片中分离出来的产物，是中国电视节目中一个特有的形态，与我国当时的政治、经济、文化的发展与变革有着密不可分的联系。与国际通称的电视纪录片相比，在内涵和外延上，我国的电视专题节目都既有不同又有交叉，并不能与国际接轨，因此有人说，"电视专题节目"这一称谓带有鲜明的"中国特色"。

相关链接

国际上，纪录片有 5 种类型，纪实影片、文献片、历史题材片、家庭片、工业片和宣传片。

纪实影片，又称直接电影，实际上它是一种影片的制作手法，而非"结构"或"特点"意义上的一种纪录片类型。

多年的电视创作实践和创作理论研究证明，我们的"电视专题节目"与世界通称的"电视纪录片"在创作手法上虽然有不少差异，但也有很多共同之处，比如真实性这一基本要求。随着人们对电视真实、客观、公正、准确地反映现实社会的需求不断增强，纪实性的创作风格越来越受到创作者和广大观众的认可，如今，纪实性电视专题节目已经成为电视专题节目中最主要的样式之一。纪实性电视专题节目是指运用摄像机跟踪、再现生活中事件的大量真实场景，以此引发观众思考，让观众自己做出评判的一类专题节目。

一、　纪实性电视专题节目的诞生

纵观中国电视纪实作品的发展，从 1958 年 5 月 1 日我国内地第一家电视台——北京电视台开播直至电视专题节目最繁荣的时代 20 世纪 80 年代，所创作的电视纪录片和电视专题节目，其内容任务是围绕国家和当地政府的中心工作、热点话题进行采访、拍摄、制作、播出，包括介绍不同领域的模范人物、先进典型，宣传党和国家的方针政策、报道领导人重要活动，同时也主要反映我国社会主义建设中涌现出来的新人、新事、新风尚、新成就等，用以进行新闻节目的补充和延伸，从而反映社会生活的方方面面，达到宣传、教育、启迪、弘扬社会主义主旋律等目的。与新闻相比，电视专题节目有一定的广度、深度、力度，节目时长短则十几分钟，多则半小时，也远远超过短、平、快的新闻，且往往会以固定栏目为载体。

相关链接

约翰·格里尔逊(John Grierson 1898—1972)英国电影导演。

他首先在英语世界提倡使用"纪录片"一词。他领导下的纪录片制作者形成了著名的"格里尔逊学派"。该学派基本艺术观点是：主张把电影直接作用于宣传教育；主张在记录中融入主观意识，允许在拍摄中进行艺术加工；还创造性地把现场录音和解说词作为内容和形式的有机部分，有的作品不惜让解说词占主导地位，致使画面显得无关紧要。这个学派对纪录片创作的影响长达 20 多年，尽管后来"解说＋画面"成为"格里尔逊式"的同义语，明显的有嘲讽的含义，但是在有声片出现的初期，那些观点鲜明、感情浓厚、文采绚烂的解说词为纪录电影增添了不少光彩。

当时创作的电视专题节目，虽然内容符合专题节目真实性的基本要求，但在创作手法上大都带有"颂扬

图 7-3 约翰·格里尔逊

式""说教式"的主观色彩，并且按照事先制定好的"脚本"去摆布场景、组织拍摄，其制作风格也是"画面加解说"的格里尔逊式，一般整个片子是完全按照解说词和蒙太奇的剪辑来完成，几乎没有写实的音响。尤其到了 20 世纪 80 年代末期，传统电视专题节目的图像脱离声音、脱离具体情境、以解说配音为主的"声画两张皮"的创作手法使电视专题节目不能还原现实生活真实的弊端日渐显现，电视专题节目创作者普遍意识到这一问题。

1991 年，《望长城》的创作者们用类似于集体兵谏的方式，以一种不计后果的精神确立了全新的拍摄理念，开启了电视观念的一次革命，更开创了中国电视纪实风格的里程碑。它全新的风格既与国内同类题材的作品不同，也和同时拍摄的日本版《万里长城》不同。虽然它有一些诸如内容选择不当、技法不精造成的缺陷，但是它空前的生活化、真实自然的效果，却在同行和观众中引起了积极的反响。主持人亲临现场，节目声画并重，跟踪记事，注重记录过程、细节、悬念，在这些表象背后隐而不宣的是创作者对长城文化与长城两边人的情感与颂扬。

图 7-4 《望长城》

《望长城》完全遵循了纪实主义的创作手法，自它开始，一种新的影像纪存形式逐渐

兴起，它改变了长期以来中国电视专题节目创作过程中主观性过强、说教味过浓的局面，为中国电视专题节目恢复纪实本性起到了正本清源的作用，更为电视专题节目指明了纪实的创作方向，电视专题节目的纪实美学原则开始确立。

二、 纪实性电视专题节目的创作风格——纪实手法

有人说，所谓电视"专题"，就是区别于新闻节目形态和以综合艺术为表现手段的节目形态(如电视剧、电视综艺节目)的其他节目形态。将此类涵盖范围十分广泛的节目形态综合来看，它们有着各种不同的创作手法，唯一离不开的品格就是真实。可以说真实是电视专题节目的质的品格，真实是电视专题节目的生命。

相关链接

直接电影

20世纪60年代初，由以纽约《时代》杂志的罗伯特·德鲁(Robert Drew)和里基·利科克(Ricky Leacock)为骨干的摄影小组创立的。开山之作是他们跟踪拍摄两位总统候选人约翰·肯尼迪和休伯特·汉弗莱竞选总统的《初选》(1960年)。

他们的工作方式几近疯狂，节奏很快，拍摄用的是一套比较简易轻便的设备，包括灯光、肩扛摄像机和同期录音机。他们在技术上的突破加快了纪录片的变革，使片子结构与实现手法都发生了根本性的变化。

真实电影不干预、不介入、不评价、不解说，让观众通过观看影片自己得出结论，而不是影片作者把自己的看法强加给观众，有声有色的客观记录充满故事性和生动入微的细节，真实自然的效果令人惊讶。

然而，并不是所有以真实为基础的电视专题节目都是以纪实手法制作的，比如情景再现、扮演的创作手法，又比如"画面加解说"的创作方法。从20世纪90年代开始"形象化政论"的教化观念逐渐被抛弃，取而代之的是纪实的创作手法和风格。纪实由于自身真实的美感和事实胜于雄辩的说服力，成为各大电视台电视专题节目所推崇并广泛使用的创作方法，并不断发展完善，逐渐成熟。

今天，是否遵循了"纪实"原则，已经成为电视专题节目分类的一个重要标准，即按照创作方法来分，电视专题节目可以分为纪实性电视专题节目、写意性电视专题节目和二者结合的综合性电视专题节目。纪实性电视专题节目就是偏重纪实风格的一类专题节目。

因此，纪实性电视专题节目要求选材来自真实生活，即以现实中的真人、真事、真情、真景作为拍摄对象和表现内容，一般采用现在进行时的跟踪拍摄，声画合一，多用长镜头，注重表现细节，采用现场声、采访同期声等具体创作方法。因此，纪实性电视专题节目必须严格遵守创作的真实原则，记录真实，真实记录，排斥虚构和搬演，这正是纪实主义的创作方法。

导入案例

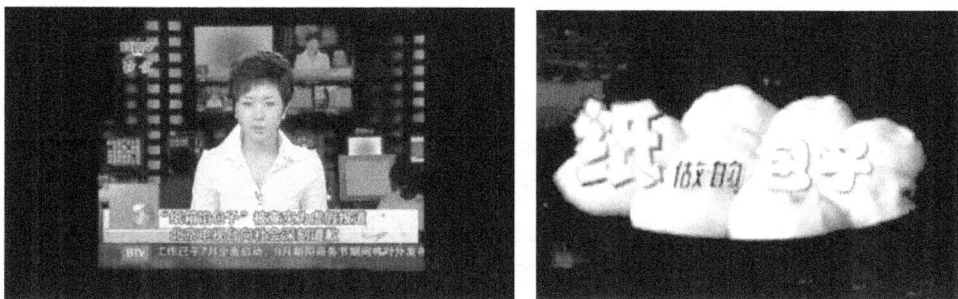

图 7-5　《纸做的包子》

2007 年 7 月 8 日，北京电视台《透明度》栏目以"纸做的包子"为题，播出了记者訾北佳暗访朝阳区一个无照加工作坊用纸箱浸泡后的纸渣拌肉馅制作包子的电视专题节目，播出后在社会中引起了轩然大波。经查，《纸做的包子》是訾北佳一手策划、编造的虚假报道，编导訾北佳也因犯损害商品声誉罪，被一审判处有期徒刑 1 年，并处罚金 1000 元。这一电视专题节目虽然使用了秘密拍摄、现场同期声等手法营造真实感，为什么却成了中国电视界的一大丑闻？

第二课　纪实性电视专题节目的创作要求

纪实性电视专题节目突出的审美特征是纪实美，主要体现在"以事信人""以事感人"。因此，为了更好地让事实本身说话，纪实性电视专题节目就必须真实、细致地展现生活的原生态，一切主观思想都要蕴含在对生活情境和生活过程的客观叙述之中。一部好的电视专题节目作品应该具有真实性、思想性和艺术性这三重要求。

相关链接

20 世纪 90 年代初，西方纪录电影的情形悄然发生了变化，开始否定"非虚构影片"，出现了"新纪录电影"（New Documentary）的观念与实践。

新纪录电影前，只有对无争议的历史事实才允许搬演，叫"情景再现"。如在片中想要再现鲁迅，只能在镜头中表现大烟斗，烟雾袅袅，不应出现演员的脸。而新纪录电影后，有争议的事实也可被部分搬演，被解构为部分真实重现。让观众反思，这时纪录片被媒介化了，有人主观参与，画面中的内容不是第一手资料，也不是事件本身。如新纪录电影的代表作《细细的蓝线》。

一、　真实性

1. 事实的真实性

作为纪实性电视专题节目，真实性就是它的艺术生命。因此创作者在一开始选题时就要选择现实当中的真人、真事，这也是所有纪录片、专题片的基本要求。真实是纪录片的本质特性，纪录片应该真实，这样才能区别于故事片。然而，随着"真实再现"的出现，并且大行其道，特别是国外新纪录电影的诞生，影响了我国专题节目的创作，其真实性受到了质疑，专题节目到底要真实性，还是要真实感？

作为以纪实为创作手法的纪实性电视专题节目，只有真实才能取信于观众，取信于社会。它排斥一切非纪实的创作手法。无论什么原因造成事实失真，都会成为创作者及其所在电视媒体，乃至整个行业永远抹不去的污点。尤其是创作者创作时对事实造假，危害更为严重，不仅会导致媒体的公信力受到质疑，政府形象也会随之受到严重损害。

(1)所记录的事实应是客观发生的事实

纪实性电视专题节目是对客观发生的事实进行真实地记录和反映，无论记录的内容是人物还是事件，都是极力排斥虚构的。也就是说客观事实是什么样就是什么样，发展到什么程度就是什么程度，不能干预其发展。当然，这并不意味着在创作中编导不能发挥主观能动性，而是强调能动地反映客观事实，进行创作必要必须遵循创作规律，符合创作要求。编导可以用独特的视角、新颖的方式进行报道和编排，使纪实性电视专题节目更加出彩，更好地表达主观思想，更为广大观众所接受，而绝不能根据自我愿望去改变客观事实。

上述一起无中生有的"纸馅包子"事件，不仅使当事人訾北佳为制造假的新闻事实付出了代价，受到了法律的处罚，更导致广大公众对首都食品安全工作的不信任，不仅损害了新闻媒体的声誉，更影响了党和政府的形象。

相关链接

新闻六要素：5个W+1个H。
即：When，Where，Who，What，Why，How。

1994年，中华全国新闻工作者协会修订的《中国新闻工作者职业道德准则》中有一条就是"维护新闻的真实性"。而虚假新闻作为新闻传播失德的具体表现形态，就是指那些不以客观事实为依据的新闻。显然，"纸馅包子"事件就是传播失德的真实写照。在电视专题节目创作中捏造、编造虚假事件是严重违背真实原则，违背职业道德的不良行为，更是违法行为。因此，确保纪实性电视专题节目的客观性和真实性应该是专题节目创作者的职业操守，"真实地呈现事实"也是专题节目创作者至高无上的价值追求。

纪实性电视专题对事件的真实性有以下要求：第一，事件要确有其事，不能捕风捉影，凭空捏造。第二，构成事实的基本要素——时间、地点、人物、事件、原因、结果，必须准确无误。第三，事件所反映的环境、过程、细节，包括人物的语言、动作必须真实。第四，事件所涉及的人物的心理活动、思想认识，必须是当事人所述，不能主观臆断、推理或想象。第五，片中所引用的各种资料(包括图片、文献、音像等资料)必须准确无误。

(2)分析事实失真的原因

同真实事实相对立的是事实失真，维护事实的真实性并不是一件容易的事。在创作实践中，我们发现虚假的新闻、报道长期以来在世界各地都屡禁不止。在新闻界，事实失真带有普遍性和顽固性。这个顽症存在的原因深刻而复杂，既有客观环境方面的因素，也有传播者主观方面的因素。

第一，体质性失真。

体质性失真是指因某种价值观对新闻报道产生强烈影响而造成的新闻事实失真。价值观，或称意识形态，同新闻传播活动有着十分密切的关系，新闻传播活动总是在一定的政治环境中进行的，不可能不受到政治环境的影响和制约。

例如，1999—2000 年，俄罗斯发生了车臣战争，这本是俄罗斯的内政问题，但西方有些媒体在所谓"人权主义干预"的意识形态指导下，把俄罗斯政府出兵打击车臣非法武装分子的行为报道为侵略行为。更为令人愤怒的是，在所报道的电视画面中，所谓俄军士兵掩埋车臣人尸体的场面，惨不忍睹，实际上都是后期剪辑、拼接出来的，毫无事实依据。这类电视专题节目跟事实完全不符，是带有明显政治倾向的虚假报道。

第二，经济性失真。

经济性失真是指由于金钱等利益对新闻报道产生强烈影响而造成事实失真。编造"纸馅包子"的訾北佳供述，他曾经接到群众反映"包子馅里有纸"的电话举报，引起了栏目制片人的兴趣，于是被确定为电视专题节目的选题。此后，他先后在北京四环路一带调查，但经过一连十几天的购买和暗访，均未发现包子馅里有掺纸的情况。由于选题已经上报，压力很大，又因为刚刚到北京电视台工作，既想出名又想挣钱，于是找人上演了纸馅包子的制作过程。

随着社会主义市场经济的确立，媒体的活力被大大激发，但同时带来的负面影响也不容小觑。不难想象，在媒体产业化的大环境下，追求市场卖点、取得较高利润成为少数电视从业者的目的，为事件真实性带来了严峻的考验。盲目地追求经济效益造成了媒体公信力的下降，有偿新闻和假新闻更使得媒体形象一落千丈。"纸馅包子"事件正是经济性失真和新闻工作者道德沦丧的例证。

第三，非故意失真。

值得我们注意的是，事实失真的原因还存在故意失真和非故意失真两种情况。

故意失真主要与报道者的思想意识不端正和职业道德沦丧有关，这些报道者或为沽名钓誉而胡编乱造，或因急功近利而无中生有，捏造事实，虚构情节，甚至颠倒黑白，混淆是非，严重扰乱了媒体秩序，玷污了真实性的原则。

非故意失真也称业务性失真，是指报道者虽然无故意造成事实失真的动机，但由于主客观条件的限制或影响，没有能够按照客观事实的本来面目如实地进行报道。如《新闻联播》曾经播出陕西省镇坪县发现野生华南虎的消息，就属于编导的非故意失真。后经有关部门调查证实，野生华南虎照片是当事人周正龙为得到奖金用纸老虎做道具拍摄而成的。《新闻联播》也对此事进行过多次后续报道，并于 2008 年 6 月 29 日发表短评："从造假事件发生到调查结果公布，不仅看到，与造假者恶劣的欺骗行为、一些管理者的不作为和乱作为形成鲜明对比的是，公众拷问诚信和坚持不懈打假的可贵精神；也希望通过查处华南虎照片事件，全社会特别是各级政府，倡导诚信，崇尚科学，尊重舆论，塑造政府公信力"。

无论什么原因的事实失真，都应该是纪实性电视专题节目创作者们极力避免的。一个合格的纪实性电视专题节目编导，必须坚守"真实"的职业理念，杜绝任何形式、任何程度的虚假事实。因为一旦一部纪实性电视专题节目失真，就失去了存在的价值。

因此，对于纪实性专题节目而言，创作的第一要求就是事实的真实性。

2. 记录的真实性

记录是人类最基本的信息传播活动。语言文字的出现，将人类从早期结绳记事、石刻图案的纪实方式中唤醒，人类的纪实活动进入到了文明发展的新进程；19 世纪，摄影技术的出现，又将人类的纪实活动带入到现代文明领域；20 世纪电子技术的迅猛发展，标志着人类文明进入到了电子文化时期。纪实性电视专题正是延续了人类社会的纪实传统。从传播效果来看，纪实是最有说服力的有效传播。纪实性电视专题节目重视记录的真实性，而"记录真实"恰恰是靠"真实记录"来完成的。

法国著名电影理论家安德烈·巴赞在其《摄影影像的本体论》中提出："摄影的美学特征在于它能揭示真实"的美学原理。并称"摄影机镜头摆脱了陈旧偏见，清除了我们的感觉蒙在客体上的精神锈斑，唯有这种冷眼旁观的镜头能够还世界以纯真的面貌，吸引我的注意，从而激起我的眷恋"。由此，巴赞得出了这样的结论：电影艺术所具有的原始的第一特征就是"纪实的特征"。它和任何艺术相比都更接近生活，更贴近现实。巴赞的"电影是现实的渐近线"，被称作是"写实主义"的口号。巴赞提倡的"纪实主义"恰恰是今天纪实性电视专题节目的创作原则。因此，纪实性电视专题节目的真实性一方面表现在要记录真实，另一方面还要做到真实记录。

真实记录是指用摄像机镜头真实、完整、客观地再现生活中人物和事实过程的原貌，让观众通过影像的记录看到事实的真相。真实记录强调的是对生活原始形态的尊重，强调的是保持生活流程及事件时空运动的完整性。如中央电视台的《焦点访谈》栏目，就是靠记录真实来"用事实说话"的；《新闻调查》栏目以"揭露事实真相，调查新闻背后的新闻"为己任，其中所播出的都属于纪实性电视专题节目。他们是如何做到真实记录的呢？

图 7-6 《焦点访谈》

图 7-7　《新闻调查》

(1)客观展现生活素材

纪实性电视专题节目创作应具有的品格不仅要求创作者保证事件的真实性，还要求创作者确保记录的真实性。纪实性电视专题节目的艺术魅力就在于它的纪实美，不管是记人还是记事，纪实性电视专题节目都要做到"让事实说话"。让事实说话最好的方法就是真实、具体地展现生活的情状和过程。一切思想和意念的表达都蕴含在这些生活情状和过程的表述之中。有些纪实性电视专题节目之所以让人感觉纪实性不强，甚至有些虚假，主要原因是其中掺杂了太多创作者的主观评价和议论，甚至冲淡了客观纪实，淹没了客观纪实。

传统的电视专题节目之所以不受观众欢迎，就是因为只采用"画面＋解说"一种创作手法，在片中占主导地位的不是画面而是解说词，且解说词具有明显的主观意味，直指主题。这种"宣教"式的片子没有客观的记录，没有留给观众解读与思考的空间，只是让广大观众被动接受"教育"，很难让观众产生共鸣，更拉大了创作者、作品和观众的距离。1991 年，纪实性电视专题节目《望长城》以纪实风格给中国电视界带来一场革命。朱羽君教授就曾经指出：在意识形态至上的电视观念长期垄断电视创作的时代，人们对电视专题节目居高临下的说教已经十分反感，在这样的背景下，《望长城》的出现着实让中国观众领略了一次久违的感动，该片所奉行的纪实手法更是给当时陈旧的电视创作观念带来了颠覆性的冲击。从《望长城》开始，中国的电视人开始了对纪实手段的探索，其纪实性我们可以通过声画同步、现场访谈、肩扛摄像机跟踪拍摄感受到。

(2)完整展现生活流程

在《望长城》中，更令人欣喜的是片中还有真实生活流程的呈现。当主持人焦建成和剧组人员在崎岖不平的山路上彼此搀扶前行的时候，若按照以往的创作方法，就应该在后期剪辑中剪掉了，可正是这样真实的记录展现了长城的现状。试想，如果没有这类对生活流程的展示，怎么能真实还原生活历程？又怎么能够让观众获得和亲历者同样的现场感受呢？

2007年，广州电视台《人在他乡》栏目曾播出一期纪实性电视专题节目《男模今年八十七》，好评如潮，后来在上海纪实频道也进行了展播。该节目用纪实的手法真实记录了一位从河南农村到广州美术学院当人体模特的老人的生存境况，让观众对他的工作和生活有直观了解的基础上，也对进城务工人员的喜乐和艰辛感同身受。片中有这样一个场景：教室里，老人长时间保持一个姿势让学生作画。课间，他赶紧吃点东西为自己补充体力。场景中没有加入一句解说词，却让观众感受到老人对工作的认真负责，体会到老人怕自己年事已高，坚持不住影响学生学习的心情。另外，在没课的时候，老人为了供远在家乡的孙子上学，不辞劳苦地捡废品来增加收入。这些生活流程的展现没有加入创作者的主观评述，因为对生活流程的真实记录与还原本身就能体现生活的精彩与魅力，不需要太多的解说。

图7-8　《男模今年八十七》

(3)主观介入不要改变生活状态

记录的真实性还要求，创作时尽可能使我们的介入，不要大幅度的改变生活状态。

1993年，上海电视台纪录片编辑室拍摄了《毛毛告状》一片，引发了社会的广泛关注，创作者也收获了一片赞扬之声。然而对其创作手法进行反思，我们发现编导在一定程度上干预了人物的生活和事件的发展。比如，编导对主人公谌孟珍的帮助，促成她去做了亲子鉴定，促成她进一步向法院提起诉讼。最终结果是谌孟珍胜诉，毛毛有了一个完整的家。虽然"告状"是主人公的主观意愿，但如果不是因为摄像机的出现，这一意愿不一

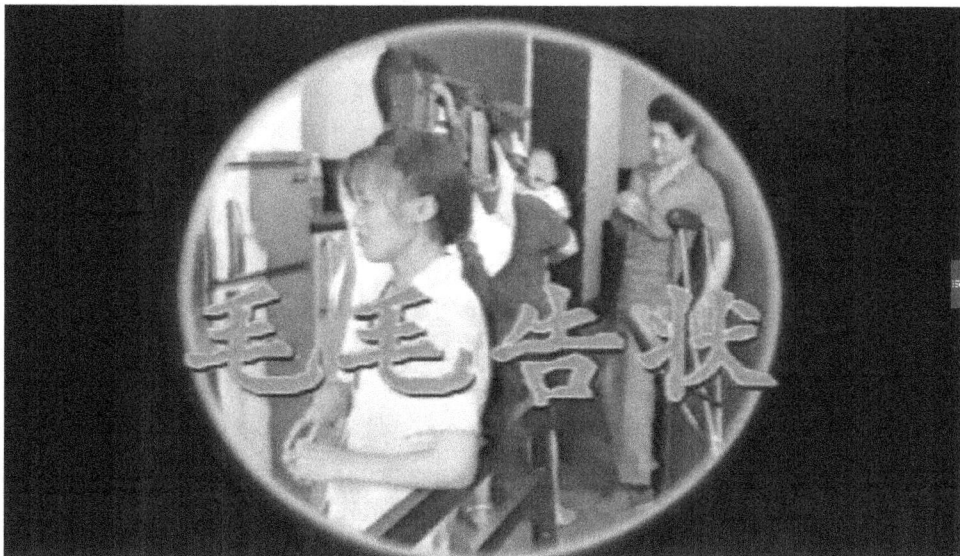

图 7-9　《毛毛告状》

定能够实现。虽然拍摄并没有改变打官司这一事实的结果，没有改变事件的流程，但不得不承认摄像机的出现改变了主人公生活的真实状态。其次，《毛毛告状》的编导在有些场合显然太过煽情，在片中她不断地以温情的话语去触动被采访者的痛处，直到被采访者痛哭失声。这样对被摄人物进行干预、对被摄事件进行介入的做法是令人遗憾的。

二、　思想性与艺术性

思想性，也可称为指导性，是所有文艺作品的重要功能，可以说，所有文艺作品都会蕴含作者的观点和思想，没有一部文艺作品是毫无意义、毫无目的地去创作和传播的。

中央电视台《焦点访谈》栏目有这样一句口号"用事实说话"。它既表明了节目的创作原则又表明了节目的创作目的。"用事实"是纪实性电视专题节目的创作原则，任何一档纪实性电视专题节目都要注重事实，依靠事实。而"说话"则是创作目的，创作纪实性电视专题节目的目的不仅是为了反映事实，还原事实，更是为了表达观点，发表意见。因此，我们要做到"寓论断于叙事之中"。

过去的电视专题人，常常自觉不自觉地把自己的作品列入"思想教育"体系之中，往往试图通过说教式的解说把所要表达的观点直白地表述给观众，宣教意味浓厚，传播效果也并不理想，更遑论艺术的美感，因而这种创作方式逐渐退出荧屏。时代和观众对创作者提出了双重要求——思想性与艺术性的统一，即不仅要通过客观叙事事实来体现创作者的观点，更要把思想、观点藏在精心选择的事实背后，让观众通过事实自己领悟其中的深意。由此，"用事实说话"的纪实性电视专题节目成了专题节目的主流创作形式，其思想性与艺术性的统一主要采用以下两种形式：

1. 隐藏主题

隐藏主题即创作者将自己的观点隐藏于事实背后，因而具有单纯陈述事实的外部形态。

1991 年，四川电视台和西藏电视台合作拍摄的《藏北人家》获得了四川国际电视节"金熊猫"大奖，它以朴素自然的纪实风格和隽永如诗的唯美画面向观众展现了生活在藏北地区一户普通牧民家庭——措达一家一天的生活。通过对生活的真实记录，为观众呈现了藏族人在藏北高原严酷的自然环境中，远离城市的喧嚣和纷争，过着平静、质朴的生活。他们崇敬自然，利用自然，又与自然相抗争。在片中，客观的画面是片子的主导，观众看到画面中的措达及家人吃饭、睡觉、洗头、放牧、晾晒牛粪、剪羊毛等对他们而言平淡对我们来说却迥然不同的生活事件，并领悟到藏北游牧文明带来的启示：人类要与大自然相依相存。这是纪实性电视专题节目讲究客观、淡化主题、不露痕迹表达思想的一部典范之作。

2. 旁观主题

采用旁观主题的创作者不想在片中加入任何自己的看法，而是希望最大限度地逼近事实，将事实客观地呈现在观众面前，让观众自己得出结论。如杨荔钠的《老头》、王兵的《铁西区》等。

中央电视台 2002 年制作并在《新闻调查》栏目中播出的《重婚证据》更是一部思辨性很强的纪实性电视专题节目。

这部纪实性电视专题节目是在新《婚姻法》颁布一年之计制作的，创作者本着客观的态度采访了双方当事人，让他们都有说话的机会，相互之间的矛盾也得以充分展开。同时还采访了办案人员，将整个案件的处理过程展示给观众。余长凤作为受害人，作为一个弱女子，她的遭遇确实让人同情，忘恩负义的薄情郎也确实应该受到惩罚，但是编导并未在这一点上止步。片中作者始终保持中立的态度，于是观众根据自己对事实的分析得出各种不同的结论。

第一，观众在影片中看到，法律对"受害人"的偏向怂恿了一种非理性的报复意识。余长凤以一种不把丈夫送上法庭就"不活了"的决心，用尽各种方法，不惜一切代价，终于达到了"出口气"的目的，甚至将这种仇恨灌输给年幼的孩子。

第二，观众看到重婚罪的界定是有实际困难的。在片中，现实给人造成了困境。作为丈夫的王秉权尽管带着第三者离开了家庭，但他还在想着合法离婚，并努力准备在经济上给予母子俩以补偿，而余长凤不惜一切代价努力使离婚失败，让丈夫以重婚的罪名锒铛入狱。这样一来岂不是余长凤借助法律"造就"了丈夫的"重婚"吗？

第三，重婚的定罪，结果却是两个家庭的被破坏。余长凤的丈夫被抓之后失去了收入来源，既不能维持现在的家庭也不能对过去的家庭做出补偿。而余长凤还指望得到补偿以维持她和儿子今后的生活，而另一个抱着新生女婴的妇女——王秉权的后任未婚"妻子"则在法庭外远远地翘首以盼。我们在片中看到了她模糊的身影。

通过这部片子，我们发现似乎是新的法律出了问题。这一结论并不是创作者强加给观众的，而是通过观众片中诸多事实的罗列自行做出的判断。

第三课　纪实性电视专题节目创作的创作技巧

要拍好一部纪实性电视专题节目，一定要遵循其创作方法和规律。由于纪实性电视专题节目多以纵向结构表现生活，是对生活本身的客观记录，因此，它从前期选题、策划到拍摄，再到后期的构思、编辑，都与其他电视专题节目有很大的不同，现举出基本的创作技巧如下：

一、　事件过程的展现

1. 跟拍展现事件过程

跟拍又叫跟镜头，是指跟随被摄对象的运动而运动的一种拍摄手法。跟拍的目的在于向观众展现一个事件的过程，而不只是一个简单的结果。对于一个结果，展示或不展示原因，观众的评价很可能会不一样。

拍过程的关键是要赶在事件发生的前面，而不要等到事情发生过了再去拍。

2. 抓住关键时刻

既然纪实性电视专题节目要求展现事件的全过程，是不是拍摄过程中就不关机了呢？

在数学领域中有一个"大数定律"，有些随机事件无规律可循，但不少是有规律的，这些"有规律的随机事件"在大量重复出现的条件下，往往呈现几乎必然的统计特性，这个规律就是大数定律。简单地说，大数定律就是以确切的数学形式表达了大量重复出现的随机现象的规律性。比如在做抽样调查时，调查样本的数量样本越多，得出的结论越真实。但样本数量是不是越多越好呢？例如，我们要调查全国 12 岁少年的平均身高，需要把全国的 12 岁儿童都纳入样本中吗？样本的数量只需做到相对自足即可。

同样，在拍摄中，我们的素材是要足够丰富，但也不必"高射炮打蚊子"，24 小时全天候跟踪拍摄，这既是不现实的，也是不必要的。素材也要做到相对自足即可。

如何才能适时适当地展现事件的过程呢？重点在于要抓住事件关键时刻的展现。因此，创作者要有"关键时刻我在等"的拍摄理念。什么是"关键时刻"呢？大致来说就是事件发生的开始、事件发展的常态、事件的变化时刻、事件的结局，等等。

如系列专题片《我们的留学生活——在日本的日子》第一集《初来乍到》，该片选择了两个刚刚到日本的留学生：王尔敏和韩松，拍摄他们到日本第一年的生活。他们并没有365 天每一天都跟拍，而是抓住了关键时刻。首先，编导选择了他们留学生活的开始——到日本当天和第二天、很不熟悉的一个月后、逐渐进入状态的两个月后、生活已经基本适应的第五个月的某天来拍摄他们的生活状态，这是经过创作者理性分析后选择的关键时刻。其次，编导又选择了王尔敏找工作、赴日后的第一个元旦，韩松参加考试等他们生活中产生变化的关键时刻去拍摄。

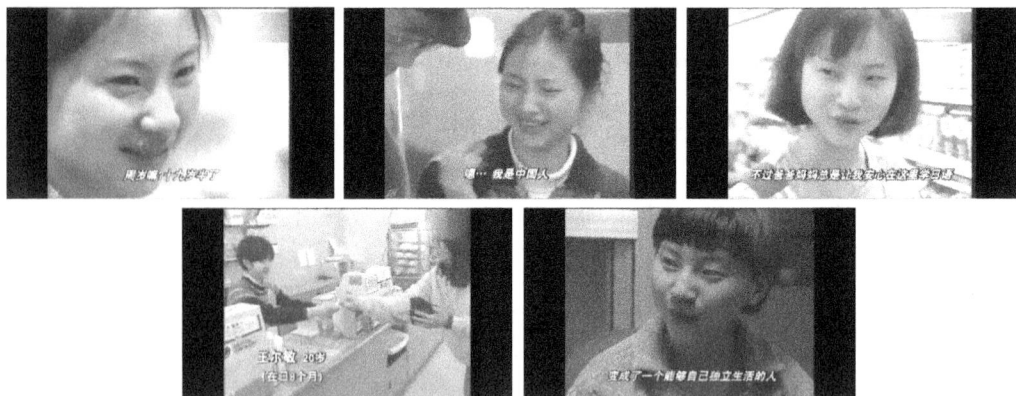

图 7-10　王尔敏

图 7-11　韩松

相关链接

　　《我们的留学生活——在日本的日子》是一部介绍新一代海外游子在日本求学奋斗的系列纪录片，全片共 10 集，每集约 50 分钟。是由留日学生利用业余时间，自己集资，历时三年，屡经磨难，亲手制作的。它是一段鲜为人知的真实记录，为研究新一代留学生的历史提供了极为珍贵的影像资料。

　　想要抓住事件的关键时刻，作为编导对自己要有所要求。什么时候去拍摄，去哪儿拍摄，在策划的时候就要予以考虑。拍过程的关键是要赶在事件发生的前面，而不要等事情发生过了再去拍。如果前期拍摄不完全，整个片子就会缺乏魅力。而抓住了关键时刻的前期拍摄，也会为后期制作提供很大的便利，使最终事件的呈现既完整又简约。

3. 抓住微妙的变化

我们在拍摄事件时，虽然有些内容并不是事件发展的关键时刻，也不是展现事件过程的必要环节，但它的存在往往能够展现生活中最本质的意蕴。比如，在专题片《半个世纪的爱》中，拍摄了一对农村老夫妻到田里去干活的过程，二人在路上一前一后，相距五六米，途经一座小木桥，老爷爷停在桥头等着老婆婆，随后牵着手一起过了桥。过完桥后又变成一前一后的状态。在这个片段中，如果只拍事件的关键时刻：出发、到达、途中一前一后的状态好状态只有过小桥太亲昵，只途中一前一后又只有现象，不能表现本质。因此，创作者一定要注意捕捉生活中的微妙变化，并通过它来展现生活深刻的本质和丰富的内涵。

想要捕捉生活中的微妙变化，要注意提前开机、延后关机、特殊情况不关机。

（1）提前开机

如编导王韧在专题片《费达生》前期构思中，一直想不到一个合适的人物出场镜头。在联系好拍摄后，摄制组进入小巷，摄影师提前开机，本来是为了拍摄一组呈现环境的镜头，这时，主人公从家里迎了出来，老人家眼睛几乎失明，见到访客还特意地整理了一下仪表，几个动作不仅说明其修养，也体现了传统文化的教育背景。

又如，我们要拍一个书法家写字，拍摄内容不仅是写出来的字，更要拍写字的过程，而这个过程不仅是提笔写字，更要拍摄铺纸、研墨等准备过程。

虽然提前开机有诸多好处，但是，也不能提前过量，否则到事件关键时刻摄像机没电了，存储空间不够了，会造成不可弥补的损失。

（2）延后关机

比如我们要为一台晚会做一个纪实性专题节目，不仅演出开始前要在后台拍摄演员上场前的画面，还要在演员下场后拍摄花絮。特别要在演出结束时立刻调转镜头拍摄观众散场。

又如，1982年，撒切尔夫人与邓小平就香港问题会晤后，走出人民大会堂时在台阶上摔了一跤，只有有延后关机意识的记者才能拍下这样有历史价值的一幕。

4. 捕捉偶发事件

由于生活本身的不可预料和不可思议，在拍摄过程中随时会出现编导事先估计不到的意外状况。比如在拍摄《初来乍到》时，原本住在语言学校单身寮的韩松突然不告而别，摄制组前来拍摄时"铁将军把门"，编导随即改编拍摄方案，有意识地拍摄了已经人去楼空的韩松家，解说词说"韩松的家，但他已经悄悄地从这里搬走了，谁也没有通知，201号，韩松曾经的房间已经人去楼空，与韩松的联系从此中断了"。将事实呈献给观众，让观众自己思考原因。同时，我们也要考虑到，如果之后联系不上韩松，他不能完成展现主题的任务，就不能作为主人公出现在本片中，需要另选一个人物。但如果之后联系上了韩松，能够继续拍摄，这一片段也为会后面韩松的再次出现奠定基础。果然，半年之后，韩松主动联系了编导。可以说是《初来乍到》的创作者用他面对偶发事件随机应变的能力为我们留下了韩松这个个性鲜明、精彩的人物形象。

在拍摄时，环境中常常会出现新的东西，这种事先根本没有预料的东西，往往是最可贵的，往往会成为一部片子中的精彩内容。如《沙与海》中，有一个被中外专家一致叫好的镜头，就是刘泽远的小女儿在沙漠中独自一人游戏的这一段。据创作人员讲，当时他的本意是要去拍风暴过后动物的遗骸，看见小女孩儿游戏的画面，只是凭兴趣将它拍摄下来，并不知道这段有什么用，却成了片中最精彩的段落。

图 7-12　《沙与海》中刘泽远的小女儿在滑沙

二、　长镜头的运用

长镜头是现代电视纪实的一种拍摄方法，它是指在一个统一的时空里不间断地展现一个完整的动作或事件。注意长镜头里的时空是"统一"的而非"同一"的，即它是在一个连续的时间段里，实现镜头内部的场面调度。因为机位一旦变化，所在、所摄的空间都会有所变化。连续的动作使非"同一"空间变得"统一"。长镜头的重要目的是为了遵守空间的统一性，从而也保证了完整性和真实性。其一，在长镜头中时间连续，空间统一，因而排除了在后期剪辑中做假的可能性，所以长镜头有比较强的真实感；其二，由于长镜头延续时间较长，能够比较完整地记录生活的原生态。由于长镜头的以上特性，在以真实性为最大魅力的纪实性电视专题节目里，长镜头可以说是最得力的表现手法。

所以使用长镜头进行不间断地纪录既是为了完整记录事件、动作的全过程，也是为了遵循纪实的原则。

1. 长镜头的作用

(1)复原生活流程

长镜头的叙事是一种非强制性的、开放性的叙事。安德烈·巴赞曾说过：与现实主义相契合的拍摄方法或者说运作方式正是长镜头。长镜头保存了客观存在的时空连续性，

记录的是现实生活的原形，平实质朴，使空间、过程、气氛、事实等都真实可信，让观众有一种生活的亲近和参与感

由于它能够通过连续的时空运动，把真实的现实生活自然地呈现在屏幕上，记录一种接近现实生活的原生态，从而形成了一种独特的纪实风格。一些真实性的有意义的长镜头往往能使人过目难忘。例如对魔术表演的拍摄，往往需要用到长镜头，它们一气呵成，没有做任何的剪辑处理，从而保证了观众心中的真实感。在一个连续运动的不可能有任何作假的长镜头面前，人们对画面内容所表现的魔术不会有猜疑而只是惊叹了，这就是真实的力量。

(2)诠释"进行时"

以"现在进行时"的形声同构方式传播不同领域的社会信息，这是纪实性电视专题节目的本质特征。"现在进行时"的电视片已成为大潮中的主流。这种模式是对"画面加解说"专题片的挑战，它强调记录过程、完整地记录、利用同期声等。1997 年大型直播节目借着香港回归走进公众视野，此后，大型直播节目一次又一次冲击中国电视荧屏。三峡截流、澳门回归、申奥成功等。"现在进行时"的节目给人强烈的现场感、参与感、悬念感、兴奋感，直接影响着人们的思维方式和行为方式，在受众中产生积极影响是其他媒体不可企及的。在直播节目中能够凸显电视优势的正是"长镜头"的广泛应用。它的擅长"再现真实"的特征使观众有机会通过荧屏想象性参与历史、介入历史。

(3)刻画人生情态

长镜头保持了时间和空间上的连续，在这一过程中，它承载了大量的试听信息：人物的行为、动作、交流形成了一定的环境氛围，能够展示人物的生存状态。

长镜头作为一种特殊的蒙太奇，每个镜头就是一个段落，一个有生命的完整的整体，其间不仅有情节的发展，节奏的变化，还有一种内在的意义。它特有的叙事、抒情、造型功能常常是千言万语难以替代的。

首先，我们运用长镜头"拍过程"的时候应该认真地用摄像机去记录"过程中的细节"，只有这样才能使长镜头在复原生活的同时，又真实地解释了生活。其次，我们用长镜头"写"人物可以再现真实，却要高于真实。

那么，怎样运用长镜头去"写意"呢？这不仅仅关乎技巧问题，更体现出摄像的功力。著名电视人冷冶夫曾说过：在一定程度上讲，好的纪实片实际上得的是"摄像奖"。他认为运用长镜头表现人物十分重要，其中两点应特别注意：一是长镜头要有信息量、不要将有信息量的长镜头切碎、拍摄过程当中不要随意关机。用长镜头刻画人生情状，拍出沧桑感和生命的价值来，拍出生活的原汁原味来；二是用镜头说话，作客观的记录，让观众自己去体验深沉的情感。这就是长镜头的"写意"功能。

所以说，长镜头是纪实性电视专题节目创作中最复杂、最具有挑战意味的摄影技巧。它是描述情状的重要镜头语言，包含着丰富的创造力和生命力，一个好的长镜头远胜过一段精美的解说词。

2. 把握镜头的长度

既然长镜头如此重要，什么时候需要用长镜头？在长镜头中哪些信息不能断呢？通

常说来，一个镜头的时长决定于以下几点：

(1)镜头所记录的事件是否能够交代清楚。

(2)所记录的事件是否重要。

(3)声音的连贯性，被摄对象的叙述和对话是否完整。前期拍摄时要有意识地捕捉完整连续的声音。

(4)片中人物处于激动、高兴、动情处，由于情绪未完，要用长镜头。

(5)需要给观众思考、回味的空间时要用长镜头。

3. 拍摄长镜头时要注意的问题

(1)长镜头的拍摄要保证表现内容(被摄对象形象、活动、声音)的完整记录；

(2)注意起幅和落幅的构图，并留足长度，以供剪辑使用；

(3)长镜头表现的内容丰富，场景变化多，所以画面景别、角度的变化要合理有据；

(4)转换场景的移动或移步要速度均匀，控制呼吸，保持画面稳定；

(5)拍摄时要兼顾现场变化，保持预见性，适时移动以捕捉新的信息元素；

(6)移动时要兼顾焦点和光圈调控，尽量避免焦点不实和采光过度或不足；

(7)在摄像机综合运动拍摄时，避免变焦或移动速度不当，尽量控制和把握记录的节奏。

以上要点中任何一项处理不当都会给长镜头留下瑕疵，或成为后期剪辑的负担，或造成不可弥补的损失。

三、 细节的捕捉

"细节"原本是文学领域的概念，《辞海》中对文学艺术作品细节的定义是：细腻的描绘人物性格、事件发展、社会环境和自然景物的最小组成单位。引申到电视领域，细节是指在电视屏幕上构成人物性格、事件发展、社会情境、自然景观的最小组成单位，对表现对象的局部或细微变化的展示。[①] 它可以是一个无声的动作，一个特殊的物体，一句平淡的言语，一个瞬间的表情的变化。

讲故事不拘长短，必须讲得生动。细节是使故事生动的利器。缺乏细节的故事就会变得平淡空泛，缺乏细节的纪实性电视专题节目就会变得枯燥、缺乏生气。纪实性电视专题节目吸引观众，表现环境特征和人物性格主要是靠细节。以至于一部片子中如果没有让人印象深刻的细节，这部片子的拍摄就不能算是成功的。

1. 细节的类型

从不同的标准入手，可以对电视细节做出不同的分类。我们这里主要着眼于电视媒介不同于其他媒介的视听元素，即电视传播的符号手段，把纪实性电视专题节目常用的细节分为视觉细节、声音细节、文本细节三类。

(1)视觉细节

是指用画面对人、事、景、物进行具体形象的描绘和刻画。包括人物的神情细节、

---

① 高鑫、周文.《电视专题》.99 页，北京：中国广播电视出版社，1997 年版.

1998年1月10日

哪里 今天你可能很紧张

图 7-13　《初来乍到》韩松赴考段落一系列视觉细节镜头

动作细节，以及物件细节、环境细节等。如在系列专题片《我们的留学生活——在日本的日子》中的第一集《初来乍到》中，有这样一场戏：韩松参加明治大学商学部面试的那一天，编导早晨 7 点前就来到了韩松的家，此时的韩松还没有起床，编导拍摄了韩松家外的积雪、家中指向 7 点的闹钟、洁白的衬衣、挂着的西装，以及韩松认真打着领带、在理发

店和地铁上握紧的拳头、在赴考路上沉默严肃的神情,等等,都属于视觉细节。

(2)声音细节

具体来说可分为解说词细节、同期声细节、音乐效果声细节。同期声细节包括现场效果细节和现场采访细节,现场采访细节又包括人物的语言、音色、语速、语气等细节(同期声的概念详见本单元第三课第五点)。比如在《初来乍到》上述段落中,配合衬衣西服的特写镜头,解说词说:"精心挑选的衣裳提前好几天就准备好了";又如韩松一边穿裤子一边自嘲地说:"腰都大了"。这些都属于声音细节。

(3)文本细节

在纪实性电视专题节目中,文本细节主要指屏幕文字细节。

屏幕文字是电视新闻传播符号系统中不可或缺的组成部分,它与图像、声音三者互为补充,相得益彰地赋予了电视直观、图文并茂的特点。屏幕文字细节在纪实性电视专题节目中发挥细节作用主要表现为标题或字幕两种形式,其内容主要包括人名、地名、日期、比赛得分和其他统计数字,等等。比如韩松赴考段落,一开始就打出"1998 年 1 月 10 日"的字幕来显示具体时间。

2. 细节的作用

(1)揭示主题

由于细节拥有最强的视觉冲击力,所以往往具有最大的视觉价值。编导康健宁 2010 年制作的 6 集系列片《陕西启示录》的第四集《绿色长城》通过讲述牛玉琴、石光银、张应龙以及女子治沙连等可歌可泣的感人事迹,展现出陕北人民为防沙治沙、绿荫后辈所付出的艰辛与努力,片中张应龙在沙漠中一步一个脚印的远去,整个片子的主题被形象化地揭示出来了。

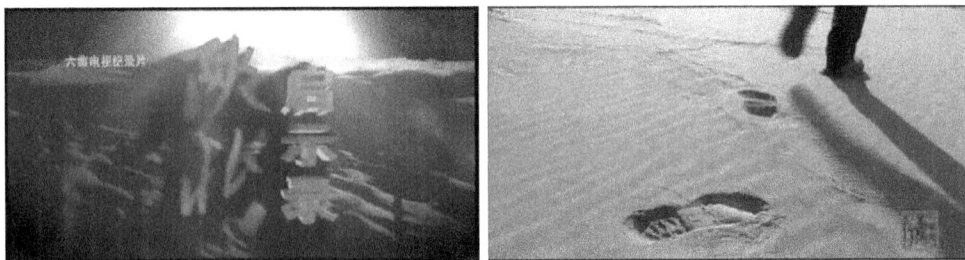

图 7-14 《陕西启示录》张应龙的脚印

又如在《望长城》"寻找王向荣"段落中,摄制组走访了王向荣的母亲,一个眼花耳聋的农村老妇人,她是那么普通、那么寻常,然而当摄制组离开时,她执意要送送这些远道而来的朋友。摄制组的汽车渐行渐远,回首望去,瘦小的老人依旧站立在山岗之上。此时,耳边回响起此前老人所唱的歌声。刹那间,一个传统的中国母亲形象被树立起来,和蜿蜒宏伟、饱经苦难的长城浑然一体。没有精美的构图也没有跌宕起伏的情节高潮,看似不经意间捕捉到的生活最原始最朴素的细节,却揭示出片子的主题。

(2)刻画人物性格

细节在表现人物时,不仅可以观其形、听其声,而且可以传其神,这是其他艺术手

法所无法比拟的。

在专题片《龙脊》中，十三岁的孩子潘纪恩为了交学费，到离家二十公里的金矿淘金，在第七天终于淘到一个金粒后，没有欢欣鼓舞，而是依然不停地筛着筛子，从中我们可以看到潘纪恩是个冷静的孩子。

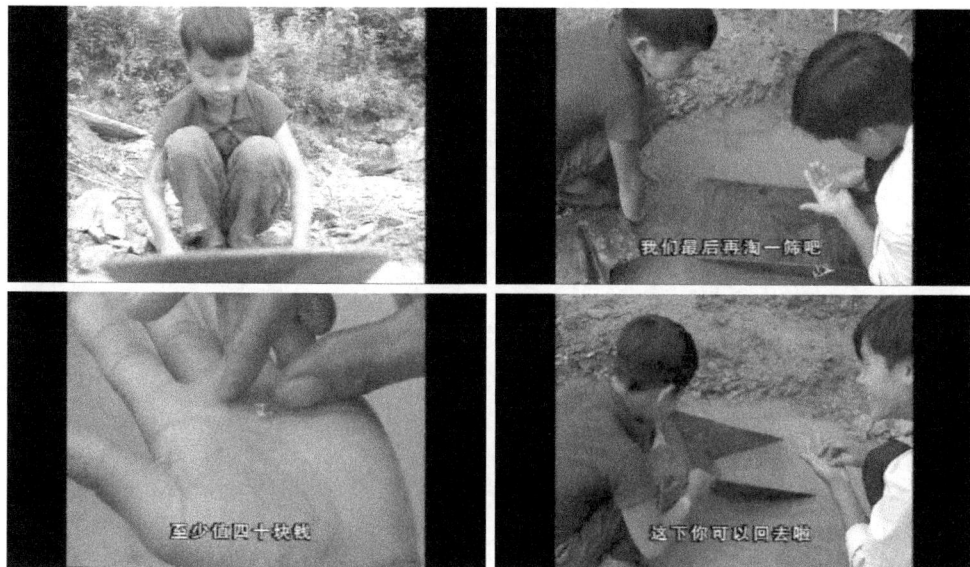

图 7-15　《龙脊》潘纪恩淘金

（3）揭示人物心态

人物的神情细节、动作细节是最容易揭示人物心态的。如 1995 年曾在《焦点访谈》播出的《难圆绿色梦》中，塔拉高原上最老的一棵树只剩下了树桩，用尽一生的气力种树治沙的 82 岁高龄的徐治民用拐杖扒拉树桩上的沙尘，他的复杂心情通过动作细节表露无遗。又如《沙与海》中有一个长达 27 秒的脸部特写：当记者采访刘泽远的女儿，问她"想不想离开这个地方？……舍不得这个家是吗?"她始终低头不语，但她复杂矛盾的心理状态通过面部表情，在特写镜头的放大下表现得淋漓尽致。

（4）隐喻、暗示、强调

物件细节往往起着隐喻、暗示、强调的作用，在特定的情境下，无生命的物体本身就是一个富于表现力的东西。它往往不仅代表自身，还会蕴含其他含义。在《沙与海》中，茫茫沙漠里突然出现骆驼的头骨和脚骨的特写镜头，凸显出沙漠这一生存环境的险恶和艰难。《初来乍到》中，"失联"半年的韩松突然联系编导，和摄制组一起吃饭并讲述他打工的辛苦历程，画面上出现了"青岛啤酒"的特写镜头。家乡的酒暗示"独在异乡"之人的思乡之情，越发凸显出异乡生活的艰辛。

3. 细节的捕捉

细节虽然生动，它的发生却是转瞬即逝的，需要编导"等、抢、挑"，敏锐捕捉。这就需要创作者有较强的"记录意识"和"记录功力"。

想要捕捉到细节要做到以下几点：

图 7-16 《初来乍到》中青岛啤酒的特写

(1)熟悉被摄对象，能预测到细节的发生。

(2)在细节即将发生时有所判断，学会"等"拍镜头，不要轻易关机。

(3)拍摄技术要娴熟，要做到眼疾手快，能够迅速"抢"到镜头，完整记录细节。

四、理性素材的拍摄

1. 何谓理性素材？

在采访中，现场的大量画面都是感性的、多义的，而少量的形象例如图表、账本、书籍、文稿、文件、法律条文等都属于经过理性加工过的信息，它们直接以秩序化、组织性的形态存在。

还有一些镜头，例如门牌号码、街道名、建筑物名、人的签名、路牌等，这些具有明确的指向含义的镜头，也叫标识性镜头，也属于理性素材的范畴。因为这些画面是单意义的，不会经过组接而发生改变。

纪实性电视专题节目要求事件的时间、空间具体化，因此，有意识捕捉理性素材，能够增强片子的可信度，增强观众的现场感。

2. 理性素材的作用主要包括

(1)以自身的形象作为论据。

(2)作为批评的证据。

(3)在表现过去时空时作为重要的资料画面。

五、 同期声的使用

同期声也可以叫有源音响，是指录自现实生活，并源自电视画面自身形象的客观音响，是摄像记者在电视采访中进行现场判断、选择和记录的又一个重点。同期声主要来自人与自然，包括拍摄画面过程中的人物语言、环境音响、现场音响等多种声音。这些声音由于同期声与画面同时呈现，信息准确，影视艺术中增强真实性的不可或缺的元素，因此，在纪实性电视专题节目中备受重视，主观性强的后期声音被大大压缩。

1. 同期声的录前准备

纪实性电视专题节目的同期录音，一定要在录制之前制定一个好的录音方案。这个方案要建立在了解片子内容、了解片子录制现场的自然环境和声学环境、了解声音状况并熟悉声音环境、了解片子的主题、分析拾音对象声音构成的基础上制定。

(1)如果拍摄场景的声音环境不理想，要考虑能不能停止嘈杂的环境音？或者关掉声音源，或者与声音源沟通，或者更换场景。如果我们在同期录音时不得不面对环境噪声时，只能通过一些技术手段来减少环境噪声。

(2)在制定录音方案时，还要做到抓住声音主体，兼顾其他。要分析每一个画面中最重要的声音的声源。比如在拍摄一个采访段落时，声音主体无疑是被访对象，而记者的声音要不要？环境的声音要不要？都是我们需要考虑的问题。

(3)在录前准备阶段，我们还可以有意识地提前录制音乐，创造现场音乐。

"声形一体化"是纪实风格的主导形式，声画错位(声音画面空间不匹配)的剪辑，一般不作为纪实性电视专题节目的主流创作方式。纯粹的纪实有时不能达到我们表意的要求，而音乐又是电视中一个最容易控制的元素，因此，音乐是需要设计的。

在专题片《女子特警队》中，训练结束后，吉普车里的女特警流下泪水，此时车里的录音机响起《你怎么舍得我难过》的音乐。这是编导有意识的提前准备录制的结果。这段同期声音声既真实又煽情，从而达到了编导设想的艺术化效果。

在《英与白》中，白独自或站或坐在空旷的场地里的画面，加上编导张以庆精心设计的有源音乐，使人物显得更加落寞。

2. 同期声的现场录制

最值得借鉴的经验是，和一个有经验的录音师合作。因为对于一部电视片来说，声音是最重要的技术指标之一。如果一部片子声音技术不达标，如出现破音，会给后期工作带来很大麻烦，甚至造成无法弥补的损失。

对编导而言，在纪实性电视专题节目在前期创作时，有意识地对声音的"有闻必录"是十分必要的。因为首先，可能拍摄时感到没有用的声音在后期制作时会发现它的意义，比如嘈杂的环境音，能够配合画面体现人物所在的环境，甚至反映人物的心境。其次，所拍摄事件的发生、发展有不确定性，在拍摄时，常常会出现预料之外的情况，这种事先根本没有预料的情境，往往是最可贵的，很可能会成为一部片子中的精彩内容。因此，前期的声音录制必须做好，否则在后期制作时会发现很多漏录，漏录声音和漏录镜头都是损失，都会造成遗憾。

图 7-17 《英与白》中白独立窗前

前期"有闻必录"并不意味着"有录必用",用不用,如何用,可以在后期制作时调整。有些同期录音虽然是对现场声音的纪实,但不能很好地表现节目内容,有待于后期混入一些与现场环境和气氛相吻合的声音,以弥补同期录音的不足。比如作为情绪宣泄段落,主人公唱一首歌,后期只用一句,接着混入 CD 音乐,效果会比较好。

在纪实性电视专题节目中,声音是最容易掌控的元素,如果声音处理得好,会为整部片子增添色彩。

3. 采访录音

采访录音时要注意:

(1)尽量使讲话的人不产生被拍摄的紧张,保持原来的自然状态。

(2)画面拍摄要服从语言的完整性。

(3)画面的拍摄要考虑到同期声剪辑的需要。

如果记者要出镜,一定要杜绝出镜记者的主动表达,比如"嗯""啊"之类的语气词。记者最好的反映镜头是"点头"。

编导要有监控声音的意识。声音录制出现问题,后期是不可弥补的。

六、　解说词的写作

纪实性电视专题节目的解说词要以"不完整"取胜。

现如今的电视专题节目不再是一统天下的"主题先行、文字先行"了,专题片尤其是纪实性电视专题节目的解说词不再强调独立性,而是画面的补充,它不是为了独立传播而创作的,而是影视纪实艺术的一部分,是一种特殊的文学形式,是一种允许"不完整"的文体。

一部优秀的电视专题节目解说词，单看它可能支离破碎看不懂，但它与画面和采访结合后却是完整的，天衣无缝的。而看似华美的一篇文章可能并不适合作解说词，会出现争夺视、听的状况。因而，解说词的写作和评价也要将其置于作品总体之中。

特别是纪实性电视专题节目的解说词，更是要辅助画面和声音来发挥作用的。因此，既不追求完整，也不追求独立，它讲究口语化、排斥文章化。

纪实性电视专题节目解说词的写作一般有三个必要条件：一是所需要的各种文字材料要充分；二是粗编基本完成；三是写作者对作品的充分理解。因此，写解说词不宜过早动笔，否则容易造成脱离作品而投入无效的劳动。

纪实性电视专题节目的解说词写作要避免出现以下问题：

1. 与画面、人物同期声重复；

2. 多空话、套话，宣传意识直露，没有艺术含蓄；

3. 多指令式、结论式的语言，缺乏民主意味；

4. 解说词过满，多可有可无的旁白堆砌，分散观众视听，造成视听疲劳；

5. 语言书面化，长难句造成理解障碍；

6. 专业术语过多，晦涩难懂；

7. 太过追求含蓄，造成观点模糊、思想朦胧、令人费解；

8. 语气生硬，不亲切、不自然等。

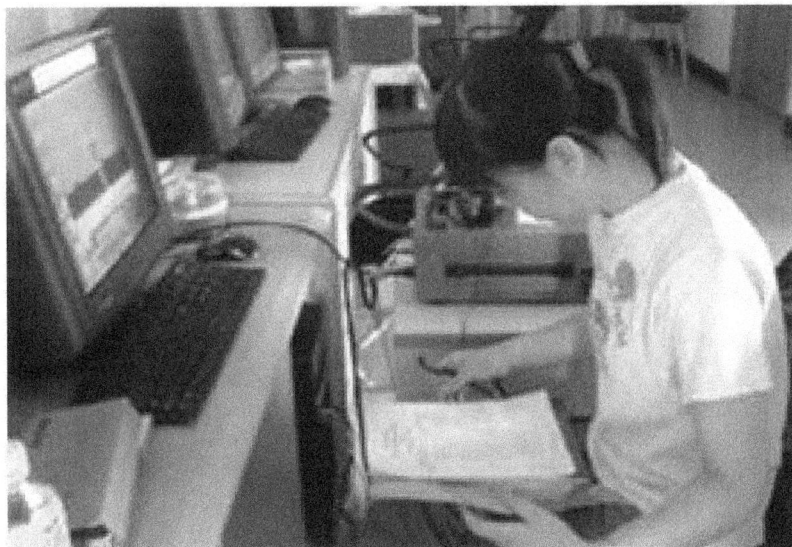

图 7-18

第四课　纪实性电视专题节目的实训操作

纪实性电视专题节目就必须真实地、细致地展现和揭示生活的具体情况和生活的过程。一切思想意念的表达，无不蕴含在生活情景和过程的叙述之中。那么，如何才能创

作好纪实性电视专题节目呢？

通过拍摄让学生体会到纪录片拍摄和剧情拍摄、新闻拍摄的不同。被拍摄对象每天都会遇到不可预测的新情况，人物的心理变化，事件向什么方向发展，我们作为拍摄者事前难以知晓，也无法人为地干涉。在被拍摄对象纷繁复杂的生活过程中，如果我们摄制人员不在现场跟踪拍摄，没有细致入微的观察，没能在亲身目睹事件的发展过程中随时抓拍的话，很多重要的情节、感人的细节都有可能遗漏掉，事件的进展也会脉络不清，这样的作品就不能称为优秀的纪实性专题节目。

此次纪实性短片的拍摄重点在于考查学生对人物或事件的选择、捕捉、记录及筛选能力。

【实训要求】

任意选择一位你熟悉的人物（同学、朋友、老师等），对其进行跟踪拍摄，完成一部10分钟左右的纪实性电视专题节目短片。

【实训设备】

摄像机、非线性编辑机、话筒、三脚架等。

【实训步骤】

1. 以小组为单位分别为各自的纪实性专题节目选题。

2. 各组分别对本组选题拍摄、编辑。

3. 教师对各组作品进行讲评。

【讲评重点】

(1)有没有对于事件过程进行详细记录；

(2)是否抓取到了事件发展的关键点；

(3)拍摄过程中若有突发事件出现，是否关注并抓拍到；

(4)学会筛选哪些过程应当用长镜头展示，哪些只需用分切镜头即可；

(5)有没有细节镜头，展示是否充分；

(6)对人物的刻画是否做到了客观、真实。

【观摩作品】

《望长城》《纪录片编辑室》《回家》《房东蒋先生》《我们的留学生活》《流浪北京》等，体会优秀作品的可取之处。

思考与练习

1. 思考并分析纪实性电视专题节目和电视新闻专题节目的异同。

2. 思考纪实性电视专题节目创作中，如何在真实记录和记录真实的前提下做到思想性、艺术性？

拓展训练

1. 试拍摄一组长镜头，要求画面稳定、流畅；信息量丰富；构图讲究。

2. 试拍摄一组细节镜头，要求表情达意，生动细腻。

第八单元

电视专题节目解说词的写作

学习目标

☐ 通过教学使学生了解解说词的写作特性及写作要求；解说词在电视专题节目中的重要作用。

☐ 理解电视专题节目解说词的功能。

☐ 掌握电视专题节目解说词写作的基本方法和写作过程。

电视专题节目解说词是一种新兴的文学体裁形式，从孕育、写作到解说、剪接，都有其独特的规律。

【优秀作品赏析】：《十五岁的初中生》(图 8-1)46 分钟，是一部优秀的纪录片。

图 8-1　十五岁的初中生(解说词)

这是一群普通的十五岁孩子，但目前对他们来讲却是个特殊的时刻。期末的升学大考将是他们三年初中学习最后的冲刺。

这是上海中学初中部三年级二班。他们面临的是一场激烈的分数竞争，升学考几门课的总分将决定他们是否能进入高中，特别是那些师资强、设备好的重点高中。匆匆忙忙吃过午饭，立刻回到教室里去。每天上午和下午是上课时间，早晨、中午和晚上是他们的自修时间。除了吃饭和睡觉，学生们将所有的时间都用在复习迎考上了。为激励大家努力再努力，班干部将口号写在黑板一角。这个班的学生并不是孤军奋战，在上海和他们一起苦读的一共有六万五千名初三的十五岁孩子。

上海市区共有四百多所中学，其中少数是住宿学校，大部分是走读学校，上海市第四中学是走读学校中的一所。因为是走读，学生早上到校，下午放学回家。他们提出让记者拎一下书包的重量。

书包很重，每一只都有十多斤。每逢升学考试临近，测验都特别多。每星期都有好几门功课要测验，有时晚自修的时间也被用来测验。虽说是测验，分数好不好，学生还是很在意的。

徐虹是初三(二)班公认最用功的学生。有时别人吃饭去了，她咬个面包就算一顿饭了。但连续测试分数不高使她很焦虑。班主任师磊发现徐虹压力很大，找她交谈。徐虹是幸运的，老师和父母的关心和劝慰使她的感觉好了一些。但从整个初中生现状来看，问题并没有根治。苦读中的孩子们是怎么想的？这种苦读是否值得？

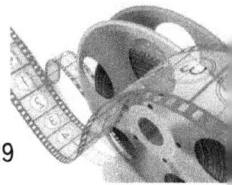

这是中学生作文竞赛的一个考场，门口和窗外都是焦急观望的家长。在这类科目竞赛中获第一名的，升学考试中可以加分。星期天的补习学校常能见到这种情形，孩子在一个教室里上课，父母在另一个教室里陪读。为了帮助这些处于紧张状况中的中学生，上海人民广播电台开办了"中学生热线电话"节目。

鲁毅是个很有个性的学生，当许多人读书读的有点儿神情麻木时，他还时不时露出个调皮的笑脸。鲁毅喜欢唱歌，曾获区中学生卡拉 OK 演唱的第一名。今天这儿正在进行市一级的歌手选拔赛。鲁毅瞒着父母偷偷跑来参加比赛。

老师正在找这次测验成绩不好的学生谈话。科代表在讲台上要收作业，下边还有人在匆匆赶习题。太多的作业和实验使学生疲于奔命。

直升考试的日子终于来到了，一学期的苦读就是为了最后的这场直升考和随后的升学考，但结果却早已是确定了的。1992 年上海市市区初三毕业生总数是 61 000 人，高中招生数量是 23 000 人，能上高中的不到一半人，其他人将去读职业学校和中等专业学校。而大多数家长是不希望自己的孩子读这类学校的。

这一个考季即将过去，可新一轮的考季又在等待着另一批孩子。虽说上海市的中学教育正在进行改革，看来十五岁初中生的拼搏还将继续。

上大学，继续深造，对于十五岁的中学生杨帆来说并不是自己想要走的路，1997 年，他从上海饮食服务学校毕业，成了上海建国宾馆的一名三级厨师。

勤奋的徐虹从上海中学初中部毕业后，通过努力考上了上海中学的高中部，1997 年，她在上海立信会计专科学校读涉外会计专业。工作后，徐虹用四年的时间自学完成了本科学业，这几乎占用了她所有的业余时间。徐虹从一名汽车行业的销售员做起，用她的韧劲，很快就得到了上司的赏识。

爱唱歌的鲁毅 1992 年从上海中学初中毕业后，因与上海中学高中部的录取分数线相差 5 分而没能回到上海中学。1997 年他已是上海工程大学三年级的学生了。鲁毅的首张碟片今天是义卖，他的目的是为了资助盲童，希望帮助他们能有一个快乐的人生。鲁毅大学毕业后，先后进入了几家公司工作，如今他已是一家外资公司的重大客户代表，每星期有一半的时间穿梭在内地各个省市。鲁毅的儿子今年两岁了，多多少少遗传了他的性格，常常会用稚嫩的言语逗他们开心。

聪明的郁乐始终是个成绩优秀的好学生，1992 年他以优异的成绩直升进入上海中学高中部，1995 年又直升进入上海交通大学。郁乐的女儿一岁半了，对周围的事物充满了无限的好奇，郁乐是女儿的字典，随时准备着回答她的每一个问题。大学毕业后，郁乐先后去了 IBM 和惠普两家公司，但他仍然苛求新的知识，打算重新回到学校，再去读一个 MBA。

试着把解说词单独给人看，三个人有两个能大体看出是讲中学生负担重的事，具体内容却不明白；另一个人完全感到莫名其妙，甚至说它"不像一篇文章"。

这是一篇 1 607 字的文稿，讲到几个人的故事，还讲到全上海初中生的情况。段落之间并不连贯，段落之内又不具体，好像成心不想让人读懂。比如：

"星期天的补习学校常能见到这种情形，孩子在一个教室里上课，父母在另一个教室里陪读。"

"为了帮助这些处于紧张状况中的中学生，上海人民广播电台开办了'中学生热线电话'节目。"

是什么使这些孩子长期处于紧张状况中？上海人民广播电台开办的热线电话节目有没有起到作用？这些谁能读明白？谁能听明白？

再看作品整体，这部作品有详尽生动的访谈：学生、家长、教师、校领导等的对话记录是解说稿的两倍多。如果说两项相加，能成为一篇明明白白的广播稿，那么，它只有和画面和说明字幕（提供时间、地点等背景材料）合成，才是具有电视特点的视听艺术品。

评价一部作品的解说词好还是不好，必须置于作品整体，孤立地看一篇没有合成的解说稿，可能得出不公正的结论。看似支离破碎的文稿，合于作品可能珠联璧合，天衣无缝；看似完整华美的文稿，用于作品未必就好，反而可能出现不合辙、争夺视听的效果。

好的解说词离开画面叫人觉得不完整，读不懂，也听不懂。作为出版物供人阅读，必须要注明画面内容，以方便人们欣赏和研究，这正是它的美妙之处。

第一课　电视专题节目解说词的作用

电视节目是一个综合性的统一体。它由三种"语言"构成：画面、解说词、音乐音响，这三种"语言"汇成了我们通常所说的电视语言。"以视为主，视听结合"是电视节目创作中非常重要的一种表现手法。这种手法意味着，画面虽是电视语言特色所在，但解说词亦是不可或缺的部分，担负着弥补画面语言固有弱点的职责，其在信息传达上的作用绝非画面语言能够取代。特别是在专题片中，解说词构成了其中不可或缺的电视语言元素。解说词是以文字媒体的形式进入声画影像，这使得它既不同于标准的文字媒介，又要考虑到配合画面，也就是为"看"而写，只有这样才能充分发挥它们各自的优势，完美地展现电视专题节目的魅力。电视专题节目的内容是在视觉和听觉的共同感知中发展的。当画面与自然语言组合在一起，实现视听结合时，在画面和解说之间表现出某种带有规律性的关系。这种带有规律性的关系，是"声画语言结构"。

一、　补充画面、扩大容量

电视专题节目的所有画面都是在进行时态下拍摄，但要完整表现一个人物、一个事件，就必须涉及过去和未来，对此仅靠画面是无能为力的，于是解说词承担了画面所不能完成的职能。解说词在电视专题节目中和画面一起相互串联、铺垫，互相补充，从而构成完整又形象的专题信息。

例如：《雕塑家刘焕章》（图 8-2）中，画面出现刘焕章正在雕刻，仅从画面中我们仅能

知道这个雕塑家正在雕刻，而这时解说词便告诉我们"他从少年时候就开始和石头、木头打交道了"等一系列关于刘焕章过去的发展历程。这就扩充了整个画面的信息含量，使观众从中得到更多无法直接从画面得到的信息。

图 8-2

二、 整合画面、衔接内容

电视专题节目是由一个个画面组合而成的，如果没有解说词的衔接、整合，画面则可能因为没有明确的指示关系而显得无序、杂乱。而且，画面与内容的衔接与转场，很多时候也需要解说词的过渡和连接。因此，好的解说词可以保证整部片子内容的自然、流畅与和谐。

例如：在纪录片《半个世纪的爱》中，记者在采访京城一对老年夫妇，几个放学的小孩子从门口走过，无意中闯进了镜头，这本来是与主题无关的，但是解说词却巧妙地利用了这些孩子，根据主题需要对画面进行了整合。画面配的解说词是这样的"胡同里的孩子放学了，蹦蹦跳跳的。也是一个小女孩，她忘记跟同学们打招呼了。当然，她不会特别关注对面院里的这一对老人，更不会想到老人也曾经蹦跳着走过和她一样的童年"。通过解说，不但把小女孩和老人联系起来，使画面中出现的人物都围绕住主题。同时还表达了丰富的哲理内涵，把生命的轮回交替和生活的沧桑巨变带来的无限感慨表达的淋漓尽致。老人也曾经有过纯真烂漫的童年，而现在还是童年的小女孩总有一天也会长大、

变老。生命就是这样轮回，而正是有了这样的轮回，人类社会才能生生不息。

三、 突出画面、深化主题

电视专题节目有些画面本身转瞬即逝，对其中的一些能够深化主题的信息，画面本身有时并不具备时间延展性。对解说词来说，镜头的边框与具体画面形象只是展开解说词的基础，通过它的内容完全可以联想到画面之外更多的信息、更深的含义和其他信息。解说词在片中的作用不是堆砌，而是镶嵌，它可以通过外在语言的强调和刻画更有利的突出展现其思想内涵。

例如：专题片《西藏的诱惑》(图8-3)里，我们更多的是看到了西藏的美景和西藏的布达拉宫。如果没有解说词，我们根本不能够知道四个摄影家对西藏的不断追求、不断拍摄的经历。片中有这样一组画面："山上的野草，草原上的骏马在吃草，茫茫大海"。而解说词是这样的写道："像山野诱惑春风，像草原诱惑骏马，西藏对人的诱惑，那样难以摆脱，对敢于追求的艺术家来说，像大海诱惑江河。"解说词紧紧扣着画面，用一种比喻的方式说明，西藏的诱惑不紧紧是一种西藏的人文景观，更多的是艺术家对西藏的追求，更加体现了专题片的主题，并且这种生动形象的比喻也更能感染人，更能打动人。

图 8-3

四、 加大深度，揭示哲理

专题片能否给人留下深刻的印象，关键在于是否有深度。有深度的作品引人深思，让人回味无穷。观众在欣赏一个故事，得到美的享受的同时，也希望能看到作者有见地

的思考和观点，从而给自己以启迪。电视专题节目的表现媒介是运动的声画影像。它的重要特征是生动、具体、直观，并且是直接诉诸视觉感官的。因此，在表现深度方面先天就次于文字媒介。在这种情况下，就只有借助于解说词这种文字媒介了。

例如：纪录片《回家》讲述的是四川宝兴县蜂拥寨自然保护区的管理人员对人工饲养了两年的大熊猫"高高"的放生大自然的经过。几经曲折，高高在人们的帮助下，终于回到了森林。画面上出现高高的身影渐渐消失在远处。这时，解说词告诉我们："大熊猫高高走了，它的朋友也和它告别了。它们都回到了自己的家。其实，它们仍然生活在一起，在同一片蓝天下，在同一座大山里，它们共同拥有了一个家，一个唯一的家。"这几句解说词揭示了整个片子的真正用意："大自然是人类和动物共有的家园。我们要善待动物。"这使得整部片子就上升到更高的层次了，引导观众关注画面的潜在含义。

五、　增添审美、创造意境

画面语言，是电视专题节目中营造独特意境的重要语言手段，也能将观众带入作品诗化的氛围之中。但是，要让观众对特定意境产生更深切的思想感受，进而产生理念认识，也不得不借助于解说词的描绘和阐发。解说词可以充分调动文学特殊的描绘力量，对画面所展现的意境，给予进一步的深化和升华，使观众得以从视觉和听觉两个渠道，感受到特殊美感。

例如：专题片《话说长江》其中有这么一段解说词："多少年过去了，长江一直不知疲倦地流着、流着，她既不因寒暑的变易而枯竭，也不因长久的奔流而停滞；她用甘甜的乳汁浇灌着千顷肥沃的土地，陶冶着中华儿女纯朴坚强的性格。"作者淋漓尽致地表达了长江儿女对母亲河的深情，使专题片的主题得到了升华，富有一定的情感。因为观众在接受由画面所抒发的情感时，虽然形象，但毕竟是间接的；运用解说词来直抒胸臆，观众对长江的艺术感受则是直接的。因此，在电视纪录片创作中，运用解说词直接抒发对事、对物的情感，则可以直接冲击观众的情感，使其与作品所要表现的情感，产生强烈的共鸣和认同。

六、　放大信息、突出细节

画面中的一些重要细节在整体画面上并不突出时，往往会被观众所忽略和遗忘。这些细节通常对整体构架以及整个故事的表达具有重要意义，而画面又无法引起观众的注意，解说词就充当了"放大镜"的功能，充分体现细节，引起观众的注意，更好地服务于主题。

例如：在纪录片《半个世纪的爱》中，画面上是孔罗荪先生家中门庭上悬挂的小风铃，平常的家居饰物，观众一般不会在意，但是解说却能让观众立刻感受到这个平凡风铃的含义，解说词是这样的"门庭上的风铃叮叮当当地响了起来。我们有些奇怪，风铃为什么要挂在哪里呢？孔老告诉我们，是要挂在那儿，因为只要老伴在屋子里一走动，它就会响起来。它一响，我心里就踏实了。"本来只是一个风铃，如果没有解说，观众就容易把

它当作平常的饰物了，就不能凸显出孔老对老伴的深沉爱意了。经过解说的强调，立刻让观众感到小小的风铃也是充满了浓情蜜意的。

七、 引导想象 加强参与

解说语言虽然没有一个具体存在的形象，但可以通过与结合的画面，通过接近联想、相似联想、对比联想、关系联想等方式，充分调动观众的经验积累和表象记忆，唤起观众的形象感。通过营造一种适当的语言氛围，引起观众的感情共鸣。

例如：在《农村教师杨建红》一片中，解说词对杨老师走了14年的校前小路这样写道："每日伴着晨光上路，随着日落离去。飞转的车轮印证了一切，十四年不曾中断，十四年不曾改变。这村边的小路记录着她的耕耘与收获，这山下的校园见证了她的爱心和执着。"这一段解说词既是一种具体的概括，又是一种情感的抒发。"为了山里的孩子们，她常常把自己的两个女儿留给丈夫照顾，却将更多的母爱洒向了山里的每一个孩子。那一滴滴汗水，一个个足迹，都证明了这一切。"这一部分的解说词，看似在叙事，实际上也是抒情，将杨老师的奉献精神表达了出来。画面上没有杨老师的身影，也没有她走路的脚步声。但观众在解说的引导下，结合眼前的画面，会形成一种主动的想象，调动自己以往的经验积累，感受当年的情景和人物的音容笑貌，在想象中引发了积极的人生思考。

总之，解说词在专题片中有着不可缺失的作用，合理的解说，美妙的解说词，给观众有着不同的听觉享受，但解说不能从专题片开始到结尾一直解说，这样就失去了画面的逻辑性和画面的实效性，所以恰当地运用解说词不仅可以增强专题片本身的氛围，而且可以使得观众更好的理解专题片和专题片所讲的内容。

第二课 电视专题节目解说词的体式

电视专题节目集客观纪实与艺术创作于一身，拥有比较丰富的艺术创作手段，是最具有电视特色的节目类型之一。根据不同题材与主题的要求，不同类型的专题片的解说词的体式是有差异的。但是总体来说，解说词的体式要与拍摄对象和谐、统一起来。比如，拍摄政治人物，片中用语必须要适度政治化，解说词主体也是意识形态的话语；拍摄风景名胜或文化古城，解说词则要抒情，如行云流水一般，更加细腻、透彻。如果主体基调是明朗的，解说词应该欢快明朗；如果主题基调是深沉的，解说词也要含蓄、沉郁等。根据解说词表现形式的主要特征，其大致可以分为说明式、政论式、抒情式和叙述式等几种。

1. 说明式：准确精细

文献、社教专题片、科教片等类型的专题片，其解说词的写作大多采取说明式。

说明式解说词在片中主要是承担信息传达的任务，画面是图解知识、说明道理的形象载体。解说词与画面的位置一定要对准，画面播到哪里，解说词就要跟到哪里，可以说亦步亦趋，是地地道道的"看图说话"式。这种风格的解说词以传播知识为主，用词造

句要通俗易懂、深入浅出，不宜用过于朦胧玄虚的语言，做过多的想象与联想。这类解说词的基本要求是要把问题解释清楚，把抽象的道理说明白，有鲜明的准确性，让外行听得懂、听得进，让内行人受启发。

如《椰风海韵》，在介绍海南岛上的苏公祠时，解说词处理得十分精确：

这是一块最受海南同胞尊崇的圣地，因为这里有一座明朝万历年间为纪念宋代大文豪苏东坡而建的苏公祠。苏东坡为我们留下了"大江东去，浪淘尽，千古风流人物"的绝唱，当年他以 60 岁的高龄被流放到海南岛，在这里度过了他生命中最后的三年，并留下了对海南岛人民无限依恋的诗句。

这段有限的解说词涉及不少知识性的东西，比如苏轼及苏公祠的历史，涉及年代、地点、诗句等，因此信息的准确无误便显得尤为重要。

由于许多方面的知识具有专门化的特点，有些解说词的撰写需要有专家作为科学顾问。需要注意的是，社教专题片、科教片中有较多的专业术语，解说词容易写得单调、枯燥，因此，一定要做好专业词汇通俗化的语言转换工作，尽量把解说词写得生动活泼、充满情趣、贴近生活，像《动物世界》的解说词就脍炙人口，深受不同文化层次、不同年龄段观众的喜爱。

2. 政论式：逻辑严谨

政论式解说词多用于政论片、文化反思片，往往是对历史、社会、文化、时代、人生等作出分析和判断，提出创作者自己的认识和主张，具有较强的思辨色彩。

政论式解说词要有较强的语言逻辑，要一环扣一环，片子必须传达某种理论、某种主张，要做到论证严密、说理透彻。另外，语言要有气势，充满感情色彩，要有强烈的鼓动性和感召力。

如《大国崛起》(图 8-4)中的一段解说词：

图 8-4

历史上的大国依靠掠夺殖民地和武力争霸崛起，已被证明结局并不美好；妄图依靠战争打破和重建世界格局，已被证明结果事与愿违。德国的兴衰是最好的例证。同样，历史一再证明：没有永远的霸权国家，大国的兴衰交替是不可避免的历史法则。英国在主导世界两个世纪后也开始重新认识自己的位置。

一般来说，这类专题片的解说词，其认识价值要远远超过审美价值，因为它主要采用文字思维，电视特点不是很明显，注重的是政论文章形象化。然而，此类解说词的写作仍然具有相当高的难度。这类解说词的撰写，要适当注意时间的长度，搭配画面时要注意编排在适当的位置。一般是先写好解说词再搭配画面，以使观众从解说中可以得到某种心灵上的震撼，并在价值取向和道德判断上深受其影响。因此，这类解说词的撰写者要具有扎实的基础知识、较高的理论文化修养，更重要的是，要有敏锐的政治领悟力。

3. 抒情式：优美雅致

抒情式专题片解说词主要用在文艺专题片中。这类解说词不必过多地叙述事件的前因后果，也没有必要故作高深地去大发议论，深掘画面的内在含义，也不需要过多的想象和联想，主要依靠观众去直接感受画面和音乐的美好，并受到熏陶。

如电视专题片《苏园六纪》(图 8-5)：

图 8-5

雕几块中国的花窗，框起这天人合一的融洽。构一道东方的长廊，连接那历史文化的深邃。是一曲绵延的姑苏咏唱，吟唱得这样风风雅雅；是几幅简练的山林写意，却不

乏那般细细微微。采千块多姿的湖畔奇山，分一片迷蒙的吴门烟水。取数帧流动的花光水影，记几个淡远的岁月章回。

这段富于古典辞赋音韵之美的精雅文字，被置于 6 集电视专题系列片《苏园六纪》的每集之首，用解说词作为统摄全片的题记，精彩绝伦，韵味十足。

抒情式专题片解说往往语言优美雅致，透露出真挚动人的情感，解说语言的节奏和韵律比较讲究，听觉上有一定的形式美感。语言不一定非常大众化，可以有一定的文化含量，带有浓厚的文学色彩，富于诗意和韵味，与画面、音乐的优美风格协调一致，使观众从美的享受中得到美的熏陶，从而提高文化素养。

精美、空灵是这类解说词语言最突出的特征，它吸取了中国传统文化的精髓，于写实之外更重视写意，重视由声、画和文字传达出来的意境，更好地表达出中国韵味。

4. 叙述式：自然平实

叙述式解说词在电视专题节目中较为常用，几乎每一个片种类型都可能有所涉及。叙述式解说词是对某种社会现状或人生形态，甚至一件平凡小事的介绍与叙述。若说政论式解说词具有说教性和鼓动性，抒情式解说词风格像一位文人在吟唱，那么，叙述式解说词则更像是朋友聊天，语言平和、自然、流畅，内容贴近生活、平实、朴素，具有大众化、平民化的特点。

如《话说运河》中：

各位观众，请仔细看一下中国地图。这是山海关，万里长城从这里向西南方延伸到中国的腹地，高高低低，途经 7 个省、市、自治区。这是北京城，京杭运河从这里伸向东南的大海之滨，深深浅浅，流经 4 个省、两个市。

运用叙述式解说词的专题片，总体上是平实朴素的，但是，也要在解说文本的起承转合之处，或者务虚的地方，让解说词适度文采化、情感化。通过有适度文采的话语，使片子显出它对现实的某种超越性，显出它的理想色彩以及不凡之处，体现创作者的专业水平，表现创作者对专题片工作的熟练程度。这样，才能增强片子的可视性及传播效果。

如《大京九》《共和国之魂》《话说长江》等专题片，采用叙述式解说词，表达风格豪放厚重，一唱三迭，其浩荡篇幅和表达空间都不断地有所突破，语言的锤炼更具特色。解说的行文不仅洋洋洒洒，而且精练有加，意境深远，华彩纷呈。可以说在当代电视专题节目解说词上，已经成为一道亮丽的艺术风景线。

文无定法，专题片的解说词写作不是某一种体式就能概括得了的。大多数情况下，一部专题片往往会运用到多种体式的解说词。电视专题节目的解说词与其他文学作品一样，还需要创作者受众因片制宜，推陈出新，不断得到创新和发展。

第三课　电视专题节目解说词的写作过程

根据前一课的内容，我们了解到解说词是指附加在影视图像之上的画外语言，用来解释、议论、介绍背景、表达作者观点等。解说词通过与画面的有机结合发挥效用，是电视专题节目中一个非常重要的组成因素。不同的电视专题节目对解说词的运用有不同的要求，知识性、欣赏性强的专题片，要求解说词具有文学性和诗意；而政论性较强的题材，则需要解说词更加确凿和朴实。

专题片的写作根据不同的表现形式有不同的要求。下面我们就以电视文艺专题片为例，简要介绍一下。

一、　确定主题

编导是节目质量的核心，是文艺节目综合艺术的组织者。节目质量的好与次是编导拍摄与编辑理念的直接反映。编导不仅要把握好画面所表现的内容和主题，还要综合考虑声音(音乐、同期声、画外音、配音)、构思、用光等因素。编导在进行节目构思时，既要把自己的构思想法清楚明了地告诉相关的艺术工种，特别是摄像，同时又要听取和吸收各艺术工种的意见。在现实的拍摄中，许多编导都忽视这项与各工种沟通的工作，不是模糊不清的要求就是对摄像等工种人员大甩手，这是很糟糕的。编导在文艺节目的创作过程中，不同于新闻节目，必须充分调动电视的综合艺术手段来表现主题和反映节目内容，对摄像等提出具体的想法和要求。在具体的拍摄中要考虑以下三点：

(1) 考虑拍摄方式的确定。

目前我们在制作文艺节目时，和主题确立相联系的有三种形式：

①先有拍摄脚本。编导在出发拍摄之前已经准备好了较为完整的拍摄脚本或分镜头本。编导、摄像在拍摄过程中根据脚本去拍摄，回来后再进行合成。这种方式由于前期准备工作比较充分，编导和摄像在拍摄的过程中心中都比较有底，后期也比较从容。像电视散文、音乐电视和有准备的文艺专题都是这样拍摄的。这样拍摄的问题是前期花费的准备时间和精力多，同时有许多节目的选题和内容是很难用脚本去规划和人为把握的。在拍摄中由于有了一个先入为主的想法，在拍摄中一些能反映和改变拍摄方案的有价值的细节被忽视，由于前期太费时，事实上也很难应付日常的播出的要求。

②只有一个构思，而没有具体的脚本。编导在拍摄中根据构思和具体的情况，沿着事态的发展或编导的构想一边拍摄一边采取所要的图像资料，到粗编时再组织片子的结构。这样拍摄前期比较轻松，拍摄中编导要有一定的驾驭能力，后期要费一定的时间。

③有一个基本的脚本，但在拍摄中按拍摄的具体情况调整和完善脚本，策划、撰稿和编导一起去拍摄完成。这样拍摄的脚本与拍摄的过程比较好地融合在一起。

(2)思考片子的内容与主题如何表现。

①片子的内容和主题与画面的选择。

撰写解说词要对专题片做通盘考虑，主要包括内容和形式两个方面：内容方面要考

虑主题、题材和观点；形式上要看整部片子的体裁和风格。因此最理想的电视专题节目的撰稿人莫过于编导自己。即便是特邀了撰稿人，也要与编导相互沟通，对编导的意图有所了解，并参与片子制作的全过程，然后根据专题片内容与形式两方面的要求，对解说词做出整体设计和预先安排。

比如，曾有一度，中国电视专题节目创作出现了都市悲情作品热，《十字街头》《毛毛告状》等，这些悲惨的故事赚了观众不少的眼泪，也乱了观众的思维。由于效仿者很多，大江南北悲情片占了专题片、纪录片的主流。一时间，观众错以为纪录片真的与欢乐的故事、与主旋律无缘。如何拓宽编导和观众对专题片、纪录片认识的视野，成为有关专家和专题片、纪录片编导研究的重点。在这样一个命题的背景下，北京电视台制片人兼编导王惠1994年完成了一个极有价值的策划书——系列片《京城百姓家》，同时进行了一个月的策划可行性和选题的调查，确定了纪录性的专题这一节目定位，以轻松、开朗、向上的情绪，平和地讲述一个个真实的老百姓的故事，以此为节目的宗旨和风格。同年4月，北京地区23位编导在事先策划好的选题下分别敲开了京城23户人家的门，一个月时间，23集专题纪录片《京城百姓家》拍摄完毕。

②思考一下画面与声音（同期声、话外音、音乐等）的选择和两者的融合。

从构思节目开始，就要考虑到声音问题。比如是否采用同期声，选配什么样风格的音乐，解说员的语气、语调、语音特色等。在组建摄制队伍时要认真考虑配备录音师的问题，并在拍摄之前把整个节目的构思、内容及对声音的设想与录音师交流，共同完善音响的设计。

电视片《望长城》的播出，以其鲜明的纪实风格，在中国电视纪录片的创作中写下了具有里程碑意义的一页。人们在对《望长城》一片交口称赞的同时，似乎也重新发现和找回了同期声赋予电视艺术的巨大魅力。一时间以同期纪录声音和画面为主要特征的电视片骤然兴起，形成了一股强劲的纪实浪潮。同期声给人以再现时空的真实感。真实是电视纪录片的生命，也是电视文艺专题片赖以生存的美学基础。形声一体化的结构，还原了生活的本来面貌，赋予了形象以运动的意义。它使被拍摄的事物更贴近人们日常生活的经验，更有一种逼真的效果。

同期声的另一个重要审美特征就是它的生动性。现实生活中事物的存在和运动绝大多数都是有形有声的。视觉和听觉是人们感知外部世界的两种重要方式。通常情况下，二者缺一都是不完整的，听觉是视觉的重要补充。让被采访者直接陈述给观众，使观众不但见其人，而且闻其声。这样，人物的性格特点、学识水平、道德修养等诸多信息就会通过人物说话时的表情、神态、语气、举止等因素表现出来，从而使观众对被采访者的印象也更深、更立体化。

《歌魂》描述的是山西左权地区的民歌与人。在前期采访中，编导对当地淳朴的、流传广泛的左权民歌留下了深刻印象，尽管在开始时无法确定节目的最终形式，但明确了一条：一定要把当地多年传唱、至今不衰、声情并茂的左权民歌原汁原味地记录下来，即按照纪实手法来拍。因此，编导在准备阶段就及时和录音师谈了构思与想法，使其从一开始就进入了创作角色，对拍摄内容、对象、设备等做好了准备。

（3）思考一下片子如何开头、如何结尾、过程如何叙述。

中国文学艺术传统中有"凤头、猪肚、豹尾"的说法："凤头"是说作品的开头要像凤凰的头那样秀气、精致；"猪肚"是指作品的中间部分要内容充实、丰富；"豹尾"是说作品的结尾要像豹子的尾巴那样有力、刚健。专题片也一样。一部优秀的专题片需要具备一个引发观众兴趣的开头、翔实丰富的内容和一个让人回味无穷的结尾。由此可见，专题片解说词的开头和结尾要尽量显露文采、感情充沛、吸引观众；主体部分则要充实，不能务虚。

在实际的创作拍摄与编辑中大体上有以下几种开头的方式：

①"开门见山，直接入题"

这是一种比较平实和比较普遍的方法。开篇就直接引入内容，马上把观众带入节目。像《雕塑家刘焕章》（图 8-6）的开头：

图 8-6

画面提示	解说内容
狭小的夹道（房顶上推） 雕塑家的脸（特） 雕塑家的手（特） 刘在雕刻（全） 雕像（特） 刘在雕刻（近拉中）	他住在北京东城一条僻静的胡同里，绝大多数的中国人并不认识他，然而在文化艺术界，他已是一位知名人士，一个称得上优质高产的雕塑家。他姓刘，名焕章，今年已经 52 岁了。

画面提示	解说内容
（音乐起） 南岳云海（全、摇） 云海上叠印毛泽东、刘少奇、任弼时、彭德怀、贺龙、罗荣桓六位领袖的照片 口出、青山	自从中国走进现代史的分野，我们这块土地，便和许多伟大的名字联系在一起。 他们的足迹从这里开始，这里发生了许多关于他们的故事。这些故事，大多已经写进了历史。没有写进历史的，便永远地留在这片土地上，留在故乡人民的心里。 在领袖们的故乡，最令人瞩目的是这个普普通通的小山冲。

再看专题片《方荣翔》（图 8-7）

图 8-7

画面提示	解说内容
剧场（空镜头） （画外唱腔起一句掌声、叫好声）（舞台深处推字幕） （字幕）中共山东省委指示：立即成立"方荣翔手术小组"，不惜任何代价抢救治疗。 医生们会诊（同期音响）无影灯下抢救（同期音响）医院值班室（空镜头） 济南四里山下，戏迷们听广播，看报一组（定格）（音乐起）	"包龙图打坐在开封府……" 《方荣翔》"1984 年 12 月 1 日，著名京剧表演艺术家方荣翔心脏病严重复发。" 在山东医科大学附属医院，专家、教授先后六次会诊，针对方荣翔的病情，制定了周密的方案。 1985 年 3 月 4 日 7 点，由美国赶来的著名心脏专家纳尔逊主月，"抢救小组"开始为方荣作"心脏搭桥"手术。 这一天，在医院的这间值班室里，省委和有关部门的领导，紧张地等候着手术进程的消息。 与此同时，济南市的许多戏迷关注着当天的新闻，盼望着方荣翔手术成功。

画面提示	解说内容
（叠印）古城角、小胡同	方荣翔，1925 年 7 月 19 日出生在北京。由于家境贫寒，他 6 岁就开始跟尚小云、骆连翔、张鑫奎学戏。
ADO 出方荣翔小时候的照片，古城根儿	古城根儿是方荣翔的练功房。京剧流派繁多，他迷上了裘派气大声洪的声腔艺术。
ADO 出张鑫奎的照片	张鑫奎发现了徒弟"背师学裘"的欺师之举，但他识才爱才，不仅没有惩罚徒弟，反而亲自送他改换师门。
裘家大院 ADO 出 16 岁的方荣翔的照片	16 岁的方荣翔在师傅张鑫奎家得到的第一条教诲就是："咱裘家做人要正道。咱裘派唱腔最值钱的是'用气'。"这条裘师做人和唱腔的要领，方荣翔牢牢记在心里。
张鑫奎（字幕）	1948 年，方荣翔参加了中国人民解放军。抗美援朝时期，他在志愿军京剧队曾经多次立功，被授予"解放勋章"。
方荣翔参军照勋章一组 舞台剧照一组	1956 年，方荣翔转业到山东省京剧团工作。他始终清白做人，精心演戏，刻苦钻研裘派艺术，成为功名卓越的京剧表演艺术家。
毛泽东接见	

画面是空剧场，镜头慢慢推进到舞台戏桌；画外音是一句精彩的裘派花脸唱腔"包龙图打坐在开封府……"掌声，叫好声，舞台深处推出字幕《方荣翔》。这一开头简明点题，把方荣翔作为活跃在舞台上的著名京剧表演艺术家受观众欢迎的艺术风采作了最鲜明的展示。

这种入题的方式对于一些以表现人们的生活内容为题材的片子，对于那些以时间顺序发展为线索的片子，开门见山，直接入题的方法既简练、朴实，而且真实、自然，是许多片子和编导们经常采用的开头方式。值得注意的是有的编导在用这种方式开头时，又总希望加上几个寓意性的镜头以显示其片子的深刻，使画面拉拉杂杂半天还没入题，其实是观众不知你要表现什么的感觉。

②"由远及近，间接入题"

这是一种新鲜活泼的开头方式。它从一件与时事有联系的远处娓娓动听地说来，但这只是入题的由头，到一定的时候，火候一到，笔锋与画面一转，引入新意，进入正题。看一下《北京运动服装一瞥》的开头：

画面提示	解说内容
古希腊雕塑	这是古希腊雕塑《掷铁饼者》。在艺术上它是不朽的；在服装上它是真实的。它告诉我们那时候参加奥运比赛是不穿衣服的，古希腊崇尚人体的自然美。运动员全身涂满了橄榄油，身体在阳光下发出古铜色的光彩。
奥运会入场式运动会	
运动员	奥林匹克的火炬燃烧了两千多年。在许多方面，现代运动会不同于古代，它是世界上规模最大的体育比赛，同时又好像是一次规模最大的服装展览。世界各国的运动服在这里争奇斗妍，竞相比美。今年又是一个奥运年，北京不是举办本届奥运会的地点，但数不清的北京人纷纷穿起了运动服。
在天安门广场	
青年男女穿着运动服	

这种开头很新鲜、富有吸引力，能引人入胜，很适合于漫谈式结构的片子。值得一提的是笔锋和画面转换的火候一定要把握好，在运用这种方法时，转换的契机要想好要掌握好，既要异军突起又要自然而然，切忌牵强附会，牵强硬转。

③"寓意式"

电视编导在专题片的创作中，也借鉴了文学创作的某些手法，在电视中用比兴的手法和隐喻的手法造成一定的寓意效果，直接揭示片子的主题。对于那些思想性较强的作品，常常是较好的开头方式。如《莫让年华付水流》的开头：

画面提示	解说内容
晃动的婴儿（脚摇到脸） 爬行的婴儿（脚摇到脸） 学步的幼儿（脚拉全身） 列队齐步的少年（脚拉全身） 轻快奔跑的青年（脚拉全身） 蹒跚而行的老人（脚拉全身）	生活的脚步是这样开始的。 人生的道路，是这样开始的。 当人生进入暮年的时候，啊！ 年轻的朋友，我们现在真是羡慕你们甚至几分嫉妒，人的一生最珍贵的是青年时代。

这里阐述了深刻的人生哲理，这种寓意的用法一定要贴切、合理而且还要适度。过多的运用又会变成一种套路，这样就不合适。

当然还有其他的开头方式，如强调式、介绍式等，电视编导在作片子的开头时，切不要被现有的框架捆住创作的手脚，但是编导在作片子的时候一定要花时间想一下开头。作为开头创作的规律只有一条，就是想方设法从开头吸引住人。

开头之后，要有翔实丰厚的主体支撑全片。如果仅仅具有吸引人的开头，没有翔实丰厚的主体，电视专题节目的解说词也不能算得上真正的上乘之作。那些经典的电视专题节目的解说词往往二者兼具。

当然没有一个明确的标准来衡量究竟写多少字。过少的注释会使画面陷入混乱，使观众发问："怎么回事？"过多的解说会使观众的注意力分散。针对这种复杂性，主体部分的写作只能根据纪录片的类型风格和内容作具体分析，然后再确定解说词在作品中占什么分量，如何写解说词。

一般来说，纪录片的类型风格大体上可以分为纪实类、表现类、思辨类三种大的类型，每一种类型的题材也都各有侧重，因而解说在其中所占的分量也各不相同。我们对其作一些简要分析。

①纪实类

纪实类作品是专题片的主流，在题材选择上，多以事件、人物为自己的表现重点，通过对事件的开端、发展、高潮、结局的描绘或对人物的经历、爱好、个性、气质的刻画，达到一种以生活自身的形态来阐释生活、抒发情感、升华哲理的境界。

由于此类作品追求朴实凝练的手法，它要求以画面的真实来感动观众，因而解说词写作要表现出一种客观纪实的美学风格。从声画关系上来看，解说词应处于被动的地位，要从属于作品本身，为拍摄的内容加以补充，而不允许有其他的描写手段，创作者的感

情往往通过镜头画面或剪辑技巧表现出来,尽可能少的进行解说。

如《平衡》一片中,除了少量字幕以外通篇没有解说词,而是把对扎巴多杰的采访、环保志愿者杨欣在各大论坛上的发言与西部工委保护可可西里野生动物的活动结合起来,用事实说话,表现出一种震撼人心的美。

②表现类

表现类专题片多以历史文化、风土人情、自然风光为表现对象,通过对这些景物的描绘,更多地融入创作者个人的主观意图和情感倾向,从而营造出浓郁的艺术氛围。在表现类的作品中,由于缺乏贯穿始终的故事线索,因而解说词占有相当重要的地位。通过解说词,把各种零碎的、互不相干的事物串联为一个有机的整体,它是对客观事物的选择与提炼,具有鲜明的理性特征,往往流露出创作者自己的主观思想情感。

优秀的表现类作品,都具有浓郁的文学色彩,许多解说词都可以作为文学作品来进行阅读。

如杨晓民创作的文化纪录片《江南·在水一方》中的一段解说:

江南的水乡都是这样的,一半儿是水,另一半儿是岸。

那一些石阶从水上升起,通到屋前宅后,水乡的生活和水紧密相连,水乡的生活就是水做的生活。这一条河贯穿古镇,这一条河仿佛就是一棵大树,两岸的房屋,就是生长在这一棵大树上的树叶和果实了。

上桥下桥,船来船往就是水乡古镇的日常生活。一些东西要送到镇里来,装船,一些东西要运到镇外去,还是装船。一些人要往镇外去,上船,另一些人回到镇上来,下船。古镇人家的一部分就是船,而船的一部分,就是古镇人的家了。

就这样看过去,古镇的河上,不就是一幅书法吗,水面是宣纸,船是写在纸上的行书,两岸的石驳岸,就是这一幅书法的装裱了。

······

如果不说明这是解说词的话,我们恐怕会把它误认为是一篇意境优美、隽永含蓄的散文。《话说长江》的部分解说词已被选入小学语文课本,同样也说明了这点。

③思辨类

这类作品主要以历史文献、社会事件、重要人物为题材,但重点不在于对文献、事件或人物的记述,而是通过对于这些题材的描述,来阐发某种思想或哲理,从思辨的高度来俯视生活,从而引起观众对时代、社会、人生的追求和探索,在潜移默化中接受作品思想的启迪和教益。这类作品大多是历史文献片或政论片,具有较强的政论或哲理色彩。

例如《独领风骚——诗人毛泽东》第一集《宏程心路》中的一段解说:

历史给了毛泽东激情,历史演变的波澜壮阔也给了他独有的创造灵感和非凡的写作方式。

昆仑之巅,长城之墙,仿佛是他胸中的笔;华夏大地,高天厚土,仿佛是他笔下的纸;黄河的水,长江的浪,仿佛是他纸上的墨。炮声隆隆,千里莺啼,是诗人诗中的平仄和韵脚;万丈长缨,百舸争流,是诗人诗中的遣词和意境;屹立山顶的松,扎根原野

的草，翔飞中天的鸟，游弋江湖的鱼，还有那一年四季无比绚丽的花，从南到北迎风招展的旗，这千般风情，这万种生灵，便是跳动在诗中的字符。

每一首诗似乎都成了一次事件、一段岁月、一种激情，还有他的理想的形象见证；每一首诗似乎都洞开着一扇窗户，往里看，那里有风骚独具的个性情怀。

毛泽东作为政治家诗人，他所独有的政治家情怀，是他与一般文人截然不同的地方，他所创造的每一个意象，都有着宏大的气象和超越前人的气势。要读解毛泽东的诗，只能从他的政治生涯入手，而这里的解说，深刻地再现了毛泽东的博大胸怀，让我们体会到一种哲理之美，感受到一种灵魂的震撼。

专题片的类型不同，解说词的风格也有差别，纪实、表现、思辨只是一种大体的划分，它们之间没有断然的界限，只不过是各有侧重罢了。我们进行解说词写作的时候，要根据作品的题材类型和具体要求灵活处置。俗话说得好，文无定法，只要能够与表现对象完美结合，就是优秀的解说词。

解说词的结尾往往是全片内容的总结和升华，给人以回味无穷的审美愉悦。结尾作为纪录片的一个有机组成部分，在纪录片的立体结构中占据着特殊的地位，起着特殊的作用。那么如何才能创造出一个优秀的结尾呢？除了要根据作品的具体内容与要求灵活掌握以外，一般来说有以下几种结尾方式：

①总结概括式

总结概括式结尾一般用来对全片内容进行总结，点明主题，这种结尾的解说词要求自然简练，水到渠成。如《复活的军团》（图 8-8）的结尾：

图 8-8

秦帝国的横空出世和顷刻间灰飞烟灭的命运，似乎是被一种无法抗拒的力量所主宰，这个深藏不露的力量同样决定了这支军队的沉浮。在中国历史上，秦文化是独一无二的。秦人功利实用、满怀开拓和进取精神。他们崇拜规则和秩序，相信武力可以解决一切问题。或许，这种文化传统在秦人发迹之前就决定了日后的崛起，同时也埋下了覆灭的种子。是秦始皇将这支军队带到了辉煌的顶峰。但是，这个帝王超越了时代的野心耗尽了帝国的国力。无论如何，一支军队的命运是紧紧依附在它的国家之上的。在秦军最后的日子里，帝国的秩序已经崩溃。当士兵们在前方拼杀时，他们的家已经无人来养活，覆灭的命运不可逆转。

让我们再一次凝视这些两千多年前的军人，他们曾经造就了当时世界上最庞大的帝国，也造就了我们的历史。今天，我们使用着的文字来自于秦人，我们广袤的国土是秦帝国的延续，我们统一的中华民族在秦帝国时期开始形成。两千多年前的那个大帝国，仍然和我们血脉相连。

这段解说对秦王朝的短命进行了客观的评价，而这种评价又是和秦帝国军队的评价结合在一起的，最后由秦军的评价转向了秦始皇兵马俑，指出由兵马俑所揭示的秦军、秦帝国与中华文化的关系，这就是对全篇内容进行了概括。把观众一下子从历史拉回到今天，促使观众对兵马俑进行文化的反思，从而深化了作品的主题。

②抒情式

这种方式是指在片子结尾时抒发创作者的感情，使作品在结尾处达到情绪的高潮，形成感情的迸发。往往是有感而发，显得言已尽而意无穷，给人留下回味的余地。如《父亲是本读不完的书》的结尾：

父亲走了，留下一排影子在湖水中，

父亲走了，留下一串笑容在夕阳下，

父亲走了，留下一双眼睛在星光里，

父亲走了，留下一曲正气歌回响在天地之间……

这个结尾表达了周光裕烈士的子女对父亲的怀念之情，感情真挚，使观众对周光裕的见义勇为无比敬仰，也表达出对烈士英年早逝的无限惋惜，使作品的情感达到了顶点。需要注意的是，抒情式结尾一定是作者激情的自然流露，水到渠成、瓜熟蒂落，切忌为抒情而抒情，虚情假意。

③议论式

顾名思义，这种方式是在作品内容的基础上卒彰显志，以议论的方式表达作者的见解和认识，达到对作品主题的深化。如《独领风骚——诗人毛泽东》的结尾：

毛泽东的思想和人格，还有他的诗词，已经汇入到中华民族的精神长河，成了一个民族的意志、情感和文化的象征。如果读懂了他，似乎便读懂了这片古老土地上堆积的沧海桑田，和在20世纪舞台上上演的悲欢离合。如果读懂了他，似乎便读懂了中国的过去，并加深着对现在和未来的理解。因为，历史不会随风而去，滚滚向前的时代也不会凭空而来。

　　毛泽东诗词的价值不仅仅在于它是气势磅礴的文学作品，更在于它记录了中国革命和建设时期波澜壮阔的历史，它不仅和中国20世纪的历史相连，还指向了中国的未来，成为民族精神的一部分。这里的议论揭示了毛泽东诗词的伟大之处，也揭示了整部作品的意义和价值所在。议论式的结尾一定要有感而发，结论要中肯恰切，正如古人说的要遵循"不虚美，不隐恶"，实事求是的进行议论评价，只有这样才能发挥出议论的威力。

　　④寓意式

　　寓意式结尾时在片尾用象征、比喻、比兴等手法升华主题，传达某种寓意，引发观众的联想和回味，给人留下想象的广阔空间。这种结尾显得含蓄深沉，耐人寻味，往往能够造成深远的意境。

　　如《龙脊》(图8-9)的结尾：

　　农历八月，龙脊上的十几所学校都开了学。潘能高家田里的稻子也灌满了浆。用不了多久，就是龙脊收获的季节。

图8-9

　　这里的解说词运用了冷静的叙述语言，把画面中水稻所具有的象征意义阐发出来：收获季节的到来并不仅仅指庄稼的成熟，而是指龙脊上的这群孩子在希望工程的帮助下，

要不了多长时间就会成才，那时龙脊上的人就会迎来真正的丰收。解说把并不明朗的画面意义揭示了出来，这种含蓄的结尾能够引发观众去深思和回味，言近意远，余韵无穷。

⑤悬念式

悬念式的结尾多用于多集系列专题片中，在每一集的结尾，为了引起观众对下一集内容的兴趣，往往采用承上启下的手法，在总结本集内容的基础上，为下一集内容进行铺垫，制造一定的悬念，从而保证观众能够继续收看下去。

如《复活的军团》第二集《血色青铜》的结尾：

两千多年前，秦人将青铜的性能发展到了极致，在波澜壮阔的统一战争中，这些青铜兵器曾经发挥了巨大的威力。然而，秦军战士怎样使用青铜兵器，强大的秦军究竟是如何作战的呢？这支从远古走来的军团，还有更多的未解之谜激发着人们的好奇心。

在《血色青铜》这一集中，主要介绍的是秦帝国的武器和兵器制造的体制，第三集《死生之地》主要介绍的是武器的使用和阵站排列，这两集的内容各有侧重，它们之间是一种逻辑顺承关系，但如何使二者之间连为一个有机整体，让它们实现自然过渡呢？第二集的结尾仅用了三句话就完成了这个过渡。第一句是对第二集的总结，第二句是在第一句话的基础上用一个设问句提出了悬念，既然秦军武器精良，那么他们又是如何使用这些武器来作战呢？第三句没有直接回答，而是给出了答案的引子：这些未解之谜，正可以从兵马俑组成的军团当中来寻觅答案。这个悬念，实际上为第三集内容的展开开启了巨大的空间。

纪录片的结尾方式很多，这里介绍的也只是常见的几种，从整体来看，结尾要朴实自然、简短有力、干脆利落，要和全片的内容相协调，达到风格的统一。

二、　　　拟定大纲

拟定大纲是文稿起草的基础工作。撰写者不能一见任务就作战术考虑，马上钻到具体材料的遣词造句中去。解说词的起草，首先是从提纲上考虑，如同盖房子要先有设计、有骨架一样，如果设计结构不行，只是在粉刷装修上下功夫，房子质量就没有根本的保证，甚至还会塌下来。解说词写作中如果出现大返工，问题往往出在提纲上。提纲没有固定模式，可以根据实际需要灵活掌握。

在构思中一般要涉及以下几个方面的要求：首先要抓住主题。任何解说词都有一个主题，提纲是主题的细化，而解说词则是提纲的细化。在列提纲前，一定要问清楚有关领导或委托方想表现的主题，并且要始终紧紧围绕这个主题来确定提纲，与主题无关的内容是不应该进入提纲的。其次要深挖素材。解说词的写作过程中要把握、提炼专题片采访拍摄所取得的素材，对于哪些素材要重点阐述，哪些素材要进行补充等都必须了然于胸。最后，要突出重点。一个专题片涉及的内容往往不是一个方面的，那么，是不是要把相关的内容都纳入提纲构思的范围呢？显然不能眉毛胡子一把抓，而是要抓住几个点，搞清楚哪些要求非说不可，非列入提纲不可，哪些则没必要列入提纲。

三、　收集资料

在专题片解说词正式动笔之前，还必须收集相关资料，尤其是在解说词的大纲拟定之后，原来收集的资料可能无法满足解说词的写作需求。这时候，就需要继续收集整理相关资料，以便使掌握的资料更加细致、翔实而有针对性。

如电视文献专题片《邓小平》以翔实、新鲜、珍贵的史料，令人耳目一新。作为专题片，真实地表现一代伟人邓小平的人生经历或许不是太难的事情。只要收集到一定的史料，采访有关人物、拍摄一些相关景物，加以剪辑编排，配以解说，即可大功告成。这种惯常的操作可以产生一部专题片，但是要制作出像《邓小平》这样的精品却不易。《邓小平》之所以吸引人、感染人，在社会上产生巨大反响，主要原因之一就是整部片子体现了这样的构思："史""论"合一，"传""评"合璧。为了做到这一点，摄制组组织陈晋、冷溶等研究邓小平建设中国特色的社会主义理论的专家和中央文献研究室的研究骨干作为解说词的撰稿者。在"史"的基础上查阅了大量的"论"的资料，并写进解说词，使专题片从生动曲折的历史中透出强烈的政论色彩。"史""传"形象生动，"论""评"深刻透彻。邓小平的人生足迹和思想历程水乳交融，"史传"和"论评"珠联璧合、交相辉映、相得益彰。

四、　补充采访资料

有些电视专题节目的制作程序往往是先采访拍摄，最后再完成解说词的创作。而在撰写解说词的前期准备中会发现有些比较重要的信息没有进行周全的采访拍摄，这个时候重拍或补拍已不大可能，唯有再次进行采访来做补充，并在解说词的写作中再加进去。这种补救措施相对来说要实际一些，既对事实本身体现了一种尊重，又节省了资金和时间。

五、　做好同期声采访的准备工作

虽然我们强调解说词在专题片中的作用，但近年来运用同期声在文艺专题片中是越来越引起重视，这是创作和创作手法发展的可喜变化。同期声采访涉及技术和艺术的双重性，就其技术属性看，在增加现场感的效果外不会产生艺术的效果，不会使片子的质量有一个质的变化和提高，要是片子的质量有一个质的变化和提高必须进行话题的策划，做好同期声采访的准备工作。目前，在实际的拍摄中我们有些编导同期声采访前不做充分的准备工作，话题不作精心的策划，问话笼统，不得要领，问题缺乏针对性，习惯于做官样文章，八股话，缺乏感染力。

六、　对音乐、音响及留白的设计

专题片解说词的基本要求是要紧扣主题，为内容服务。解说词的基本特性决定了它既不是脱离画面的独立文体，也不是单纯为了解释说明画面而存在的说明体。它应该是电视语言整体结构中的一个很重要的组成部分，与画面、音乐、音响、留白、同期声等

诸多要素有机结合，共同完成对形象的塑造和主题的传达。

专题片自身的时长有限，在解说词写作的前期准备工作中，必须把音乐、音响及留白考虑进去。它们各自在专题片中所占的比重、时长都必须进行预先的设计。这样，对解说词长度的设计才会精准，不会造成时间的浪费。尽管画面及其他电视语言给专题片解说词的创作设置了很多障碍，但同时也提供了许多支点，巧妙地利用这些支点，可以达到点石成金的效果。

在专题片中，解说是表达编导理念认识与感情的文学形式，它是为看而写的，但它与画面互为桥梁、互为引线、互为主导、互为依存。每一个片子从画面、从音乐、从剪辑都有一个基本的基调，解说需要与此相融合，解说的分寸要和整个片子的风格基调一致。解说有时需要激烈昂扬，有时需要浑厚深沉，有时又需要昂扬粗犷，有时需要轻松欢快喜庆，有时需要细腻委婉，等等。还会有许多许多解说的要求和效果。在这个过程中，也许有时感情稍微浓一些，就会破坏画面含蓄深沉的韵味，也许解说的语气稍轻了一些，又与片子音乐铿锵有力激越的旋律不相吻合。

解说和片子的音乐有一点像列夫·托尔斯泰说的一句话："只不过稍微点几笔，一切都改变了，艺术就是从这稍微两个字开始的。"的确，在文艺专题的创作中，解说要与整个片子的基调、与片子的形和情交融起来，不然真会"失之毫厘，谬以千里"。

第四课　电视专题节目解说词的写作特性

电视作为一种传播媒介所以能够独立出来，必然有其自身内在的规定性，有其他艺术或传媒难以取代的特性。其他形式的手段的介入，只能成为电视整体结构中的一种因素或手段。如摄影、美术、音乐、文学、戏剧、表演等因素，原来都是一种独立的艺术形式，有自己独立的表述系统。但它们一旦作为一种手段或表现因素，进入电视的运作程序，都程度不同地出现了自身形态的某种不完整性，即我们所说的"非独立性"。电视解说亦不例外。

电视解说的非独立性主要是指：电视解说不去独立地完成对事件的全面报道，也不去独立地塑造电视艺术形象，它必须和电视的其他手段（尤其是画面）一道配合起来，才能最终完成对事件的全面报道和对人物形象的整体塑造。在一般情况下，解说词不能脱离画面单独存在，也不能独立成章。如《话说长江》(图 8-10)写到重庆时，事先拟定的解说词是——"重庆是一座山城，从上到下，从下到上，层层叠叠，密密麻麻，山是一座城，城是一座山……"等等。后来，电视节目制作完成时，表现山城的电视画面较少，而解说词就只好压缩成了一句话："重庆是一座山城"。换言之，如果节目中没有任何重庆山城的画面，那么"重庆是一座山城"这句话也就没必要了，可以全部删去。由此可见，电视解说词说多少合适，是由电视画面的需要而定的。这就是电视解说词的非独立性。

电视解说是一种十分微妙的语言现象，在文字语言和画面语言两种表述系统中的地位十分特殊。由于在电视节目中，画面与解说以双重信息形态同时呈现，它既有画面形

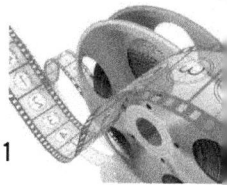

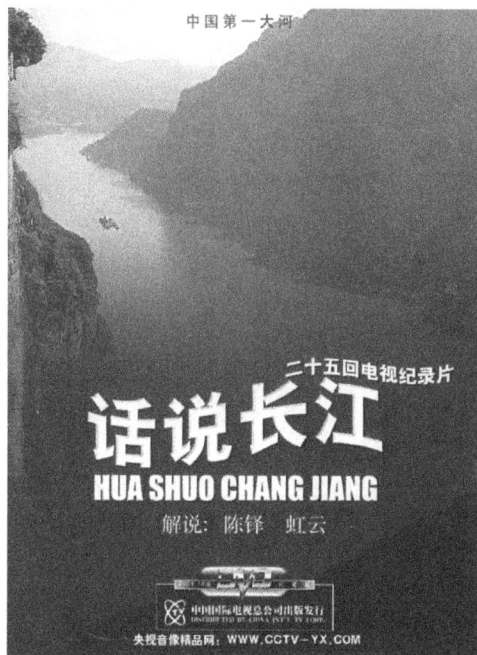

图 8-10

象的紧密配合，又有独立于画面，传达类概念抽象信息的能力，处于一种若即若离，既抽象又依赖形象的中间状态。

一、　为看而写

画面是电视语言中最基本的元素，是电视节目唯一贯穿又最具特点的表现手段，因此，电视解说必须以画面作为出发点和归宿点，坚持"为看而写"。

（一）对于电视节目需要表现的内容，能够用画面表现的，尽量用画面表现。

要善于使用画面讲故事，提高画面自身的叙事能力。只有在画面表现不了或者表现不好的时候，再考虑用解说。叙述事件尽可能不要依赖解说，也不要依赖采访。

我们平常生活中发生的故事，大多是通过人自己的眼睛看到的，然后再利用语言转述给他人的。电视的优势正在于它能够再现事件的整个过程，不一定依赖语言的转述，观众就可以直接看到故事的来龙去脉。画面本身具有天然的叙事功能。单纯的固定画面都具有一定的叙事能力。比如两位老人带着孩子远远地看着旧城改造工地的画面里，就蕴含了无限的潜台词。

【小练习】：用若干幅固定照片，通过蒙太奇的方法，按照一定顺序排列起来，完整的叙述一个事件的过程，或者讲述一段简单的故事。

这个小练习可以告诉我们单纯的固定画面尚且具有一定的叙事能力，更不要说连续的、活动性的电视画面了，它的叙事能力显然更强。

（二）解说文字中应包含一定量的潜台词，能随时把观众的注意力向画面上引导。这

样的潜台词就是"请看画面"。

什么是"请看画面"一类的潜台词呢？我们看下面的一段解说：

"过去，南极只在我们的心中，在我们的梦中。如今，南极来到了我们的眼中。"

通过解说的语言引导，使观众从无意注意的状态中，引向有意注意的状态。解说语言不一定直接说出"请看""请注意"之类的字眼，但字里行间时时蕴含这样的意思。

（三）解说词在表述过程中应该有大量的、足够的指示性语言。如"这个那个、这些那些、这里那里、如此这般"以及"他、他们"之类的指示代词。

电视解说在文字形式上的这样一个特点，希望引起大家特别的注意。注意到了这一点，就会自然而然地遵循为"看"而写的原则，主动地同画面配合。为什么电视解说中要大量使用指示代词？"指示"什么？又"代表"什么呢？指示，就是向画面上指示；代表，就是代表画面上充分展现的东西。

解说并不去具体描述画面形象的存在方式和运动方式，也不用详细交代画面充分交代的内容。解说仅仅用一个指示性的代词一带而过，给观众一个提示，至于究竟是什么，具体怎么样，请你自己去看好了。利用语言的借代特点，把观众的注意力吸引到画面上，省略了繁杂重复的交代描述，同时，为解说其他内容提供了画面的基础和支点。代词，是指引、是省略、是悬念，观众通过它，去留神画面的形态特征与发展变化，为解说的展开提供了画面依据。

我们看下面一段解说：

"骑车是锻炼。"画面是清晨骑着自行车锻炼的人流。

"不骑车也是锻炼。"画面上有人推着自行车跑步。

"但是千万不能这样练。""这样"是一个代词，究竟不能怎样练？仅听解说观众依然莫名其妙，不知到底怎么回事。请看画面——原来画面上有一个人双手大撒把，东倒西歪地哼着小曲，横冲直撞地骑了过来。

由于有了画面的有力表现，解说无需具体交代画面的内容，只用简单一个代词，给观众一个提示就足够了。解说中的指代性语言只起到一个引导的作用，至于画面上是什么，怎么样，如何存在，如何运动，这些不是解说承担的任务。听觉语言的抽象性与视觉语言的形象性，通过这种表述方式，有机地结合在一起。

（四）电视解说不是画面的简单说明和解释，也就是说解说词一般不描绘。

千万注意，不要见山说山，见水说水，只是"看图说话"式地撰写解说，简单重复地说明画面已经充分交代、观众已经一目了然的画面形象。

电视解说和博物馆的讲解是不同的，不能简单地对观众说："这是一座山"，"那是一条河"。完全就事论事、看图说话式地介绍画面就肤浅了。

比如一部介绍我国南极考察队的纪录片中，有一段考察队员经过艰苦努力，建立起南极长城考察站的过程。在建站成功之后，大家举行了一个庆祝宴会，共同举杯祝酒，欢庆胜利。如果用解说去描绘这个场面，讲大家如何祝酒，如何碰杯，就没有必要，因为观众通过画面看得清清楚楚。我们来看这段画面的解说："北京的葡萄酒和南极的万年冰，融在一起，将会是一种什么滋味呢？"这段解说没有直接描述画面，但和画面有一定

的联系。而"滋味"是看不出来的。这个"滋味"里包含的意思就太多了，科学探索的艰辛、胜利后的喜悦、祖国人民的大力支持、科考队员们的思乡之情、开发南极大陆的勇气和决心……这种感受，可以引发观众对画面的无尽联想和真切体验。

（五）不追求解说词自身表面文字形式的完美。

一般文章的作者，尽量追求文字形式的完美。但解说词不作这样的要求，因为它既不需要，也没有必要追求文字上的完美无缺。一些原先从事文字写作的人，有时客串一把，为电视节目创作解说词。往往犯有一个通病，过于追求解说词文字形式的完美。逻辑结构非常严密，语言表述连贯流畅，没有任何破绽和疏漏，从文字上几乎挑不出一点毛病，读起来绝对是一篇好文章。但这种表面文字的完美恰好犯了解说词创作的大忌。

我们把解说词从电视节目中分离出来以后，单独去看，它在文字形式上又许多缺陷和不足。它的文字结构是不严谨的，某些语言是不连贯的，思维也是跳跃的……给人感觉东拉一句，西扯一句。不是有因无果，就是有果无因，其中的因果到哪里去了？可能在画面，可能在采访同期声，也可能在字幕。总之，不一定体现在解说词中。

电视解说是通过与图像相伴的有声方式播出的，而不是通过传统的、正规的语言逻辑结构方式。这意味着逻辑方面的明显中断和缺乏是电视解说的特点。它的种种疏漏与缺失，正是留给或让电视其他手段充分发挥的天地。

二、　为听而写

（一）解说词写作的基本要求

解说词最终是以声音的形式由播音员或主持人现场讲述的，因此解说写作必须符合受众的听觉特点。

1. 语言的生活化与口语化

解说语言是介于书面语与日常口语之间的一种语言表述形式，是经过提炼和加工的一种听觉语言。它剔除了口语中那些芜杂的成分，使之更准确，更精练，但又充分吸取了口语中的那些生动、活泼、流畅的成分，使之同观众的交流更为自然。

解说词的生活化就是要体现出比较鲜艳的时代特色，而生活化的语言往往凸显出强烈的时代色彩，如"秒杀""卖萌""给力"等语言表述方式，可以明显感觉到现代化的生活气息。

2. 简明、凝练

电视解说词是严格受到画面时间制约的，不允许漫无边际地自由挥洒和铺陈，要在有限的画面时间内传达较多的信息量。这就要求解说词的语言具有高度的概括力，根据画面提供的信息支点，选择最合适的切入角度，选择最有效的形象载体，通过形象的典型特征，调动观众的知识积累和经验积累，高度精练地凝聚在一点上，抓住要害，点到为止，一针见血地说明问题，具有"一叶知秋"的形象表现力。

3. 追求听觉的艺术效果

电视解说作用于观众的听觉，在服务于内容的前提下，解说语言自身的形式美感和

听觉美感，对提高语言自身的感染力和表现力，是十分重要的。

解说语言的美感，主要侧重从语音和词汇的选择角度，追求语言的声调、色彩、感触等。例如选用词汇的明暗、软硬的区别，响亮与沉郁的区别，语句中急促与舒缓、豪放与委婉、明快与抑郁的区别，都给观众以不同的听觉感受。色彩的浓淡，感情的深浅，褒贬的强弱都对内容的表达产生或大或小的影响。语句中的整齐、抑扬、回环、重音的不同，可以通过修辞中运用对偶、排比、重叠、反复、顶真、双关、谐音、骈散结合等形式构成不同的听觉感受，帮助内容的表达，调整与其他手段的配合关系。

解说既然作用于观众的听觉，有一个基本的要求，就是要好听。除了播音员的艺术处理之外，语言自身有一个节奏与韵律的问题。有些解说词，播音员处理起来非常舒服，抑扬顿挫，朗朗上口，如行云流水一般，观众听起来自然也顺耳舒畅，声声入耳。而有些解说词读起来别别扭扭，疙里疙瘩，重音也不好找，换气也不流畅，处理起来感情气势都难以把握，观众听起来觉得刺耳隔涩，严重影响接受的情绪。原因何在呢？

电视解说有一些比较特殊的语言修辞方式，是一般文字写作不大使用或追求效果不大相同的。主要通过这些修辞方式，达到特殊的听觉效果。

（1）重复

我们写文章时，很忌讳多次重复使用同一个词语，或连续使用同一个句子。那样好像显得作者词汇贫乏一样。即便同样的意思，也尽量换一个词语避免重复。但在电视解说词中，为了达到一些特殊的听觉效果，经常把一个词连续地重复使用。

第一、造成一种危机感和紧迫感。比如，画面上是运河沿岸各个单位不断向运河里排放污水、垃圾，解说词是"排放，排放，还是排放……""排放"一词的重复使用，从听觉上给观众以强烈的冲击，产生对环境忧虑的紧迫感和危机感。

第二、形成一种延伸和行进感。比如："每当黄昏落日之时，他（邓小平）总是围着软禁他的小庭院，沉思不语地走着，走着……""走着"这些词的连续重复使用，在听觉上形成了绵延不断的感觉。

第三、放大或突出某种意境和感觉。比如："骆驼慢悠悠、慢悠悠地行进在沙海中；驼铃响在静悄悄、静悄悄的翰海里。"两个"慢悠悠"的重复使用就显得更慢了，两个"静悄悄"的重复使用就显得更静了。解说词在听觉中的重复出现，很类似画面中的慢动作特技镜头，把一个瞬间延伸放大，把一种情绪或感觉展开，使其更为突出，起到了很好的听觉感受。

（2）同义反复

我们形容音乐或语的听觉效果时，经常使用这样的字词"余音袅袅，绕梁三日，不绝于耳"，或"言犹在耳"，等等。语言组合的回环往复，往往在观众感受中会形成久久回荡，萦绕耳畔，余音不断，挥之不去的感觉。所以，作用于观众听觉的电视解说词，经常采用同义反复，顶真回环的修辞方式。把某一个词组颠过来，又倒过去；顺着说，又反着说。比如"重庆是一座山城，从上到下，从下到上，山是一座城，城是一座山。""这就是呼啸的风雪，风雪的呼啸。"

这种修辞方法的长处在于，音节的排列正好相间交错，前面是平平仄仄，后面就是

仄仄平平。意思没有变化，只是通过序位的变化，再次强调。

（3）较多使用对偶句和排比句

电视解说词比较多地使用对偶句或排比句。一方面因为这两种修辞方式语言比较整齐，通过语言整齐地排列或工整的对仗，形成一种互相连带、依借和呼应的气势，或形成积累、延伸和对比效果。我们看下面的解说：

"还记得那和着沂蒙小调的纺车吗？曾摇出多少情和爱？

还记得那日日夜夜转动的石磨吗？曾磨出多少支前的军粮？

还记得这弯弯曲曲的山路吗？子弟兵从这里开进城市，走向胜利。"

整齐的排比在听觉上是一种积累，是绵延不断的延续，可以牵动起观众更多的联想。上面一段解说就是通过"还记得"的系列排比，形成情感的不断积累，调动起观众绵绵不断的往昔回忆。

对比句对仗工整，平仄相对，音节整齐，容易在听觉上形成强烈的节奏感和韵律感。我们看下面的例子：

"雕塑家的劳动虽然有声有色，但却默默无闻；

他们可以成家，但是不容易成名。

男孩子喜欢过一个热热闹闹的春节，女孩子喜欢过一个安安静静的春节。"

除了音节上的整齐之外，对偶句和排比句还能够比较清楚地揭示画面的蒙太奇组接关系，同画面的剪辑节奏和谐配合。或并列，或平行，或对比，或递进，同解说的语言形式相得益彰，彼此呼应，加深对画面的感受和理解。

（4）不同性别与音色的处理

电视解说需要听觉传达。解说词设计的时候，需要考虑不同内容使用不同性别和音色的声音效果。比如历史与现实的交错，正面与反面的对峙，抒情与叙事的穿插，双线的平行发展，都可以通过性别与音色的分布进行区别。有时可能是段落的轮换，有时可能一句一轮换，甚至每个词的交错出现。这样在听觉上可以造成紧迫或危机感，或者造成此起彼伏等语言效果。比如："渤海开机，黄海开机，东海开机，南海也开机。"男女声交错出现，给观众此起彼伏，接踵而来的感觉。再如："北京告急！天津告急！上海告急！武汉告急！广州告急！西安告急！……"如果男女声交替出现，那种危机感，紧迫感非常突出，而一个声音下来，效果就逊色多了。为了形成特殊的表达效果，也可以采用多种音色配不同内容的解说。

（5）借助语言的谐音或粘连方式，达到独特的艺术效果

电视解说可以借助有声语言的优势，利用词汇之间不同的组合方式，利用词汇间谐音、会意、接近、连带、相关、蕴含等各种外在的和内在的关系，巧妙灵活地组织语言。许多特殊的修辞效果，是书面语难以直接体现的。我们看下面这段解说词：

"这海涛，你说奇不奇？说是云吧，它实实在在是大海；说是海呢？它的确又像飘动的云。哦，那就叫它'海云'吧！

云是海，海是云，这是名副其实的云海。"

都是利用海与云的空间联系，达到听觉上的自然接近，使需要介绍的关键信息水到

渠成地衍化出来，起到了画龙点睛般的效果。

(二)为听而写注意事项

1. 准确把握语言的分寸

解说语言分寸感的准确把握，既是作者个人文字修养高下的一个标志，也体现出对节目内容的了解和认识程度。语言的精确性依赖于思维的精确，依赖于对画面的理解能力，对画面的揣摩越细致，对问题的思考越精确，笔下语言的分寸感就越强。电视解说一定要善于在类似的语言中反复比较、推敲、选择，不能满足于"差不离儿"，更不能似是而非，或削足适履。

解说语言由于有画面形象的配合，尽量少使用形容词或程度副词之类的虚词。因为这些词不传达具体的信息。像什么"灿烂""辉煌""伟大成就""极大提高""明显进步""进一步突破""大干快上，狠抓生产""又上一个新台阶"，等等，华而不实，空话连篇。此类解说，不仅没有传达具体的信息，不会取得任何实际的效果，反而会因为这种恶劣的文风，产生很坏的影响。

解说用词一定注意不要把话说得过满，过于绝对，尽量避免直接下结论。结论最好由观众做出，作者的评价和立场体现在节目的过程中。所谓"过犹不及""欲益反损"，话说过了头，还不如不说。解说要把握好分寸感，要含蓄，要留下回旋的余地。为了扩大影响，不顾事实程度，一味夸大其词，往往会作茧自缚，骑虎难下。对一时间风头正兴的热门人物，许多媒介蜂拥而上，报道时往往把握不住分寸，凭着道听途说的只鳞片爪，东拼西凑，吹得神乎其神，天花乱坠。一旦气球爆裂，泡沫退去，常令当年的吹捧者无地自容。

解说写到什么程度最合适呢？那就是"盘马弯弓，引而不发"。意思到了，目标明确了，但就是不做直目的结论和主观的评价。搭箭拉弓，瞄准目标，弓弦拉满，但手中的箭死活不放出去。观众非常清楚你的目标走向在哪里，让人感到内蕴的潜力无可估量。这样可以引导观众主动的参与思考，自然而然地做出自己的结论。不要越俎代庖，硬下结论。如果非要把话说得过满，过于绝对，非要把箭硬放出去，势必让人摸去底牌，其效果，势必成了"强弩之末，其势不能穿鲁缟"了。

解说应该为观众提供积极思考和补充想象的天地，不要什么话都从自己嘴里说出，总要有些含蓄的东西。含蓄是一种技巧，以一当十，点到为止，言简意赅。含蓄也是一种艺术追求，"言有尽而意无穷"，以有限的语言去追求无限的意趣。含蓄更体现出对观众的尊重，是一种亲切和平等的交流。

2. 把握好画面长度与解说字数的关系

(1)电视解说词段落的划分尽量要细，要短小，不宜长篇大论。有些解说写起来五六分钟，七八分钟还不分段，这样，合成的时候不便于解说同画面的准确搭配。段落短小，计算时间字数比较容易，播音员也便于调整语速，找准画面和同期声的准确位置。

(2)解说的句式尽量使用短句，有时七八个字，顶多十几个字，一定要见标点符号。不能写几十个字，甚至一百多字还没有出现标点。句式过长，不仅同画面的配合困难，

很难进行调整。连播音员处理句子的逻辑重音，抒发情感和调整语速都很麻烦。太长的句子，甚至连换气的地方都不宜找到。像下面的句子："当我们跨越十六个世纪和三百多公里的时空将摄像机的镜头对准一个多种文化叠印下的社会——南诏政权时"，就显得太长了。应该将类似的句子分切处理成较短的句子，以利于同其他因素的配合或调整。

(3)解说的针对性要强。这段解说无论长短，只是为某段画面服务的。不要笼而统之，放在这里也行，放在那里也可。解说的针对性要求，是同画面编辑的段落性和单一性一致的。这样，节目才能做到眉清目秀，层次清晰。

解说词写完之后，一定注意结合画面掌握一下时间和字数，不适当的地方应及时进行调整。但是，撰稿人和播音员对语言的感觉处理不尽一致，不同播音员的个人风格和语速也有不少差异，实际配音中会产生一定的误差。有时，解说还没有念完，画面已经没有了；有时，解说早就完了，画面还在空走。甚至一条新闻消息，也会出现解说不足或押出的情况。这就需要临时进行修改。为了便于临时进行修改，电视解说词尽量写得有一定弹性，语句有可伸缩性，需要时，可以随时填充；不需要时，可以及时压缩。这种弹性主要体现在那些附加语和修饰语上，不是句子的主要成分，增加它，可以多一些色彩气氛，去掉它们，也不影响关键信息的传达。

3. 将数字形象化处理

电视报道中经常会出现大量的数字，尤其是经济报道、成就报道、统计检查等报道中，数字出现得相当频繁，而这些信息非常抽象，很难用画面做准确的说明，基本上是通过解说词进行介绍的。然而，解说词中的数字听起来相当枯燥，往往影响解说词的艺术感染力。同时，观众通过听觉一次性地感受数字，没有思考计算的时间，很难直接做出清晰的反应，留下准确的印象。特别是数字的量比较大，数量单位观众比较陌生的时候，观众只是朦朦胧胧听到了数字的音节，根本不知道究竟代表了什么意思。

所以，解说词中的数字如果量比较小，数量单位观众比较熟悉，或者大家一听就明白的，可以直接使用。如果数字的量比较大，数量单位比较陌生，一下子反应不过来的数字，必须做出形象化的处理。

(1)在介绍数字时

要增加一个参照系和可比量，进一步说明这个数字。这个参造物或可比量最好用观众比较熟悉，比较形象具体的东西，能够迅速理解数字的基本量度。比如某个地区的"希望工程"新建了多少万平方米的校舍，应该进一步补充，可以解决多少贫困孩子的入学问题，或者写道："这些新建的校舍让一个人去住的话，即使一天换一间，也可以让他住上二十年。"

广播电视都是通过听觉传达数字的，所以在数字使用上有着这些特殊的要求。由于电视语言的特点，在使用参照物的时候，尽量寻找具有视觉感的因素，用大家比较熟悉的具体形象做参照。这个形象的数量不一定绝对准确，但大体相当。比如每到夏天西瓜上市，环卫工人为了清除瓜皮，每天的工作量就大大增加，"到夏天，北京市每天要多清除垃圾××万立方米，相当于每天搬掉一座景山。"形象的参照，不一定精确无误，大概让观众理解就可以了。

（2）使用到历史年代时

当解说词中涉及历史年代时，不能仅仅出现一个年代序号，因为观众没有时间思考计算，查找到底是什么年代，必须使他们一次性接受了解这个年代，应该在介绍年代序号的同时，进一步用这个年代著名的历史人物或历史事件做参照。比如，提到公元755年，可以补充这是唐代大诗人李白和杜甫生活的年代，或者是"史之乱"爆发的年代，是大唐帝国由盛而衰的分界线。如果是对外出口的节目，最好用世界著名的历史人物或历史事件做参照。

4. 谨慎使用简称

简称，是我们在说话或写文章的时候，为了节省时间，节约字数，对固定称谓的一种压缩用法。由于约定俗成的广泛基础和社会认可，交流时无须解释就可以彼此明白。电视解说词使用简称要特别注意以下问题。

（1）电视解说词中使用简称，必须有广泛的群众基础和社会认可度，过于生僻，容易误解的简称不宜使用。不能随心所欲自己发明简称。比如把"五讲四美三热爱"称为"五四三运动"，把"关心下一代工作委员会"称作"关工委"，把"广州军区战士杂技团的人"称为"战杂人"等，都是我国电视解说词中出现过的荒唐例子。简称在电视中使用，必须看它的社会接受程度，媒介宣传中的流行程度，不能想当然地自行其是。

（2）简称有明显的时代特征和代际界限。过去时代广泛使用的简称，今天的年轻人可能如听天书，不知所云何物。有些简称只是在一个特定的时期使用，过来那一段特定的时期，就不宜使用了，特定时期后，必须用全称，或作出充分的说明。同样，年轻人中使用的简称，也要看它们的流行程度，老年人接受也很困难。

（3）简称具有非常明显的地域特点和行业特点，在某一地区，某一行业广泛使用，大家认可接受的简称，不宜用在跨地区、跨范围传播的电视解说词中。各地都有本地通用流行的单位简称，本地人互相交流没有什么障碍，其他地区的观众可能根本不懂。特别是行业、领域内的简称，比如我国航空航天系统，有自己一套简称方式，像什么"南飞""西飞""四飞""哈飞"等，有的节目标题是"四飞在起飞"，本行业的人一听就懂是"四川飞机制造公司"的简称。可是"隔行如隔山"，外行业的观众可能毫无了解。

（4）在企业或地区的简称后面加"人"的时候，一定要格外慎重。许多单位，为了宣传企业文化，树立企业形象，经常在企业简称后面加"××人"。简称本来问题不大，可是一加"人"就容易出问题。我们习惯的"大庆人""北大人""首钢人"都还可以，有些企业简称加"人"就会在听觉上不舒服，像"一汽人""二汽人""北内人"，就容易同"气人""内人"联系起来，而什么"仪征化纤人"更不可用。如果是"机器厂"的人，还能称作"机器人"吗？

（5）简称要注意对象、场合。在一般情况下经常使用的简称，如果遇到特殊情况，比如重要的人物或事件，正式的场合和重要的时刻，需要使用全称。比如重要外事活动，正规的外交公报或照会都要使用全称，尤其是国家单位必须使用全称。

5. 避免同音不同义字词

电视解说词是通过听觉传达的语言形式，由于各种语言当中都有许多发音相同或近似的字词，这些音同义不同或音同形不同的字词，写在纸面上没有什么问题，一旦通过

听觉传达，就可能在部分观众中引起误解。所以相声或喜剧中经常利用同音效果"抖包袱"，像相声《歪批三国》中，说三国里面有三个做小买卖的人，其中赵云赵子龙是"卖年糕的"，考证的出处是，戏词里有这么一句唱词"只剩下赵子龙老迈年高"，就是利用听觉的同音效果形成的笑料。

有些同音字词只要语言环境合适，出现听觉上的某些误差关系不大，比如把"童稚"听成"同志"，不至于产生太大的问题。有些同音字词一旦听走了样，问题就严重了。比如，把"我们的产品质量全部合格"，听成"全不合格"意思就全拧了。一次在《实话实说》节目中，主持人问两个残疾大学生在学校的学习成绩如何，她们回答说"我们的各科成绩全部合格"，刚刚说完，马上更改为"不对，是全都合格"。为什么做这样的修改呢？就是避免引起误解。解说词中同音词如果处理得不好，会引起非常严重的后果。在一部片子中有这么一句解说词"吃田鸡可以治癌"，在观众中引起了强烈骚动。有人认为是可以"治疗癌症"，有人则认为是可以"导致癌症"。

对使用频率比较高的词汇，尽量创造准确的语言环境，应是特定语言环境下唯一的选择；如果一种读音有多种选择，就需要为避免歧义进行修改。比如"再没有爱的荒漠"，很容易听成"在没有爱的荒漠"，意思差别很大，最好改成"再也没有爱的荒漠"，意思表达就准确了。"谁不想有幸福的晚年"，容易听成"谁不享有幸福的晚年"，如果改成"谁不想拥有幸福的晚年"，就不会产生误解了。像下面这些使用量比较大的同音词汇，必须创造特定的语言环境，避免同一种语言环境下，两个词汇都可能出现的情况发生，创造出在这个语言环境下，观众别无选择的确定性。比如"市场——试场""危机——微机""预见——遇见""形式——形势""期中——期终"等等，在使用时要想方设法避免出现误解和歧义。

而且尽量使用双音节的词汇，少用单音节的单字，单字节词汇少了一个限定，意思比较宽泛，不够准确。现代汉语对古代汉语的一个重要改革，就是把许多单音节的字变成许多双音节的词。一个古汉语的"时"字，可以衍化出"时间""时机""时令""时刻""时期""时节"等一堆双音节词汇。

双音节的词汇多了一个限定，意思比较狭窄，也相对更为准确。像"治癌"，如果写成"治疗"或"导致"就比较准确，或分寸感较强，不至于引起误解了。

单音节的字播出时不容易突出和强调重音，反而容易被"吞"掉，使观众漏听或误听。尤其是解说中关键的连接词、转折词及时间副词的使用时，一定要使用双音节词汇，使语句意思的传达准确到位。例如"虽——虽然""因——因为""但——但是""望——希望""前——以前"多出一个字，并不会影响速度，但是意思会传达得清楚无误。不要贪图一时的省时省力，使用习惯的单音节字词，以免造成沟通的障碍。

三、 为思而写

我们在欣赏电视节目的过程中，或在制作节目的创作实践中，都可以深刻地感受到电视画面存在的明显局限。现实生活中需要反映的许多侧面，事物内部复杂的联系和深刻内涵，要真正表现恰当到位，是单纯的画面形象难以胜任的。解说词要帮助画面克服

这些局限，就要从以下三个方面入手，"为思而写"。

(一)过去与未来的弥合

1. 历史上发生的事件难以完整再现

那些曾经出现和已经发生的历史事件，未能及时拍摄到或保留下来相关图像，试图用画面再现过去、再现历史，电视画面有时就显得无能为力。

时过境迁，我们的摄像机没有及时地捕捉到必需的镜头，往往会留下无尽的遗憾。面对必须报道的历史人物或历史事件，许多珍贵的画面无法再现。这一点在政论片或文献纪录片的创造中表现得特别明显。

再比如，我们拍摄人物传记时会发现，当我们发现某个人物值得报道，或者准备报道某个人物时，他一生当中很多重要的经历已经过去了。任何人不可能从他呱呱坠地起就有一台摄像机寸步不离地跟着他拍摄，即便有这样的条件，在实际操作中也会困难重重，挂一漏万。

因此，电视的形象报道比文字报道失去的机会要多。文字报道可以不受时空的限制，自由地追忆、回溯、描述过去发生的事实，而电视画面的报道则会留下许多遗憾。

但是这种遗憾和局限，仅仅是无声画面的局限。电视报道毕竟是一种视听结合的综合报道，电视报道完全可以调动电视语言的其他因素，如用解说词或同期声采访去弥补无声画面的不足，去完善对以往历史、过去事件报道的不足。比如，在相关的空间画面上，我们可以通过解说，讲述过去时间在这个空间发生过的事件。画面的空间造型由于解说的回述，同样打上了过去的痕迹，振荡着历史的回响，使观众深切感受到当年情境的再现。

在画面资料不足的情况下，解说在回顾历史、报道过去方面有着特殊的优势，也是它发挥作用的重要领域。

2. 画面无法预测和展望未来

画面形象无法对尚未发生的事情、将来可能出现的事物进行预测和展望。

画面报道最基本的特点和要求是形象、具体。事情还没有发生，事物还没有出现，画面进行展望既不可能形象，也不可能具体。对将来可能发生的事件，以后即将出现的人或事，画面无法作出具体的呈现和描述。

对于未来可能发生的事情，可以利用解说词的虚拟性和想象的能力，调动观众想象未来场景。对脑海中的记忆表象和感知经验进行加工，组合成个人想象中的未来，但绝非未来情况的真实写照。再比如，实际现代战争的激烈残酷场面，是和平年代的人们无法想象，也是今天的现有画面无法表现的。

这里，配合现实画面的电视解说，就发挥了它给人无限想象空间的优势。它的概念性、虚拟性、不可临摹性，它与现实的距离感，以及引发调动观众联想的能力，大大弥补了画面的不足，为电视反映生活开拓了更加广阔的天地。

(二)思维和内心的揭示

我们知道，世界上最复杂、最微妙的，莫过于人的内心世界和心理活动了。人类思维传递、精神活动的奥秘，在科学高度发达的今天，也无法最终解密。但是我们看到不少电视节目中，一些编导勉强的用画面形象去表现人物复杂心理，或生硬图解人物的精神境界，往往显得笨拙可笑。因此，电视画面表现生活的时候要善于"藏拙"，把不适合画面表现的地方收敛起来，让给其他手段去发挥表现。不要在自己使不上劲的地方瞎使劲。在需要"让"的地方，坚决地"让"出来，不要去抢地盘，必要的时候要甘做陪衬。

对于复杂的人物内心活动，画面揭示起来相当困难，即便使用解说，也应该十分慎重。要注意通过对心理过程的具体交代、心理环境的充分渲染来营造铺垫。特别注意对心理揭示分寸感的把握，避免过于主观的臆测。它可以配合适当的采访、人物内心独白、主人公自述，尤其是感悟心灵的音乐，恰到好处地作直接的揭示或剖析，引导观众深入体验人物复杂的心理活动。

(三)多义和模糊的分辨

创作意图和观众的接受程度之间会产生一定的差异，而画面自身难以填补这种差异。画面具有多释性的特点，因此，观众对它的理解就具有多种解释、多种指向的可能。

由于画面这样的特点，创作者的意图和观众的接受程度之间，就会产生一定程度的差距。仅仅依靠画面自身表现能力的提高，很难缩小或填补这种差距。所以，电视解说的一个重要的功能，就是为多释性的画面创造一定的指示关系，为其定向，为观众理解画面开通一条既定的渠道。

很多人担心，解说为多释性的画面定向，会不会剥夺了观众主动参与的意识，显得过于主观。因此，分寸感的把握是极其重要的。既不能让观众费解困惑，茫然无绪，也不能越俎代庖，生硬强迫。在这里，解说主要起到引领、点拨、启示的作用，自然而然，水到渠成，既充分表达了自己的创作意图，又得到观众的认可和接受。

第五课　电视专题节目解说词的写作风格

电视专题节目的写作风格主要体现在其解说词的风格上，根据不同类型的专题片，我们要给它配上相应风格的解说词，才能达到相得益彰的效果。纵观现有的电视专题节目，我们可以把专题片的风格大致概括为叙事、抒情和议论型，与之相对应的解说词风格便可概括为叙述性话语、抒情性话语和议论性话语这三大类。

【优秀作品赏析】：让历史告诉未来(第七集 为了和平)(图8-11)

(歌声，一条大河波浪宽，风吹稻花香两岸……)

女：结束了二十二年的战争，中国人民获得了渴望已久的和平。在这片新生的土地上他们播种希望，医治创伤，开始建设幸福美好的家园。

图 8-11

男：然而，一九五〇年六月二十五日，朝鲜半岛爆发战争。两天后，美国海、空军武装入侵朝鲜，第七舰队进道台湾海峡。七月二日，第一批端着卡宾枪的美国士兵，就踏上了朝鲜国土。三千里江山陷入浓烟烈火之中。

女：九月十五日，麦克阿瑟将军指挥四万美军在朝鲜仁川实施大规模登陆，不顾一切地向北线推进。十五天后，战火已烧到鸭绿江边。

女：怎么办？出兵迎战还是坐视不动？北京的最高统帅部面临严峻的选择。

男：十月四日，彭德怀将军突然被召去北京。中南海里正在开会，讨论出兵援助朝鲜问题。

中国朝鲜，唇齿相依。毛泽东在会上说："别人危急，我们站在旁边看，怎样说，心里也难过。"

男：但是出兵又如何？千疮百孔的国民经济有待恢复，新区土地改革刚刚开始，国内残匪还未肃清。况且对手又是海空军力量堪称世界第一的美国，他手中的原子弹可在刹那之间让北京上海变成广岛第二。

彭将军当晚在北京饭店怎么也睡不着，从沙发床搬到地上睡，还是睡不着。第二天发言的时候，他力主出兵。

女：战还是不战？经历了二十二年战争生涯的毛泽东，闭门思考了整整三天三夜。十月八日，他终于下达了出兵朝鲜的最后决定："着手将东北边防军改为中国人民志愿军迅即向朝鲜境内出动，协同朝鲜同志向侵略者作战并争取光荣的胜利。"

（片名：第七集 为了和平）

（字幕：彭德怀受命挂帅出征）

（字幕：志愿军大军中，也包括毛泽东的长子毛岸英）

男：十月十九日夜里，当二十万志愿军部队隐蔽地渡过鸭绿江时，麦克阿瑟刚刚在太平洋上的威克岛与美国总统杜鲁门进行过会晤，他告诉总统中国共产党不会出兵，并

且保证在感恩节前结束战争，在圣诞节前把第八集团军撤回日本。

女：正如丘吉尔喜欢在休息时打毛线、杜鲁门爱打桥牌一样，麦克阿瑟将军的爱好，是浏览世界杰出领导人的传略。不过，当他以指挥仁川登陆的成功而名声显赫的时候，不幸竟忽略了研究彭德怀这样的中国军事对手的情况。他应当知道彭德怀是酷爱下棋的，并且布棋如布兵，大胆果断，每盘必杀出输赢才罢手。

男：三十六年之后，当我们来到当年的志愿军总部指挥所时，似乎又回到了极度紧张的日日夜夜。志愿军司令员兼政委彭德怀，副司令员兼副政委邓华，副司令员洪学智、韩先楚，参谋长解方，政治部主任杜平，等等。都在这一百八十平方米的作战室里指挥着刚入朝的志愿军部队，向悠然自得开进的美伪军展开袭击。

女：这是一场武器装备力量极为悬殊的战争。志愿军入朝二十天，汽车就被敌机炸毁六百多辆，铁路瘫痪，物资积压，在零下三十几度的严寒中，许多战士没有鞋穿没有棉衣，冻伤了手脚。"一把炒面一口雪"，志愿军战士就这样，同人民军战友并肩作战，创造了令全世界惊奇的战绩。

男：志愿军出兵六十五天，连续两次攻势凌厉的反击战，一下把麦克阿瑟从鸭绿江赶回到三八线以南，歼敌五万多人。美国报纸把第二次战役称为"美国陆军史上最大的失败。"

女：直到这时麦克阿瑟将军才发现，与中国军队作战，并不像他在学校里获得网球冠军那么轻松。当圣诞节来临的时候，士兵们等到的不是圣诞老人的礼物，而是"死神的亲吻"。倒是被俘的美国士兵，能够安全愉快地过一个节日。

男：对于志愿军战士来说，最贵重的是祖国人民的信任和支持。

女：在国内，家家户户都动员起来为前线做干粮，周恩来总理曾亲自同大家一起炒面。

男：那是一个齐心团结，人人唯恐贡献太少的年月。全国各界人民的捐款总数，价值相当于三千七百一十架飞机。

女：一九五一年三月，朝鲜天空第一次出现了中国人民志愿军年轻的战鹰。大队长李汉首创三比〇的战绩。而他呢，空中英雄王海，今天的中国空军司令员，怎么也想不到三十多年后会同被他击落的美国飞行员加布里埃尔将军握手相逢。

"我打下你们两架。"

"我可打下你们三架！"

看来，"不打不相识"的说法确有道理。

男：在当时，最令美国飞机疯狂的是志愿军运输补给线。路，炸了再修；桥，断了再建，英雄的司机们不顾生命危险，终于建立了当之无愧的"钢铁运输线"。

女：仅仅在几个月之前，麦克阿瑟还被杜鲁门总统誉为"非常伟大的战士"，但在他接二连三的惨败之后，一九五一年四月十一日，杜鲁门宣布撤销了麦克阿瑟的盟军总司令、联合国军总司令、美国远东总司令、美国远东陆军总司令四项职务。现在他连一架轰炸机也无权调动了。

男：经过五次战役的较量，打掉了侵略者的气焰，双方在三八线一带转入阵地对峙

状态。一九五一年七月十日，停战谈判终于在开成开始。三天后美国报纸不禁感叹地说："一个美国司令官，在美国政府命令下，插起白旗前去和敌人谈判，在美国立国一百七十五年来的历史中，这是第一次。"

女：为了维持"霸主"的体面，挽回败局，美军又把攻击的突破点选在了一个名叫上甘岭的地方。

男：发生在上甘岭的战斗，称得上是世界军事史上的奇观。小小三点七平方公里的高地，四十三天中承受了一百九十万发炮弹和五千多枚炸弹。美国和南韩军队为了夺取它，投入了六万多兵力，飞机轰炸三千多架次，整个山头被削低了两米。谁能想象，在任何生命都不复存在的这片焦土上，上甘岭的守卫者们竟以罕见的英勇，反击了美伪军近三个师的九百多次冲锋。

女：潮水一般涌上来的敌人，在阵地前伤亡二万五千多人，损失飞机三百多架，但坑道里仍坚守着我们的志愿军勇士。等待冲锋号响，把胜利的旗帜插回主峰！

男：就是这个枪眼，夺走过多少中华儿女的生命。特等战斗英雄黄继光，当年就用自己年轻的胸膛堵住了罪恶的枪弹。

女：上甘岭的英雄们，今天你们又在何方呢？

男：哦，他们在这里！被命名为"上甘岭特功连"的英雄部队，今日已成为一支现代化空降兵部队。

女：比起令人窒息的坑道，现在这片天空多么开阔，一切都变了，但上甘岭赋予他们的光荣作风没有变。在茫茫雪海，在十万大山，他们进行严格艰苦的野外生存训练。让我们把他们的笑容，带回今日的上甘岭。

男：当年激烈战斗的痕迹依稀可见。随手抓一把泥土，里面竟有这么多弹片、弹壳。战后的上甘岭，没有留下一棵树一根草。人们曾怀疑过，这样的土地上还能不能生长出有生命的东西。可是今天这里已是满山绿色！

女：每年六月二十五日，朝鲜战争爆发纪念日，老人们都要上山看树。这位阿妈妮已经七十四岁了，她知道自己活不上多少年了，但她希望上甘岭的树能活得长久，全朝鲜的树能活得长久，全世界的树都能活一万年……

男：一九五三年夏季，志愿军和人民军并肩作战，为迫使美国老老实实回到谈判桌上来，发起了一九五三年夏季攻势。这时指挥志愿军的，是志愿军代司令员兼代政治委员邓华，以及副司令员杨得志。

女：在宽达二百公里的正面上，中朝人民军队协同作战，一举突破敌人四个师二十五公里纵深的防御正面，歼敌十二万三千余名，收复了二百四十平方公里土地。

男：六月七日，美国总统艾森豪威尔写信给南韩伪总统李承晚说："我们已在一起遭受到成千上万的伤亡。我深深相信，在这种情况下，接受停战是联合国和韩国所需要的。"

第二天，在板门店的朝鲜停战谈判全部达成协议。

女：板门店，因此成了一个举世闻名的地方。一九五三年七月二十七日上午十时，联合国军总司令克拉克将军在朝鲜停战协定上签了字。

男：他描述自己签字时的心情说："我成了美国历史上第一个在没有取得胜利的停战协定上签字的陆军司令官。"

从这一点看，他的两个前任麦克阿瑟和李奇微，倒是比他幸运得多了。

女：板门店，为朝鲜战争画了一个句号。但同时又从这里把朝鲜国土、朝鲜民族分割为两半。

男：三八线从这房子中间穿过，桌上的几根电线，就是这所房子里不可逾越的军事分界线。为了这条线，美国等十六国军队和南韩军队的一百零九万人死伤在这片土地上。三十七万中国人民的优秀儿女，在这里流血牺牲。

女：毛泽东主席的儿子毛岸英，八岁就和母亲杨开慧一起坐过牢，受过刑，是毛泽东所钟爱的儿子。一九五〇年十一月二十五日，他牺牲在敌人的凝固汽油弹下。彭德怀含着眼泪当夜起草了给中央的报告，后来回国向毛泽东汇报了岸英牺牲的情况，说没有保护好岸英，请求处分。

毛泽东语调沉缓地说："岸英是属于成千上万牺牲了的革命烈士的一员，一个普通的战士，不要因为是我的儿子，就当成大事，不能因为是我，党的主席的儿子，就不应该为中朝两国人民共同的事业而牺牲，哪有这样的道理啊……"

女：于是，岸英的遗骨没有运回父亲身旁，而是和千万志愿军烈士一样，永远留在了朝鲜的土地上。

男：这里有共和国主席的长子，刚刚分到土地的农民，指挥员、女战士，还有更多的无名烈士。

守墓人柳东浩说："……他们牺牲的时候，还都是孩子。他们的父母知不知道他们的孩子在这里呀？父母没能来看他们，可我每天都要来……"

女：哲学家说："任何人的生命都是一个过程。"他们，以极其壮丽的方式完成了自己的过程，赢得了人民的和平，赢得了中国人民志愿军光荣的凯旋！

男：一九五八年一月，周恩来总理宣布：中国人民志愿军将在年内全部撤回中国。中朝人民已经赢得了这场战争。中国是一个有力量向国外派出军队的国家。然而，仗打完了，志愿军主动地无条件地撤回，不在别国领土上留驻一兵一卒，这是中国的和平信念和准则。

女：志愿军战士们要离开这片美丽的国土了。临走，他们怀着依依深情，把营房粉刷一新，门前种上花草，告别了慈祥的阿妈妮……我们走了！我们走了！永远不会忘记中朝人民用鲜血凝成的友谊！

男：一九五八年十月二十五日，正是志愿军出国作战八周年纪念日，撤出朝鲜的最后一列车在志愿军司令员杨勇和政委王平率领下，离开平壤回国，金日成主席亲自为他们送行。

男：祖国的亲人们，我们回来了！

女：欢迎你们，凯旋的英雄们！

男：陈毅外长说：志愿军的胜利告诉人们：假如世界上有一个美国不好惹，那么，也有一个中国同样不好惹！

女：周恩来总理在欢迎归国志愿军代表团的宴会上祝酒时说："我代表全国人民，我们的党、政府和毛主席，感谢你们。我们在今天的宴会上所以如此高兴，这绝不是偶然的。这是抗美援朝的精神鼓舞了我们。"

男：周恩来总理那一天喝了三十七杯茅台酒，他醉了。有人说，这是唯一的一次，他看到周总理喝醉了酒。

【思考】：上述案例运用了哪种写作风格？试分析。

下面我们就解说词的语言风格进行分析：

一、 叙述性话语

叙述性话语是指用自然、朴实的方法，真实的报道、反映社会生活和人文现象。它是强调以写实的方式再现客观现实，其基本特征是再现性和逼真性。这种再现几乎就是物质现实的复原。

叙述性话语真正的目的是创作者借助可视形象寄托自己的情感，并以此去震撼观众的心灵，实现与观众的情感交流。这种交流，一方面靠真实记录的影像过程感动观众，另一方面还要借助解说去触动观众的心灵。

叙述性解说词直面现实，忠实于现实，而不是再造生活，是在一种观点之下把生活的复杂多彩的现象反映出来。

陈汉元先生解说词风格朴实、自然、亲切、幽默，观众能从中品出优雅，读出"文学意味"，看似质朴，却显出非凡的笔力。代表作品如《收租院》《雕塑家刘焕章》《话说长江》（第1—8、14、25回）《话说运河》《泰山》第2集等。

刘效礼少将是叙述性电视解说词写作的另一高手，代表作有《说凤阳》《干枝梅颂》《让历史告诉未来》等。

【分析讨论】：陈汉元、刘效礼专题片解说词的写作特点。

二、 抒情性话语

抒情性话语是指在生活真实的基础上，渗透着创作者浓重的主体意识，具有较强的创造意识的电视话语。它注重营造诗一般的意境，抒发创作者的主观思想感情，蕴含深邃的哲理意念，给观众以独特的审美感受。

如果说纪实型作品是要将思想感情藏在事物的描绘之中，那么，抒情性话语就是要把内在的主观世界（如情感）在表现型专题中直接表达出来。

表现与纪实本来就是电视节目创作风格的两翼，"纪实是缝纫，表现是刺绣。纪实类纪录片就像是一个人脚踏缝纫机，沿着针脚结结实实地走一遍；表现类纪录片如同一个人手握绣花针，去挑明你思想的情绪以及创作的意向"（高峰）。

如《西藏的诱惑》，虽然提到了四位艺术家和四位朝圣的僧侣，但他并没有讲这几个人在西藏的故事，而是把他们作为艺术与宗教的符号，营造出一种西部的独特情怀："西藏的诱惑，不仅因为它的地理，更因为，西藏是一种境界。"正是出于对这种境界的追求，

刘郎对西藏诱惑的阐释才出现了如诗一般的语言。

刘郎的解说词是一种发自内心深处的真挚的爱。他认为有创意的片子，还是应该从临摹走向表现，从写实走向深化。

三、　议论性话语

议论性话语是指在真实反映客观社会生活的同时运用现成的资料表达创作者对社会生活的看法及观点的电视话语。政论片中最常用到议论性话语。解说词在这里用文字补充画面或实物所欠缺的信息，扩大片子的包容量，使观众能够更好、更完整的了解到片子想要传达给观众的所有信息。政论片的优秀作品如《让历史告诉未来》《中国农村的历史性变化》《谁之过》《改革开放 20 年》《光荣行》《复兴之路》等。

同样的材料，创作思想和方法不同，必然产生不同的结果。苏联的《普通法西斯》所用的素材主要来自德、法等国家的影片资料，而这些在他们看来赞扬、歌颂、宣扬的资料到了苏联人手里，却成了揭露德国法西斯的丑恶罪行的材料。解说词的阐释、揭示的作用，遇到了原本就有多义性的重要历史影片资料，犹如发生了奇特的化学反应，立即变得犀利深刻。

政论型的解说词相对完整，本身不失为一篇优秀的议论文，这是它和纪实作品解说词的重要差别。政论型作品兴起以后引起了简单依赖解说词的误解和偏向。

有的作者误认为，政论型纪录片只要观点正确，解说词好就行。于是不遗余力地下文字功夫，却不重视拍摄和录音创作，不重视影视形象资料的收集；后期创作中不讲究起码的剪辑技巧，让画面简单地服从文字语言，随意地用画面填充解说词所需的时间；在解说词写作上观点直露、感情外露、说教空洞，甚至有的先定解说稿，然后按图索骥，寻找自认为有用的画面，以至于形成理念灌输有余、艺术感染力不足的问题。

思考与练习

1. 电视专题节目的解说词有哪些作用？分别举例说明。
2. 举例谈谈解说词的写作特性。
3. 解说词的开头与结尾有哪些常用的方式？

拓展训练

观摩几部经典的电视专题节目，把它们的解说词整理出来，分析其解说词的语言特点。

参考文献

宋家玲，张宗伟．电视片写作[M]．北京：中国广播电视出版社，2003．

高鑫，周文．电视专题[M]．北京：中国广播电视出版社，1997．

高鑫．电视纪实作品创作[M]．北京：学苑出版社，2002．

孔德明．电视文体写作[M]．北京：中国传媒大学出版社，2002．

朱景和．纪录片创作[M]．北京：中国人民大学出版社，2002．

徐舫州．电视解说：安排与处理[M]．北京：北京师范大学出版社，2008．

蔡尚伟．电视专题[M]．北京：清华大学出版社，2010．

姚治兰．电视写作教程[M]．北京：中国传媒大学出版社，2010．

吕新雨．纪录中国[M]．北京：生活·读书·新知三联书店，2003：75．

单万里．纪录电影文献[M]．北京：中国广播电视出版社，2001：475．

刘保孚等．策划实务全书[M]．北京：经济日报出版社，1995：9．

[美]Alan Rosenthal．纪录片编导与制作[M]．张文俊译．上海：复旦大学出版社，2006：23．

刘洁．幼儿园一种审视的方式——纪录片编导张以庆访谈[J]．南方电视学刊，2004（3）：81－86．

倪祥保，邵雯艳．纪录片专题片概论[M]．苏州：苏州大学出版社，2009．

蔡尚伟．电视专题[M]．北京：清华大学出版社，2010．

赵淑萍．广播电视新闻采访与写作[M]．北京：北京师范大学出版社，2006．

曹华强．新世纪普通高校广播电视艺术学系列教材：电视专题片创作[M]．郑州：河南大学出版社，2013．

叶子，赵淑萍．电视采访学[M]．北京：北京师范大学出版社，2009．

曾祥敏．21世纪广播电视专业使用教材——电视采访[M]．北京：中国传媒大学出版社，2010．

张俊德．当代广播电视学[M]．上海：复旦大学出版社，2001．

刘倩．新闻节目主持人的"符号化"进而"人格化"[J]．中国广播，2009(2)．

何苏六．电视画面编辑[M]．北京：中国广播电视出版社，2006．